아픔이 길이 되려면

정의로운 건강을 찾아 질병의 사회적 책임을 묻다

정의로운 건강을 찾아

질병의 사회적 책임을 묻다

아픔이 길이 되려면

김승섭 지음

동아시아

일러두기

- 본문에서 단행본은『 』, 저널·신문은《 》, 논문·보고서는「 」, 기사는 〈 〉로 구분했다.
- 주에서 국내서는 위의 약물을 따랐으며, 국외서는 단행본·저널·신문은 이탤릭체로, 논문·보고서·기사는 " "로 구분했다. 그 외 법률·영화·방송 프로그램은 〈 〉로 구분했다.
- 본문에 나오는 그림과 표는 〈그림18〉 외에 기존 문헌 자료를 이용한 경우 재가공해 수록했다.

들어가며

역학Epidemiology은 질병의 원인을 찾는 학문입니다. 역학 연구는 인구집단의 데이터를 통계적으로 분석하지요. 흡연이 폐암의 원인이고 노동자가 벤젠에 노출되면 백혈병에 걸릴 수 있다는 점을 알아내는 데 결정적인 역할을 하기도 했습니다. 메르스와 같은 전염병이 유행하거나 시멘트 공장 지역 주민들이 단체로 폐렴에 걸렸을 때도 역학조사를 합니다. 이 병이 어디서 어떻게 시작되었는지를 알아내 질병이 확산되는 것을 막기 위해서입니다.

저는 사회역학Social Epidemiology을 연구하는 학자입니다. 흡연과 벤젠 노출처럼, 차별과 사회적 고립과 고용불안이 인간의 몸을 해칠 수 있다는 연구가설을 탐구합니다. 사회역학은 질병의 사회적 원인을 찾고, 부조리한 사회구조를 바꿔 사람들이 더 건강하게 살 수 있는 길을 찾는 학문입니다. 이 주제에 대한 고민은 오래되었지만, 사회역학이 독립된 학문으로 자리 잡은 건 비교적 최근의 일입니다. 2000년에 첫 사회역학 교과서가 나오고, 불과 10여 년 전부터 하버드대학교를 비롯한 세계 유수의 대학에서 사회역학 전공으로 박사학위를 주기 시작했으니까요.

우리는 어떻게 해야 건강하게 살 수 있을까요? 사람들은 보통 그 대답으로 먼저 의료기술을 떠올립니다. 지난 100년간 의료기술은 눈부신 성과를 만들어냈습니다. 혈압과 혈당을 조절하는 약을 개발했고, 내시경 같은 검사 도구로 인간 몸의 내부를 들여다보며 질병을 진단할 수 있게 되었습니다. 그뿐만 아니라 가슴과 뇌를 열고 종양을 제거하는 수술도 가능해졌지요. 개인의 유전정보를 바탕으로 한 맞춤형 암 치료가 이루어지고, 줄기세포를 이용해 망막을 재생하는 것과 같은 새로운 길도 열리고 있습니다. 과거에는 상상조차 하지 못했던 일이지요.

그러나 저는 이러한 의료기술의 발전만으로는 충분한 해법이 나올 수 없다고 생각합니다. 이 책에서 보여주는 것처럼 의료 기술이 고도로 발달하더라도, 해결하기 어려운 문제들이 있기 때문입니다. 실업과 재취업 정책에 돈을 투자하지 않는 나라에서는 해고로 고통받다 자살하는 노동자가 계속 늘어날 것이고, 경제위기 때 복지 예산을 축소하는 사회에서는 치료가 어렵지 않은 전염병으로 죽어가는 사람들이 더 많이 생겨날 것입니다. 한국의 건설노동자를 아프게 하는 가장 중요한 요인은 암 발생을 초래할 수 있는 유전적 요인보다는 고용불안 속에서 안전장치 없이 하루하루 일해야 하는 위험한 작업환경일 테니까요. 허리가 아파도 병가를 쓸 수 없는 소프트웨어 개발자들에게 바로 옆 건물 병원의 의료기술은 과연 실제로 존재하는 것이라 할 수 있을는지요.

관점의 문제입니다. 근본적으로 인간의 몸과 건강을 어떻게 바라보고, 개개인의 삶에 대한 공동체의 책임은 어디까지라고 생각하는지에 관한 고민이지요. 질병의 사회적 원인은 모든 인간에게 동일하게 분포되어 있지 않습니다. 더 약한 사람들이 더 위험한 환경에서 살아가고 그래서 더 자주 아픕니다. 고용불안에 시달리는 비정규직 노동자가, 소득이 없는 노인이, 차별에 노출된 결혼이주여성과 성소수자가 더 일찍 죽습니다.

지난 몇 년간 사회적 상처가 어떻게 인간의 몸을 병들게 하는지에 대한 논문을 읽고, 소방공무원, 세월호 생존 학생, 성소수자, 쌍용자동차 해고노동자를 만나고 그들의 건강에 관해 연구하며, 여러 글을 썼습니다. 이 사회가 제게 던진 질문을 사람들과 나누고 싶었습니다. 어떤 문제에 대해서도 온전한 답을 가지고 있지는 못했지만, 그 부족함까지도 나누며 함께 답을 찾아가면 좋겠다고 여겼습니다.

스무 살 무렵 학교 앞 인문사회과학 서점에서 아르바이트를 했습니다. 그 작은 서점에서 온종일 앉아 책을 정리하고 포장하면서, 수많은 책을 만났지요. 놀라운 이야기가 담긴 책들을 읽다가, '언젠가는 나도 세상에 책 한 권을 내놓을 수 있을까'라는 생각을 했습니다. 내 글로 책을 낸다는 그 무게감이 두려워 입 밖에 내본 적은 없는 이야기입니다.

세상에 내놓는 제 첫 책입니다. 누구보다도 어머니 박숙희 님께 감사를 전합니다. 돌이켜보면 인간이 함께 건강하게 살기 위해 지켜야 할 원칙들은 결국 당신이 보여준 삶의 자세와 다르지 않았습니다. 넉넉지 않은 집에서 의대를 졸업한 큰아들이 걸어가는 길을 묵묵히 지켜봐주셨던 그 마음이 제게는 가장 큰 응원이었습니다. 고등학교 윤리 선생님이셨던 이금준 선생님과 외삼촌 박인철 교수님과 친구 박종필 선생에게도 감사드립니다. 어떻게 해야 당신들처럼 생각하며 타인을 대할 수 있을까. 그 질문이 제게는 벗어날 수 없는 숙제였습니다.

제가 쓰는 모든 글의 첫 독자인 아내 영선에게 고마움을 전합니다. 아내와 이야기를 나누며 제가 할 수 있는 말과 해서는 안 되는 말을 구분할 수 있었습니다. 글을 쓸 때 가능하다면, 사회적 상처에 대해 말하는 제 글이 그녀와 같이 따뜻하고 선한 사람들이 읽기에 힘들지 않길 바랍니다. 마지막으로 사랑하는 세 딸, 지인, 해인, 리인에게 고마운 마음을 전합니다. 지금은 아빠의 글에 관심이 없지만 언젠가 한 번은 이 책을 읽어줄 것이라고, 그리고 그때는 함께 놀다가도 다급한 눈빛으로 집을 나서던 아빠를 조금은 이해해주리라 믿습니다.

2017년 9월

안암 연구실에서

김승섭

3. 끝과 시작, 슬픔이 길이 되려면

4. 우리는 연결될수록 건강한 존재들

물고기 비늘에 바다가 스미는 것처럼

인간의 몸에는

자신이 살아가는 사회의

시간이 새겨집니다.

1. 말하지 못한 상처, 기억하는 몸

©프레시안, 최형락

말하지 못한 내 상처는 어디에 있을까

불평등한 여름, 국가의 역할을 묻다

낙태를 금지하면 벌어질 일들에 관하여

성인이 되어도 몸에 남겨진 태아의 경험

가난은 우리 몸에 고스란히 새겨진다

당신은 거미를 본 적이 있나요

지극히 개인적인, 과학적 합리성의 세 가지 요소

말하지 못한 내 상처는 어디에 있을까

차별 경험에 대한

'같은 응답, 다른 의미'

인간은 사회 속에서 살아갑니다. 직장과 학교와 가정에서 맺는 수많은 관계 속에서 존재하지요. 그 관계들은 종종 인간의 몸에 상처를 남깁니다. 미세먼지가 천식을 유발하고 석면이 폐를 망가뜨리는 것처럼 우리가 관계 속에서 겪는 차별과 같은 사회적 폭력 역시 병을 유발할 수 있습니다.[1]

사회역학은 그 사회적 관계가 인간의 몸에 질병으로 남긴 상처를 해독하는 학문입니다. 그런데 미세먼지나 석면 노출을 측정하는 일에 비해, 차별 경험을 측정하는 일은 인간의 사회적 경험을 측정한다는 점에서 더 예민하고 어렵습니다. 사회적 폭력에 노출된 약자들은 자신의 경험을 표현할 적절한 언어를 가지지 못할 때가 많기 때문입니다. 차별을 경험해도, 과연 자신의 경험이 차별이었는지 판단하는 일도 쉽지 않습니다. 특히 차별 대우에 만성적으로 익숙해진 사람일수록 그런 판단을 하기가 더욱 어렵습니다.

그렇다면 인지하지 못하거나 말하지 못한 차별 경험들은 우리의 삶에 어떤 흔적을 남길까요? 그 시간들은 우리 몸을 어떻게 변화시킬까요?

말하지 못한 차별 경험, 기억하는 여성의 몸

한국의 노동자들이 겪는 다양한 차별 경험이 건강에 어떤 영향을 미치는지 연구를 진행하던 때입니다.[2] 데이터를 분석하다가 이해하기 어려운 상황에 직면했습니다. "귀하는 새로운 일자리에 취업할 때 차별을 겪은 적이 있습니까?"라는 질문에 대한 대답 때문이었습니다. 구직 과정에서 차별을 경험했는지를 묻는 이 질문에 설문 참여자는 '예, 아니요, 해당사항 없음' 이렇게 세 가지 대답 중에 하나를 선택할 수 있었습니다. '해당사항 없음'이라는 대답은 아직 구직 경험이 없는 사람들이 선택할 수 있는 항목이었지요.

그런데 직장인 152명이 '해당사항 없음'이라고 대답한 것입니다. 이미 취직한 사람들이니까 '구직 과정에서 차별을 경험했는가?'라는 질문에 '예' 아니면 '아니요'라고 답해야 하는데,

무슨 이유로 '해당사항 없음'이라고 답한 것일까요?

저는 이 문제를 통계적 추론으로 접근했습니다. 차별 경험을 묻는 질문에 '예' 또는 '아니요'로 답한 노동자 3,442명의 연령, 학력, 소득 수준, 고용 형태, 건강 상태 등 다양한 정보를 활용해 구직 과정에서 차별을 경험할 확률을 계산하는 통계 모형을 만들고, 이 모형을 '해당사항 없음'이라고 답한 이들에게 적용해봤습니다.[3]

결과는 성별에 따라 명확하게 나뉘었습니다. 남성 노동자가 '해당사항 없음'이라고 답했을 때 그 대답은 '아니요(구직 과정에서 차별받은 적이 없다)'를 뜻했습니다. 하지만 여성 노동자가 같은 답을 했을 때 그것은 '예(구직 과정에서 차별받은 적이 있다)'라는 뜻에 가까웠습니다. 같은 대답이지만 남성과 여성에게 각기 다른 의미를 가지고 있었던 것이지요. 구직 과정에서의 차별만이 아니었습니다. 월급을 받는 과정의 차별 경험을 측정했을 때도 같은 결과가 나왔습니다. 여성의 '해당사항 없음'은 차별을 받았다는 뜻이었고, 남성의 경우에는 그 반대였습니다. 이 결과는 여성 노동자가 구직 과정에서 혹은 일터에서 차별을 경험했다고 말하는 것이 남성에 비해 더 어렵고 예민한 일임을 보여줍니다. 차별 경험을 인지하고 타인에게 말하는 것이 여성 노동자에게는 심리적으로 더 힘든 일이기에 '해당사항 없음'이라는 대답을 대신해서 선택했으리라 생각합니다.

이 연구에 이어, '해당사항 없음'이라고 답한 사람들을 포

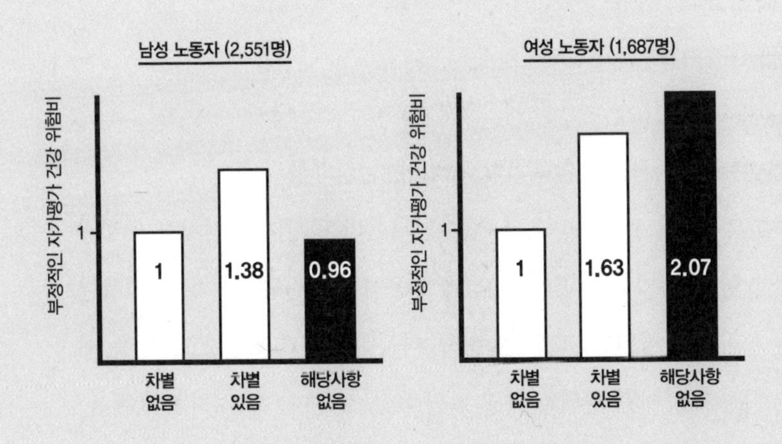

그림1. 구직 과정에서의 차별 경험과 자가평가 건강의 남녀 차이[4]

함해서 차별 경험과 자가평가 건강self-rated health과의 연관성을 살펴보았습니다.(그림1) 남녀 모두 차별을 경험한 이들이 그렇지 않은 이들에 비해 더 많이 아팠습니다. 그런데 '해당사항 없음'이라고 답한 사람들의 건강 상태는 이번에도 남성과 여성이 전혀 다르게 나타났습니다. 남성의 경우 '해당사항 없음'이라고 답변한 사람들과 차별받지 않았다고 답변한 사람들의 건강 상태에 차이가 없었습니다. 그런데 여성의 경우는 달랐습니다. '해당사항 없음'이라고 답한 사람들이 가장 많이 아팠습니다. 심지어 차별을 경험했다고 말한 사람들보다 건강 상태가 더 나빴습니다. 차별을 경험했지만 '해당사항 없음'이라고 답변했던, 자신의 차별 경험을 말하지 못하는 이들이 실제로는 가장 많이

아팠던 것입니다.[4]

말하지 못한 학교 폭력, 기억하는 남성의 몸

그로부터 몇 년 뒤 저는 연구실의 박사과정 김지환 학생과 함께 2012년에 진행된 '전국 다문화가족 실태조사'를 분석하다 비슷한 상황에 직면했습니다. 다문화가정 청소년 3,627명을 대상으로 어떤 형태의 학교 폭력(욕설, 집단 따돌림, 성희롱, 갈취 등)을 겪고 있는지를 질문하고, 그런 경험들이 우울증상과 어떤 연관성이 있는지 살펴본 연구였습니다.[5] 제 연구의 주된 관심은 학교 폭력을 경험한 학생이 어떻게 대응했는가에 따라 우울증상 발생 위험에 차이가 있느냐 하는 점이었습니다.

학교 폭력을 경험한 학생들의 반응은 크게 세 가지로 나뉘었습니다. 친구, 부모님, 선생님 등 주위 사람에게 도움을 요청한 경우, 누구에게도 도움을 요청하지 않은 경우, 그리고 '별다른 생각 없이 그냥 넘어갔다'라고 답한 경우였습니다.

첫 분석 결과는 놀랍지 않았습니다. 짐작할 수 있는 것처럼, 우울증상 유병률이 가장 높은 집단은 학교 폭력을 경험하고 누구에게도 도움을 요청하지 않은 경우였습니다. 아무에게도 말하지 못하고 혼자서 감당하는 학생들이 가장 많이 힘들어하고 있었습니다. 그들은 학교 폭력을 경험하지 않은 학생들에 비해 7배, 학교 폭력을 경험하고 누군가에게 도움을 요청했던 학생들

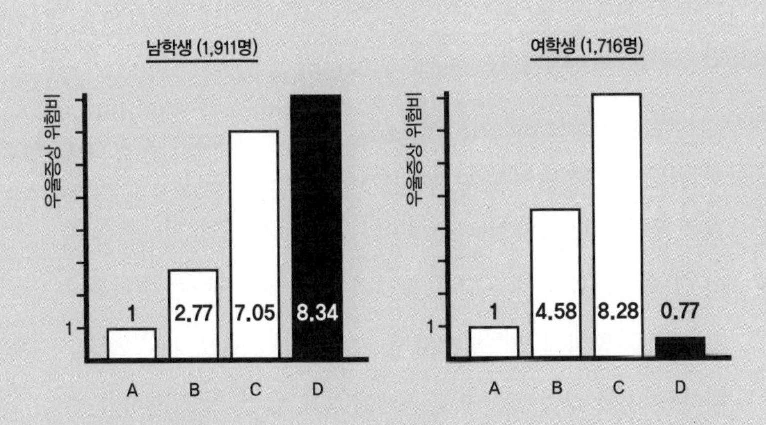

그림2. 다문화가정 청소년 성별에 따른 학교 폭력 대응 유형과 우울증상 유병률 차이[5]

이나 '별다른 생각 없이 그냥 넘어갔다'라고 답한 학생들에 비해 2배가량 우울증상 유병률이 높았습니다.

그런데 남녀를 나눠서 분석하자 새로운 결과가 나왔습니다.(그림2) '별다른 생각 없이 그냥 넘어갔다'라고 답한 학생들의 우울증상 유병률에 대한 결과가 성별에 따라 달라진 것입니다. '별다른 생각 없이 그냥 넘어갔다'라고 답한 여학생들은 학교 폭력을 경험하지 않은 여학생들과 비교했을 때, 우울증상 유병률에서 차이가 없었습니다. '별다른 생각 없이 그냥 넘어갔다'라고 대답한 여학생들은 경험했던 학교 폭력이 비교적 경미한 것으로 보였습니다.

놀라운 결과는 학교 폭력을 경험하고 '별다른 생각 없이 그냥 넘어갔다'라고 말한 남학생들에게 나타났습니다. 이 남학생들은 모든 집단 중에서 가장 많이 아팠습니다. '별다른 생각 없이 그냥 넘어갔다'라고 답한 남학생들은 학교 폭력을 경험하지 않은 이들에 비해 압도적으로 높은 우울증상 유병률을 보였습니다. 심지어 가장 많이 아픈 것으로 나타났던, 학교 폭력을 경험한 후에 누구에게도 도움을 요청하지 않았던 학생들보다도 우울증상 유병률이 더 높았습니다. '별다른 생각 없이 그냥 넘어갔다'라고 답변한 남학생들은 학교 폭력에 노출되고도 누구에게도 도움을 요청하지 못한 채, 스스로에게 괜찮다고 말하며 그 상처를 숨기고 있었던 것입니다.

이 연구의 결과는 학교 폭력을 경험한 남학생과 여학생에게 '별다른 생각 없이 그냥 넘어갔다'라는 말이 전혀 다른 의미일 수 있다는 점을 보여줍니다. 같은 대답이지만 여학생과 달리 남학생의 경우, 그 말이 사실은 학교 폭력을 경험하고 너무 괴로웠지만 도움을 요청할 수조차 없었다는 뜻일 수 있다는 것이지요.

'별다른 생각 없이 그냥 넘어갔다'라고 답한 남학생들은 무엇 때문에 그토록 아팠을까요? 상처받았고 괴롭지만, 스스로에게 '별거 아니야'라고 말하면서 애써 노력했던 것이 오히려 더 큰 아픔의 원인이었을 수 있습니다. 특히, 한국처럼 남자가 힘든 감정을 표현하는 것을 바람직하지 않다고, 남자라면 자신의 문제는 스스로 해결해야 한다고 생각하는 사회에서 어쩌면 그들은 '강한 남자'로 보이기 위해 스스로를 속인 것일 수 있습니다.

몸은 정직하기 때문입니다

차별 경험과 건강에 대해 연구하는 하버드보건대학원의 낸시 크리거Nancy Krieger 교수는 설문이나 인터뷰를 통해 차별과 같이 예민한 경험을 측정할 때는 차별을 경험하는 것Experienced discrimination, 그 경험을 차별이라고 인지하는 것Perceived discrimination, 그 인지한 차별을 보고하는 것Reported discrimination을 구분해야 한다고 말합니다.[6] 비슷한 형태의 차별을 경험한다고 해서 모든 사람이 그것을 차별로 인지하지 못하고, 또 차별을 인지한다고 해서 모두가 그것을 연구자에게 말하는 것은 아니기 때문입니다. 예를 들어, 다양한 인종을 대상으로 진행된 한 실험연구는 미국사회에서 약자인 흑인, 여성, 아시아인들이 차별을 경험했을 때, 그 경험을 차별이라고 생각하지 않고 자신이 잘못했기 때문이라고 생각하는 경향이 있다고 말합니다. 자신의 잘못 때문에 차별을 받았다고 생각하는 것이 차별을 있는 그대로 인지하는 것보다 심리적으로 불편함이 덜하기 때문이라고 연구는 설명합니다.[7]

구직 과정의 차별에 대해 '해당사항 없음'이라고 답한 여성 노동자와 학교 폭력에 대해 '아무 느낌 없다'라고 답한 남학생은 모두 자신이 경험한 것을 있는 그대로 인지하거나 말하지 못했습니다. 그러나 차별을 겪고도 자신은 해당사항이 없다고 말한 여성 노동자들은 차별을 경험했다고 스스로 말할 수 있는 사람들보다 더 많이 아팠습니다. 학교 폭력을 겪은 후에 아무렇지도 않다고 이야기했던 다문화가정 남학생들 또한 학교 폭력을 경험하고 그 경험을 말할 수 있었던 학생들을 포함해, 다른 누구보다도 더 많이 아팠습니다.

사회적 폭력으로 인해 상처를 받은 사람들은 종종 자신의 경험을 말하지 못합니다. 그 상처를 이해하는 일은 아프면서 동시에 혼란스럽습니다. 그러나 우리 몸은 스스로 말하지 못하는 때로는 인지하지 못하는 그 상처까지도 기억하고 있습니다. 몸은 정직하기 때문입니다. 물고기 비늘에 바다가 스미는 것처럼 인간의 몸에는 자신이 살아가는 사회의 시간이 새겨집니다.

불평등한 여름, 국가의 역할을 묻다

시카고 폭염으로 배우는

공동체가 재난불평등에

대처하는 법

매년 여름이면 어김없이 폭염으로 사망한 사람들에 대한 이야기를 듣습니다. 의학적으로는 대부분 폭염으로 인해 열사병으로 숨지거나 심장병과 호흡기 질환이 악화되어 사망한 사람들입니다. 이들은 거의 모두 사회적 취약계층이지요. 뜨거운 여름에도 비닐하우스에서 쉬지 않고 일해야 했던 노인들이나 에어컨은 꿈조차 꾸지 못하는 쪽방촌의 사람들입니다. 그런 신문기사를 읽을 때마다, 한국사회에서 매년 반복되는 '불평등한 여름'의 비극을 어떻게 바꿀 수 있을지에 대해 생각하게 됩니다.

1995년 시카고 폭염재난의 교훈

그동안 학계에서는 폭염으로 인한 사망을 어떻게 막을 수 있을지에 대해 여러 연구가 진행되었습니다. 그중 가장 유명한 연구는 미국 시카고에서 진행되었습니다. 때는 1995년 7월입니다. 마거릿 오티즈Margaret Ortiz는 시카고에서 작은 유아원을 운영하고 있었습니다. 무더위가 계속되던 날, 마거릿은 아이들을 차에 태우고 에어컨이 나오는 시원한 극장으로 영화를 보러 갔습니다. 영화가 끝난 뒤, 유아원 건물로 돌아온 마거릿은 지친 아이들을 재우다가 문득 깨달았습니다. 아이 둘이 차에서 내리지 않았던 것입니다. 급하게 자신의 차로 돌아갔을 때, 그 두 아이는 이미 의식이 없었습니다. 응급구조 대원이 도착해 체온을 쟀을 때, 두 아이의 체온은 모두 섭씨 41도가 넘었고, 숨을 쉬고 있지 않았습니다. 차에 방치된 지 1시간 30분 만에 아이들은 폭염으로 인해 숨진 것입니다.

이 사례는 여러 언론에 보도되며 시카고 역사상 가장 무더웠던 1995년 여름 폭염에 대한 상징적인 이야기가 되었습니다. 위도로 볼 때 서울보다 북쪽에 있는 시카고에서, 1995년 7월 13일을 기준으로 섭씨 41도, 체감온도 48도를 기록하는 무더위가 계속되면서 사람들은 죽어나가기 시작했습니다. 그 결과 7월 한 달 동안 시카고에서 700명이 넘는 사람들이 폭염으로 사망합니다. 미국에서 1979년부터 1992년까지 13년간 열사병으로 죽은 사람이 총 5,379명, 즉 매년 미국 전역에서 열사병으로 400여

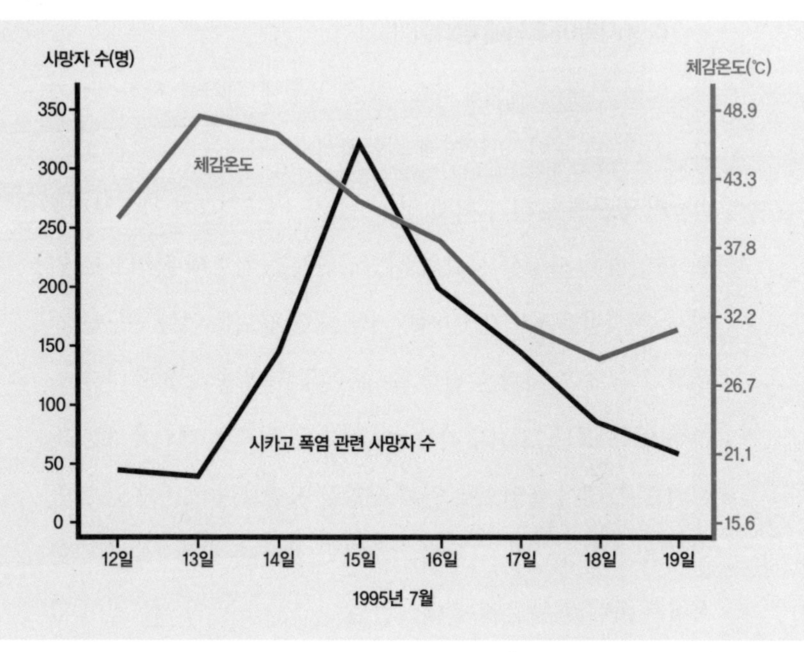

그림3. 1995년 시카고 폭염 시기 체감온도와 관련 사망자 수[2]

명이 사망했다는 사실을 감안하면, 1995년 7월 한 달간 시카고에서 폭염으로 인해 700명이 넘는 사람이 숨진 것은 재앙에 가깝습니다.[1](그림3)

시카고 전역을 공포로 몰아넣은 이 역사적인 폭염이 발생하고서 1년이 지난 뒤, 미국 질병관리본부의 연구자들은 1995년 7월 시카고에서 폭염으로 인해 사망한 사람이 누구인지, 그 원인이 무엇인지에 대해 연구합니다.[2]

어떤 사람이 폭염에 취약한가

어떤 사람이 죽었을까요? 물론 폭염에 취약한 사람이겠지요. 그렇다면 누가 그 폭염에 취약할까요?

이 질문에 답하기 위해 연구자들은 1995년 7월 21일부터 8월 18일까지 사망한 사람의 사망진단서를 검토해 폭염으로 인해 죽은 사람을 찾아내고, 사망자에 대한 정보를 얻는 연구를 진행합니다. 죽은 사람은 말할 수 없으니, 사망한 사람에 대해 충분히 알고 있는 그들의 가족, 이웃, 혹은 친구를 인터뷰하는 것이지요. 그래서 폭염으로 인해 사망한 사람들이 기존에 앓고 있던 질병은 무엇인지, 그들이 거주하던 집이 혹시 폭염에 취약한 옥상은 아니었는지, 집에 에어컨은 있었는지, 만약 에어컨이 없었다면 에어컨이 작동하는 시원한 공간으로 쉽게 이동할 수 있었는지를 확인했습니다. 그리고 사망자들과 같은 나이, 같은 지역에 사는 비슷한 비교집단을 찾아 같은 질문을 하고 응답을 기록했습니다. 그렇게 폭염으로 인한 사망자 339명과 비교대상자 339명을 포함하여 678명을 인터뷰하는 환자-대조군 연구Case-Control Study를 진행했습니다.

연구 결과는 세계적으로 주목을 받았습니다. 질병으로 인해 침대에 누워 있어야 했던 사람들, 에어컨 없이 지냈던 사람들이 일반인들에 비해 폭염으로 인해 사망할 위험이 3배 이상 높았습니다. 그리고 폭염으로 인한 사망 위험을 증가시키는 또 다른 원인이 드러납니다. 바로 사회적 고립이었습니다. 혼자 사는 사람들, 폭염에도 집을 떠나지 않은 사람들, 교회에 나가거나 봉사활동에 참여하는 등 사회활동을 하지 않는 사람들이 더 많이 숨졌던 것입니다.

다른 접근: 어떤 공동체가 폭염에 취약한가

그러나 똑같은 문제에 대해 질병관리본부의 연구와는 조금 다른 접근 방식을 택한 사람이 있었습니다. 노스웨스턴대학교의 사회학 교수인 에릭 클리넨버그Eric Klinenberg입니다. 사실 질병관리본부의 연구자들이 발견한 것은 사망한 개개인이 에어컨 시설이 있는 곳으로 갈 수 있었는가, 혹은 외부 사회활동을 활발하게 했었는가와 같은 개인적인 수준의 위험 요인이었습니다. 중요한 발견이지요.

하지만 그 질문은 왜 누군가는 에어컨이 있는 시설로 갈 수 없었는지, 왜 누군가는 사회활동을 활발히 하지 못했는지에 대해서는 답하지 못합니다. 개인적 수준의 원인을 지적할 뿐, 그 원인 배후에 있는 사회적 환경은 조사하지 않거나 언급하지 않았으니까요. 그것은 어떠한 정치·경제적인 힘들이 특정 개인을 폭염에 취약하게 만드는지, 그러한 사회구조는 어떻게 역사적으로 형성되었는지, 그 과정에서 공동체와 국가의 역할은 무엇이었는지에 대해 질문할 때만 얻을 수 있는 답입니다.[3]

클리넨버그 교수는 이 질문에 답하기 위해 다양한 사회학적 분석을 하고, 그 결과물을 모아 2002년 『폭염: 시카고 참사에 대한 사회적 부검Heat Wave: A Social Autopsy of Disaster in Chicago』이라는 제목의 책으로 출판합니다.[4] 이 책에서 가장 인상적인 부분은 시카고 서부에 있는 두 지역, 론데일 북부North Lawndale와 론데일 남부South Lawndale 지역을 비교 분석한 내용입니다. 이름에서 짐작할 수 있듯이, 두 지역은 시카고 서부에서 위아래로 경계를 맞대고 있는 지역입니다. 이 두 지역은 지리적으로 가까울 뿐 아니라 인종, 연령을 비롯해 빈곤율이나 독거 가정 비율과 같이 폭염으로 인한 사망에 영향을 줄 수 있는 여러 특색이 비슷합니다.

수치로 볼 때 비슷한 두 지역이지만, 1995년 7월 폭염으로 인한 사망 발생률은 론데일 북부는 10만 명당 40명, 론데일 남부는 10만 명당 4명으로 10배 이상 차이가 났습니다. 놀라운 일이지요. 지리적으로나 경제적으로 비슷한 두 지역에서 무엇이 이러한 차이를 만들어낸 것일까요?

클리넨버그 교수는 론데일 북부에 거주하는 사람들의 입을 빌려 대답합니다. 폐허로 남은 도시공간, 그 골목마다 마약을 파는 사람들, 그리고 높은 범죄율 때문이라고요. 물론 론데일 북부에서 범죄자나 마약판매상 숫자가 많아서 폭염으로 인한 사망이 증가한 것은 아닙니다. 그로 인한 공동체의 와해가 큰 문제였던 것이지요. 사람들은 불안한 치안으로 인해 외출을 꺼렸고, 다른 주민을 믿지 못하다 보니 집 밖에서 발생하는 위급한 상황에도 개입하지 않게 되었던 것입니다. 이것이 폭염으로 인해 건강이 악화된 론데일 북부 사람들이 타인에게 도움을 요청할 수 없었고 또 좀 더 시원한 곳을 찾아 거리로 나갈 수도 없었던 이유입니다.

우리가 재난의 원인을 알아야 하는 이유

1995년 7월의 폭염이 지나가고 4년 뒤, 그와 비슷한 재앙이 시카고에 다시 찾아옵니다. 하지만 폭염 기간에 사람들이 사망한 원인을 파악하고 있었기 때문에 그들은 이제 어떻게 대응해야 할지도 준비되어 있었습니다. 1999년 7월 폭염이 찾아오자, 시카고 시장은 비상 기후대응 전략Extreme Weather Operations Plan을 작동시키고, 곧바로 폭염중앙통제센터Central Heat Command Center를 열었습니다. 시카고에서 폭염을 피할 수 있도록 에어컨이 작동하는 쿨링센터Cooling Center 34곳을 열고, 누구든지 그 센터까지 갈 수 있도록 무료로 버스를 제공했습니다. 쿨링센터의 수가 부족하다고 판단되자, 하루 만에 학교 31곳을 새로운 쿨링센터로 신속히 지정하기도 합니다.[5]

더불어 폭염으로 인해 사망할 위험이 높은 혼자 사는 노인들, 낙후된 건물에 사는 거주민들의 상태를 경찰과 공무원이 일일이 확인했습니다. 특히 거리의 치안이 불안해서 쿨링센터에 오지 못하는 사람들이 많다는 점을 감안해, 7월 중 폭염이 가장 심했던 4일 동안 사람들의 집을 일일이 방문해 건강 상태를 확

인했습니다. 그 숫자가 총 3만 명에 달했지요.[6]

그 결과, 비슷한 수준의 폭염이었는데도 시카고에서 폭염으로 인해 사망한 사람의 수는 1995년 700명보다 훨씬 적은 1999년 110명에 그치게 됩니다. 폭염으로 인한 사망을 자연재해로, 우연히 발생한 사고로, 개인의 책임으로 돌리지 않고 사회적인 원인을 찾고 그에 기반을 두고 대응 전략을 마련했던 행정기관과 그에 적극적으로 협조한 시민들이 거둔 성과였습니다.

낙태를 금지하면 벌어질 일들에 관하여

루마니아 사례로

살펴본,

평등하지 않은 낙태금지법

2016년 가을, 한국에서는 낙태에 대한 논쟁이 한창이었습니다. 당시 보건복지부가 11월 2일까지 입법예고했던 〈의료법〉 시행령, 시행규칙 개정안 때문이었습니다. 이 개정안은 〈모자보건법〉에서 정한 예외 상황을 제외한 다른 이유로 낙태수술을 할 경우 의료인의 처벌을 강화한다는 내용을 담고 있었습니다. 이 개정안을 두고서 여러 단체들이 각자의 입장에서 여성 몸의 자기통제권과 태아의 생명 중 무엇을 우선시해야 하는지 성명서를 발표했습니다.

결국 이 개정안은 철회가 되었습니다만, 그 과정에서 진행된 논쟁은 한국사회에 여러 고민을 남겼습니다. 그런데 당시 진행되었던 '생명'과 '선택' 중 무엇이 우선인가에 대한 논의가 놓쳤던 점이 있습니다. 바로 '만약 이 법이 실행되면 한국사회에서 어떤 일이 실제로 벌어질 것인가?'에 대한 고찰입니다. 이 질문에 답하기 위해 필요한 자료가 한국에서는 수집된 적이 없습니다. 하지만 낙태 금지는 오랜 기간 전 세계적으로 논쟁이 되었던 주제이기에 우리가 참고할 만한 몇몇 외국 사례가 있습니다.[1] 그중 대표적인 것이 루마니아의 경험입니다.

낙태금지법 시행 후, 루마니아에선 어떤 일들이 벌어졌을까

1966년, 루마니아의 국가원수였던 니콜라에 차우셰스쿠Nicolae Ceausescu는 낙태금지법을 시행합니다. 그 조치는 루마니아의 출산율이 급격히 줄어들고 있다는 위기감에서 기인했습니다. 〈Decree 770〉이라고 불리는 낙태금지법은 강간이나 근친상간을 통한 임신과 의학적으로 산모의 생명을 위협하는 임신, 그리고 이미 아이가 4명이 있거나 산모의 나이가 45세 이상인 경우를 제외하고는 낙태를 금지시켰습니다.

〈Decree 770〉은 1989년 12월 루마니아 혁명으로 폐기될 때까지 23년 동안 지속되며, 루마니아 사회 전체에 지대한 영향을 미칩니다. 이 같은 상황에 관심을 가졌던 루마니아와 WHOWorld Health Organization(세계보건기구) 몇몇 연구자는 1966년부터 1989년까지 지속된 이 낙태금지법이 루마니아 사회에 어떤 변화를 가져왔는지 검토했고, 그 결과를 1992년 《미국공중보건학회지American Journal of Public Health》에 실었습니다. 연구는 크게 세 가지 결과를 말해줍니다.[2]

첫째, 〈Decree 770〉이 시행되고 첫 4년 동안 여성 1인당 출산율은 2배 증가하고, 인구 1,000명당 태어나는 신생아 수를 지칭하는 조출생률은 14명에서 21명으로 급격히 늘어납니다. 그러나 출산율 증가는 일시적이었습니다. 아이를 키우는 데 충분한 경제적 지원이 없는 상황에서 사람들은 살아남기 위해 법을 피하는 길을 찾아야 했으니까요.

의사에게 뇌물을 건네 낙태수술이 가능한 거짓 진단명을 받아내는 사람이 늘어났고, 경제적으로 어려운 여성들은 의사의 도움 없이 유산하기 위해 위험한 방법을 선택했습니다. 그 결과, 불과 4년 뒤인 1970년부터 조출생률은 다시 감소하고 1985년에는 법이 시행되기 이전의 상황으로 돌아옵니다. 〈Decree 770〉이 낙태뿐 아니라 피임 제한까지 포함했다는 점을 생각하면, 낙태금지법을 통해 출산율을 높이려 한 시도가 실패했다는 사실이 명확히 드러나는 대목입니다.

둘째, 고아원 등의 시설에서 자라나는 아이 수가 증가했습니다. 낙태금지법을 피하기 위한 우회로를 찾지 못한 여성들은 결국 원치 않은 아이를 낳을 수밖에 없었을 것입니다. 그러나 아이를 돌보고 키울 수 있는 경제적 자원도, 스스로의 동기도 없는 상황에서 아이들은 방치되거나 시설에 맡겨졌습니다. 열악한

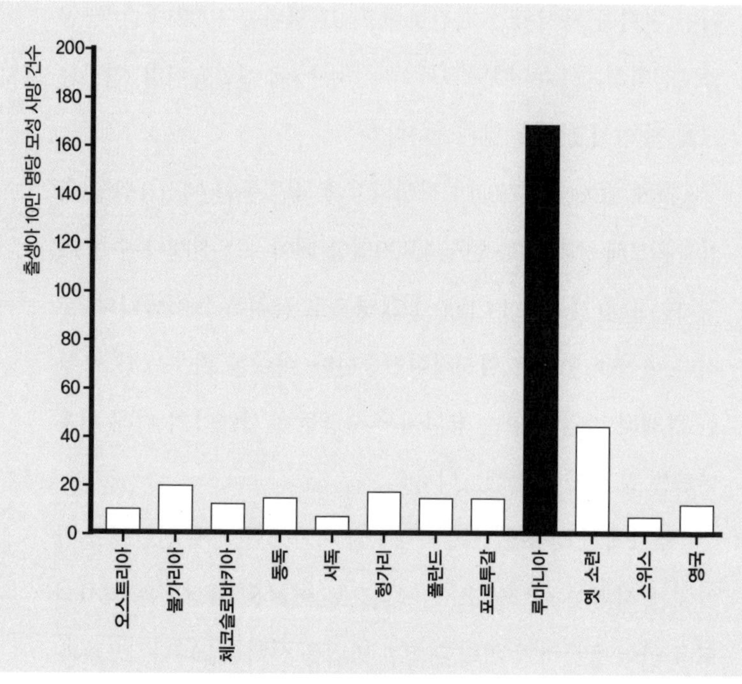

그림4. 유럽 등 12개국의 모성 사망비(1989)[2]

시설에서 아이들은 영양 결핍에 시달리게 되고, 이는 유아사망률 증가로 이어졌습니다.

마지막으로, 모성 사망비가 급격히 증가했습니다. 모성 사망비는 임신 중이거나 출산 이후 7주 이내에 사망하는 여성의 숫자를 측정하는 지표입니다. 의사로부터 안전한 수술을 받을 수 없게 되자, 많은 여성이 불법 시술을 했고 이로 인해 여러 합병증을 앓으면서 매년 500여 명이 출혈과 감염으로 사망했던 것입니다. 낙태금지법이 시행되기 이전인 1966년에 비해 1983

년 루마니아의 모성 사망비는 7배 높아졌으며, 1989년을 기준으로 루마니아는 주변 국가인 불가리아나 체코에 비해 모성 사망비가 9배 가까이 높았습니다.(그림4) 그리고 1989년 12월 혁명으로 낙태금지법이 철폐된 다음 해에 루마니아의 모성 사망비는 이전의 절반으로 감소합니다. 그러한 감소는 낙태금지법이 모성 사망비 증가의 원인이었다는 가장 강력한 증거입니다.

낙태의 경험은 평등하지 않다

한국에서 그동안 비교적 안전한 임신중절수술이 가능해서 몰랐을 뿐, 유산과 관련된 산모 사망률은 전 세계적으로 매우 높습니다.[3] 미국과 WHO의 연구자들이 2006년 《랜싯Lancet》에 「위험한 유산, 예방할 수 있는 유행병Unsafe abortion: the preventable pandemic」이란 이름으로 출판한 논문은 법적인 제약이나 경제적인 이유로 안전하지 않은 임신중절수술을 경험하는 여성의 숫자가 매년 2,000만 명에 달하며, 그 과정에서 매년 6만 8,000여 명의 여성이 사망하고 있다고 보고합니다.[4] 또한 이 논문에서 연구자들은 합법적이고 안전한 임신중절수술에 여성들이 접근하지 못했을 때, 유산을 위해 택하는 방법 40여 가지를 정리하고 있습니다. 안전하지 않은 불법 시술을 찾는 것 외에도 계단에서 뛰어내리기도 하고, 바늘로 찌르기도 하고, 아프리카의 경우 말라리아 약을 비롯한 여러 약을 다량 복용하기도 합니다. 이 모든 방법은 태아를 위험하게 하지만, 그보다도 임신한 여성의 몸을 위험에 빠트리는 결과를 낳습니다.

모든 질병과 사고가 그런 것처럼, 의학적으로 위험한 임신중절 시도로 인한 피해는 역시 가난한 여성들에게 집중됩니다. 가난한 여성들은 피임에 대해 충분한 교육을 받기 어렵고 또한 비용 등의 문제로 피임 수단에 대한 접근성이 떨어지는 여성들이 원치 않는 임신을 할 가능성이 더 높습니다. 그러한 임신을 했을 때 경제적이고 사회적인 이유로 아이를 키우기 어려운 저소득층 여성들이 임신중절수술을 위한 비용을 감당하기 어려워 위험한 대안을 찾는 것이지요.

낙태수술에 대한 처벌이 강화된 뒤 한국사회는 어떻게 변할까요? 루마니아와 얼마만큼 비슷하고 또 얼마나 다를까요?

현행법에서 낙태를 규제한다고 해서 원치 않는 임신을 한 여성의 수가 줄어들 리는 없습니다. 결국 법을 우회하는 길을 찾을 수밖에 없겠지요. 낙태수술은 과거보다 더 높은 비용으로 은밀히 진행될 것이고, 많은 여성들이 인터넷에 떠도는 의학적으로 위험하기 그지없는 낙태 방법에 의존하게 되겠지요. 그로 인한 1차적 피해는 한국에서 낙태 비용을 낼 수 없고, 수술을 위해 외국으로 나갈 수도 없는 저소득층 여성이 감당하게 될 겁니다.[5]

왜 그토록 많은 여성이 낙태를 선택했을까

누구도 낙태가 아름다운 일이라고 생각하지 않습니다. 세상의 어느 여성도 즐거운 마음으로 낙태를 위해 수술대에 눕지 않습니다. 그런데 그처럼 육체적으로 고통스럽고, 낙인과 죄책감으로 인해 괴로운, 심지어 의료보장조차 안 되는 그 수술이 지금도 매년 한국에서 20만 건 가까이 행해집니다. 왜 그럴까요?

우리가 지금 당장 이 질문에 대답하기는 어렵습니다. 한국 사회에서 낙태에 대한 국가의 입장은 인구 구조의 변화에 따라 급격히 변해왔습니다. 1963년부터 시행된 산아제한정책에서 낙태는 음성적으로 활용된 효율적인 수단이었습니다. 1970년대 초부터 낙태는 매년 30만 건 가까이 행해졌고, 그 수는 지속적으로 늘어나 1980년대는 매년 약 100만 건의 낙태가 이루어졌습니다. 그러나 모든 태아가 낙태의 고려대상이 된 것은 아닙니다. 통계청 '인구동향조사'에 따르면, 자료가 수집된 1970년 이후로 여자 출생아 100명당 남자 출생아 숫자를 지칭하는 출생성비는 항상 100명이 넘었고, 1990년에는 116명까지 치솟았습니다. 뿌리깊은 남아선호사상으로 인해 성별이 여성인 태아가 먼저 낙태의 고려대상이 되었던 것입니다. 한국 정부가 실질적인 낙태 규제를 고려하기 시작한 것은 인구 감소에 대한 우려가 본격화된 2003년 이후였습니다.[6] 1996년까지 인구감소를 위해 음성적으로 낙태를 허가했던 한국 정부는 2003년부터 출산장려정책으로 입장을 바꾼 뒤, 낙태를 저출산의 주범으로 지목

했습니다.[7] 그러나 루마니아의 사례는 낙태금지법이 저출산의 문제를 해결해주지 못할 뿐더러 가난한 여성들의 생명을 위협할 수 있다는 점을 보여줍니다.

한국 정부는 낙태를 음성적으로 권장하던 시기에도, 낙태금지를 실질적으로 고려하는 시기에도 계속해서 여성의 몸을 통제하고 관리하려 했습니다. 그러나 그 의사결정 과정에서 당사자인 여성은 항상 배제되었습니다. 이 예민하고도 복잡한 문제를 진정으로 해결하고 싶다면, 여성이 왜 낙태를 선택하려고 하는지에 대해 질문하고 그 고통스러운 당사자의 목소리에 차분히 귀를 기울이는 것이 시작일 것입니다.

성인이 되어도 몸에 남겨진 태아의 경험

몸에 새겨진 사회환경,

절약형질 가설

보건학 연구에서 오래된 질문 중 하나는 "태아기의 경험이 사람의 일생에 얼마만큼, 어떻게 영향을 끼치는가?"입니다. 임신했을 때, 좋은 음악을 듣고 좋은 음식을 먹고 좋은 생각을 해야 한다는 태교의 중요성에 대해서는 누구나 알고 있지요.

하지만 그 효과에 대한 경험적 연구는 찾기 어렵습니다. 그 질문에 답하기 위해서는 같은 사람을 태아기부터 청장년기를 거쳐 노년기까지 수십 년 동안 추적·관찰해야 하기 때문입니다. 그러나 태아기의 환경을 조작하는 실험은 윤리적으로 허용될 수 없는 것이지요. 무작위로 임산부를 골라서 영양 결핍에 빠트리는 연구를 할 수는 없으니까요.

그러나 1990년대 이후, 질병의 원인을 탐구하는 역학 연구들이 하나둘 답을 내놓기 시작했습니다. 역사적 비극과 재해가 만들어낸 사건들이 임산부들을 대상으로 한 '자연실험natural experiment'을 가능하게 했기 때문입니다.

굶주림 시대 이후에 늘어난 청장년기 질병

그 대표적인 연구가 아프리카의 작은 나라 감비아Gambia에서 진행되었습니다. 아프리카 서해안에 위치한 감비아는 매년 건기와 우기를 겪습니다. 열대 사바나 기후에 속하는 감비아의 시골 지역에 거주하는 사람들에게 우기(7월~10월)는 과거 한국의 보릿고개처럼 매우 고통스러운 시기입니다. 수확해놓은 곡식은 모두 소진된 상태에서, 어른들은 굶주린 채 다음 농작물 수확을 위해 계속 일해야 했고, 아이들은 계속해서 내리는 비 때문에 설사병과 말라리아에 시달렸기 때문입니다.

충분한 자원이 있는 나라라면 식량을 비축하고 보존해서 우기에 대비하겠지만, 1인당 국내총생산GDP이 500달러도 되지 않는 감비아에서는 그럴 수 없었습니다. 우기에는 어쩔 수 없이 영양 부족에 시달리는 것이지요. 몇몇 학자들이 이 점에 착안해 연구를 진행했습니다.[12]

지난 50여 년간 식량이 상대적으로 넉넉한 건기에 태어난 사람들이 우기에 태어난 사람들에 비해 얼마나 더 오래 살아남

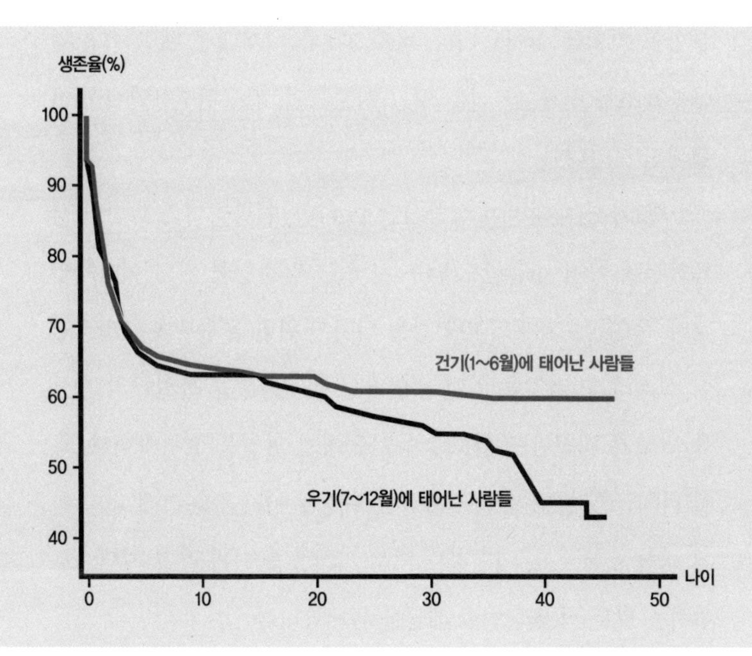

그림5. 출생 시기에 따른 감비아인들의 생존율 차이[2]

는지 계산해본 것입니다.

사춘기 시절까지는 큰 차이가 없었습니다. 하지만 그 이후 생존 가능성은 건기에 태어난 사람들이 월등히 높았습니다.(그림5) 40세가 넘어가면 생존율이 1.5배가량 차이가 났습니다.[3] 우기에 태어났다는 이유로, 40세에 살아 있을 확률이 30퍼센트가량 줄어든 것이지요.

이런 연구들이 감비아처럼 기후 변화에 대응할 자원이 부족한 지역에서만 진행된 것은 아닙니다. 연구자들은 또 다른 자연

실험의 기회를 찾아냅니다. 바로 제2차 세계대전 때입니다. 임산부들조차 하루 한 끼를 먹기 힘들었던, 잔혹한 '자연실험'이 행해진 것입니다.

제2차 세계대전이 한창이던 1944년, 연합군이 노르망디 상륙작전에 이어 네덜란드 남부 지역을 막 점령한 뒤의 이야기입니다. 독일군으로부터 라인강을 되찾기 위한 공수부대 투입작전이 실패하자, 런던에 있던 네덜란드 임시정부는 독일군의 증강을 막고자 네덜란드 철도 노동자들에게 파업을 요청합니다. 독일 나치군은 철도 파업으로 작전 수행에 어려움을 겪게 되자 이에 대한 보복으로, 네덜란드 서부 지역을 둘러싸고 그 지역으로 향하는 모든 식량과 연료 배급을 통제합니다.

유달리 추웠던 그해 겨울, 사방이 고립되어 어떤 도움도 받지 못하는 상황에서 2만 명의 네덜란드 사람들이 굶주림으로 사망합니다. 전쟁 중에도 하루 평균 1,800kcal를 섭취했던 이들이, 역사에 '네덜란드 기근Dutch Famine'으로 기록된 1944년 10월부터 6개월 동안은 하루 평균 800kcal 미만으로 살아가야 했습니다. 그리고 짐작할 수 있듯이, 임산부들조차도 이러한 기근에서 자유로울 수 없었습니다.

몇몇 학자들은 이 역사적 비극이 인간의 건강에 장기적으로 어떻게 영향을 끼치는지를 탐구하는 연구를 진행합니다.[4,5,6] 1945년 초 '네덜란드 기근' 시기에 어머니의 배 속에 있던 태아가 훗날 성인이 되었을 때, 다양한 성인병에 걸릴 가능성을 연구한 것입니다. 연구 결과, 심장병에 걸릴 위험이 3배 높았고[7] 조현증(정신분열병)에 걸릴 위험이 2.6배 높았으며[8] 당뇨병에 걸릴 위험도 유의하게 높은 것으로 나타났습니다.[9]

몸에 새겨진 사회환경, '절약형질 가설'

이러한 연구들은 우리가 질병에 대해 사고하는 방식을 바꿔야 한다고 말합니다. 우리가 태어나기 이전, 임신한 어머니의 배 속에서의 경험이 성인이 된 우리의 건강에 영향을 준다고 말하는 것이니까요. 50년 전 내 의지와 무관하게 겪어야 했던 그 경험으로 인해 당뇨병에, 심장병에, 고혈압에 걸리게 된다는 의미니까요. 비슷한 연구 결과들이 1940년대 독일 나치군에 포위되어 60만 명이 넘는 사람이 아사한 레닌그라드 지역 주민들이나,[10] 1958년부터 1962년까지 마오쩌둥의 잘못된 개발정책으로 4,000만 명이 넘는 사람들이 굶어 죽은 대약진운동 시기에 태어난 중국인들[11]을 대상으로 한 연구에서도 나타납니다. 태아 시기의 환경을 성인기 질병의 원인으로 고려하는 관점들은 더욱 힘을 얻게 됩니다.

이와 같은 연구들이 검증하고 있는 내용, 즉 태아기의 영양결핍이 성인 만성병의 원인이 될 수 있다는 생각을 '절약형질 가설Thrifty Phenotype Hypothesis'이라고 부릅니다. 혹은 이 분야에 학문적으로 큰 기여를 한 데이비드 바커David Barker 박사의 이름을 때 '바커 가설Barker's Hypothesis'이라고도 부릅니다.[12][13] 이 가설에 따르면, 태아기의 영양 결핍이 성인기 당뇨병 발생의 원인이 되는 것은 태아 입장에서 지극히 '합리적'인 선택입니다.

임산부인 어머니가 충분한 영양을 섭취할 수 없는 환경에서, 영양분이 부족할 때 태아는 생명체로서 선택을 해야 합니다. 이 한정된 영양분을 어떻게 사용하는 것이 살아남는 데 가장 효과적인지에 대해 답해야 하는 것이지요. 그래서 태아는 뇌와 같이 살아남는 데 필수적인 기관에 먼저 영양분을 사용하고, 당장 내 생존에는 도움이 되지 않는 췌장과 같은 기관을 발달시키는 데에는 영양분을 적게 사용합니다. 설사 그 선택이 먼 훗날 당뇨병을 유발해 수명을 단축시킨다 할지라도, 지금의 생존을 위해 먼 훗날 발생할 수 있는 성인병을 감수하는 것입니다.[14]

이런 연구들이 우리에게 시사하는 바는 무엇일까요? 그것은 다름 아닌 인간의 몸에 새겨진 사회적 경험이 얼마나 강력한 것인지를 말해주는 것 아닐까 생각합니다. 특히 생애 초기의 경험일수록 그렇습니다. 어머니의 배 속에 있는 태아나 막 태어난 아이가 굶주리는 것은 같은 기간 성인이 굶주리는 것보다 훨씬 더 치명적일 테니까요.

우리가 인간의 몸과 질병에 주목해야 하는 이유도 그런 점 때문이라고 생각합니다. 우리 모두는 특정한 시대에 특정한 공동체에서 특정한 사람들과 관계를 맺으며 살아갑니다. 그리고 그 속에서 희로애락의 다양한 경험을 하지요. 그 경험들은 태아기의 굶주림처럼 우리가 인지하고 기억하지 못할지라도 몸에 새겨져, 때로는 당뇨병의 원인이 때로는 우울증의 원인이 되어 우리 삶에 끊임없이 영향을 줍니다. 그렇게 오래전 사회가 남긴 상처가 인간의 몸속에 남아 있는 것입니다.

ⓒ중앙일보

"왜냐하면 가난은
인간의 몸을
변화시키기 때문입니다."

가난은 우리 몸에 고스란히 새겨진다

가난한 몸과

해부학의 역사

얼마 전 임상시험에 참여하는 한 젊은이의 이야기를 신문기사에서 읽었습니다. 그 젊은이는 신약 개발 과정에서 연구자로서가 아니라, 약의 안전성을 점검하는 실험 대상으로서 연구에 참여하고 있었습니다. 며칠 동안 검증되지 않은 약을 먹고, 수십 번 채혈을 해서 약의 안전성을 확인하는 일입니다. 물론 시험 도중 부작용이 생기면 그만둘 수 있다고 하지만, 혹시나 하는 걱정이 없을 리 없지요. 그럼에도 그 29세 젊은이가 임상시험 대상이 되고자 했던 것은 경제적으로 넉넉하지 못한 취업준비생이라는 불안정한 신분과 100만 원에 가까운 사례비 때문이었습니다. 신문기사에서는 실직자, 노인 등과 같은 사회적 취약계층에게 이런 임상시험이 '꿀 아르바이트'로 인기를 끌고 있다고 했습니다. 그들의 몸을 발판으로 삼아 '안전한 약'이 탄생하는 그 이야기를 읽으며, 저는 근대 해부학의 역사가 떠올랐습니다.

해부학의 시작, 갈레노스와 베살리우스

의과대학에 입학하고 가장 먼저 배웠던 과목은 해부학입니다. 20년 가까운 세월이 흘렀지만 해부학 실습실에 처음 들어갔던 날의 기억은 지금도 생생합니다. 내 앞에 누군가의 몸이 놓여 있고, 내가 메스로 그 사람의 피부를 가르고 근육과 뼈와 신경과 혈관을 구분하는 작업을 한다는 게 낯설고 두려웠습니다.

동서양을 막론하고 죽은 사람의 몸에 칼을 대는 일은 엄격히 금지되어 있었습니다. 중세까지 인간 몸에 대한 해부학적 지식은 고대 로마의 의학자 클라우디우스 갈레노스Claudius Galenos의 저술에 머물러 있었습니다. 2세기 로마 아우렐리우스 황제의 주치의였던 '의학의 황제' 갈레노스는 히포크라테스로부터 내려온 서양 의학을 집대성한 학자로 알려져 있습니다.

갈레노스는 인간을 해부하지는 않았지만 원숭이, 돼지, 개를 해부하고 그 내용으로 인간의 몸을 유추했습니다. 또한 당시 로마 검투사들을 치료하는 주치의 역할을 맡았기에 그는 목숨을 내놓고 싸우는 검투사들의 상처를 치료하며 팔다리의 절단면이나 복부의 일부를 관찰할 수 있었습니다. 물론 인간의 몸을 해부하지 않은 채, 인체의 해부학을 제대로 이해하기는 불가능했지요. 결국 중세에 출판된 인체해부도는 조악한 수준에 머물 수밖에 없었습니다.

갈레노스가 인체해부를 하지 않은 것은 단순히 사회적 금기였다는 사실만으로 설명할 수는 없습니다. 당시 의사들은 해부학적 지식에 기초한 진단과 치료가 아닌, 고대 그리스 히포크라테스로부터 내려오는 '4체액설'을 기초로 인간의 몸을 이해하고 있었기 때문입니다. 인간의 몸은 혈액, 점액, 황담액, 흑담액과 같은 네 가지 체액 사이의 균형이 무너질 때 병이 발생한다고 믿었습니다. 따라서 환자를 치료할 때에는 그 무너진 체액 간 균형을 바로잡아주는 것이 목적이었습니다. 피가 너무 많은 사람들은 사혈을 통해 피를 빼주고, 점액이 넘치는 사람들은 구토를 하게 해서 몸 안의 점액을 밖으로 빼는 것이지요. 이러한 관점에 기초한 의학은 해부학을 필요로 하지 않았습니다.

히포크라테스 전집과 갈레노스의 의학서적을 변치 않는 진리처럼 따르던 중세가 지나고 근대가 찾아오면서 해부학에도 서서히 변화가 생겨납니다. 12세기경 이탈리아에서 인체해부에 대한 금기가 풀리기 시작했고, 이후 유럽에서는 인체해부가 간헐적으로 진행됩니다. 14세기 중세 유럽 인구의 3분의 1을 사망하게 했던 흑사병이 유행하던 시기에도 인체해부는 진행되고 있었습니다. 그러나 이러한 인체해부는 산발적이고 단편적으로 진행되었고 그러한 관찰 결과를 기초로 인간의 몸을 새롭게 이해하는 시각은 생겨나지 못했습니다. 16세기 해부학이라는 학문을 실질적으로 만든 안드레아스 베살리우스Andreas Vesalius가 등장하기 전까지는요.

벨기에 출신의 해부학자 베살리우스는 『인체의 구조에 대하여De humani corporis fabrica libri septem』를 1543년에 출판합니다. 근대 해부학을 열었다고 평가받는 이 책은 놀라울 만큼 정교한 인체해부와 정확한 그림을 담고 있습니다. 베살리우스 이후, 해부학은 의과대학 교육의 핵심적인 부분으로 자리 잡게 됩니다. 의사가 되기 위해서는 병들지 않은 인간의 몸을 이해하고 또 병들었을 때 어떤 부위가 어떻게 변화하는지 알아야 했으니까요. 그러나 문제는 당시 유럽에서 인체해부를 위한 시신을 구하기가 매우 어려웠다는 점입니다. 동서양을 막론하고 시신해부는 오랫동안 금기였으니까요.

해부학 연구에 쓰인 가난한 주검들

16세기 영국의 왕 헨리 8세King Henry VIII는 사형당한 죄수의 몸을 해부학자들에게 제공하기로 결정했습니다. 하지만 이는 인체 구조를 이해하기 위한 과학적 탐구를 지지하기 위해서가 아니라, 죄수의 몸에 대한 사회적 처벌이 주된 이유였습니다. 해부는 대중이 모두 보는 데에서 공개적으로 행해졌고, 해부를 마치고 남은 인체 부위는 동물에게 먹이로 주었으니까요. 이러한 내용은 1752년, 사형수의 시체에 한해서 인체해부를 허용하는 〈살인자법Murder Act of 1752〉으로 공식화됩니다.

그러나 이후 의과대학의 수가 급증하면서 사형수 시신으로는 해부를 위한 충분한 수의 시체 확보가 어려웠습니다. 결국 암시장에서 시체 거래가 활성화되고, 새로운 직업이 등장합니다. 사체절도를 전문적으로 하는 사람들이었습니다. 18세기에 등장한 그들은 사망한 지 얼마 되지 않아 부패하지 않은 시체를 구하기 위해 무덤을 파헤치는 일을 마다하지 않았습니다. 장례식장에서 시체 처리를 걱정하는 친척에게서 시신을 인수받기도 했지요. 병원에서 근무하는 사람들에게 사망한 사람의 친척인 것처럼 속이거나 뇌물을 주고 시신을 받아내기도 했습니다.[1]

사체절도범이 해부학자에게 넘긴 시체에는 공통점이 있었습니다. 모두 가난한 사람들의 시체였다는 점입니다. 당시에는 병원에서 환자가 사망하면 가족이 치료비를 지불해야 시신을 받을 수 있었습니다. 치료비를 지불하지 못한 경우, 시신은 사체절도범에게 넘어갔지요. 설사 병원비를 어렵사리 지불하고 시신을 받아내도, 가난한 가족들은 허름한 목관을 이용하거나 혹은 그조차 없이 공동묘지에 묻어야 했습니다. 무덤을 파헤쳐 시신을 훔치는 사체절도범들에게는 좋은 목표물이 되었지요.

사체절도범보다 한 걸음 더 나아간 경우도 있었습니다. 1828년 영국의 윌리엄 버크William Burke는 길거리에서 구걸하는 사람들을 자신의 집으로 초대해서 음식과 술을 제공한 뒤, 그들을 살해했습니다. 시체에 흔적을 남기지 않기 위해 가슴 부위를 강하게 눌러 호흡을 멎게 한 후, 그 시체를 해부용으로 판매한 것입니다. 구입한 사람은 의과대학에서 해부학을 연구하던 로버트 녹스Robert Knox 박사였습니다. 이후 이러한 범죄행위가 발각되어 윌리엄 버크는 1829년 사형을 당합니다. 사형당한 그의 몸은 당시의 법령에 따라 해부용으로 사용되었습니다.

사체절도에 대한 두려움이 사회에 만연하던 시기에, 부유한 사람은 죽음 이후에도 안전한 시간을 보장받을 수 있었습니다. 훨씬 더 단단하고 열기 어려운 비싼 관을 구입했던 것이지요. 1818년 당시 〈관에 대한 특허Patent Coffin of 1818〉는 사체절도의 걱정 없이 안전하다는 점을 핵심 내용으로 담고 있었습니다. 부유한 가족들에게서 돈을 받은 공동묘지 관리인들은 안전하게 사체를 화장하는 서비스를 제공하기도 했지요.

이와 같은 불법적이고 음성적인 시체 거래에 대한 대중의 불안이 커지자, 영국에서 1832년 〈해부학 법령Anatomy Act〉이 시행됩니다. 사형수의 시체만이 아니라 기증받은 시체도 해부할 수 있도록 법이 바뀐 것입니다. 그러나 해부용 시체가 가난한 사람들의 몸이었던 현실은 변하지 않았습니다. 19세기 영국을 기준으로 당시 의과대학에서 해부학 실습에 사용되었던 시체의 99퍼센트 이상이 가난한 사람들을 수용하던 구빈원에서 나온 것이었으니까요.

가난한 몸을 다루던 해부학 지식의 오류

이러한 역사적 사실은 살아 있을 때의 경제적 불평등이 죽음 이후에도 지속된다는 점 외에도 중요한 함의를 가지고 있습니다. 가난한 사람들의 시체만 해부되고 기록되면서 해부학의 역사에는 여러 오점이 남습니다. 왜냐하면 가난은 인간의 몸을 변화시키기 때문입니다.

오늘날 우리는 가난이, 또는 경제적 결핍과 사회적 폭력이 인간의 몸을 어떻게 변화시키는지에 대해 잘 알고 있습니다. 만성적인 스트레스가 혈중 코르티솔cortisol을 높이고, 그 결과 심장병, 고혈압, 당뇨와 같은 만성병 발생의 위험이 증가한다는 것은 널리 알려진 과학적 사실입니다. 코르티솔을 분비하는 신체기관은 신장 위에 있는 부신adrenal gland입니다. 운동을 해서 근육을 많이 사용하면 근육세포가 커지는 것처럼, 가난한 사람들의 몸에서 일상적으로 코르티솔이 더 자주 더 많이 분비되면서 부신이 비정상적으로 커지는 것이지요. 1930년대까지 이러한 사실을 학자들은 알지 못했습니다. 가난으로 인한 스트레스로 부신이 비정상적으로 커져 있을 거라고 생각하지 못했지요. 대부분의 시신에서 부신은 커져 있었으니까요.

몇몇 해부학자는 간혹 드물게 고소득 계층 사람의 몸을 해부하다가 평소와 다르게 '비정상적으로' 부신이 작은 경우를 발견했습니다. 이상하다고 생각한 학자들은 이유를 알 수 없지만 부신 조직이 축소되는 질병이 있다고 보고합니다. 그때 사용한 질병이 '특발성 부신 위축증idiopathic adrenal atrophy'입니다. 하지만 그들의 발견은 당황스러운 에피소드로 끝나게 되지요. 부유한 사람들의 부신 크기가 인체의 정상적인 부신 크기였던 것이고, 그동안 해부용으로 사용된 가난한 사람들의 시체에서 발견된 부신이 비정상적으로 컸던 것이니까요.[2]

근대 지식에 투영된 불평등의 역사

근대 의학의 탄생은 해부학 없이는 불가능한 일이었습니다. 해부학의 발달로 인해 우리는 중세 사람들과는 전혀 다른 수준에서 질병을 이해할 수 있습니다. 오늘날 우리가 사용하는 진단명은 거의 모두 해부학적 지식에 기반을 두고 있습니다. 대장암은 대장에 암이 생겼다는 뜻이고, 폐결핵은 폐가 결핵균에 감염되었다는 뜻입니다. 해부학이 온전히 자리 잡기 전에는 증상 자체가 진단명이 되는 경우가 많았습니다. 고열, 설사, 기침, 구토, 황달 같은 것들이 그 자체로 진단명으로 사용되고, 사망자 통계를 낼 때도 그대로 사용되었습니다.

인류 역사에서 오랜 시간 사회적 금기였던 인체해부는 가난한 사람들의 몸을 발판으로 한 걸음씩 전진했습니다. 오늘날 우리가 당연하게 여기는 해부학적 지식 뒤에는 가난으로 인해 물건을 훔치다가 사형을 당한, 가난으로 인해 구빈원에서 죽어갔던 이들의 몸의 역사가 있는 것입니다.

당신은 거미를 본 적이 있나요

질병의 '원인의 원인'을

추적하는

사회역학의 역사

불과 150년 전만 하더라도 오늘날 우리가 알고 있는 인간의 몸과 질병에 대한 지식은 거의 존재하지 않았습니다. 오랜 시간 수많은 목숨을 빼앗아갔던 감염병의 원인이 세균이라는 사실을 처음 알게 된 것이 140년 전입니다. 1876년 로베르트 코흐Robert Koch가 탄저균Bacillus anthracis을 확인한 게 그 시작이었으니까요. 당연히 감염병을 치료하기 위한 항생제는 생각조차 할 수 없었습니다.

오늘날 합병증이 발생할 때까지 자각 증상이 없어 '침묵의 살인자'로 불리는 고혈압은, 당시에는 그 위험성이 알려지지 않은 것은 물론이고 진단기술조차 존재하지 않았습니다. 러시아의 외과의사인 니콜라이 코로트코프Nikolai Korotkov가 혈압을 수축기와 이완기로 구분하여 측정하는 방법을 찾아낸 것이 1905년이었으니까요.

그런 과거를 생각할 때, 20세기 의학의 발전은 눈부신 것이었습니다. 항생제가 개발되어 감염병을 치료할 수 있게 되고, 예방 접종을 통해 감염병을 예방할 수 있게 되었습니다. 1928년 발견된 최초의 항생제 페니실린은 제2차 세계대전을 거치면서 대량생산이 가능해져 수많은 목숨을 살린 기적의 약이 되었습니다. 18세기 후반 천연두 발생을 막기 위해 에드워드 제너Edward Jenner가 시작한 예방 접종은 세계로 퍼져나갔고, 마침내 1980년 WHO가 천연두 박멸을 선언했습니다. 1950년대 이후로 고혈압이나 암과 같은 만성질환에 대한 이해는 이전과는 비교할 수 없이 깊어졌고 간편한 진단법과 획기적인 치료법들이 등장했습니다.

그 과정에서 인간의 평균수명은 급격히 증가했습니다.[1] 한국을 기준으로 보더라도 1960년에 53.7세였던 평균수명이 불과 50여 년 뒤인 2014년에는 81.8세로 무려 28.1년이 늘어났습니다. 국가별로 차이는 있지만, 인류는 한 번도 우리의 조상들이 살아본 적 없는 고령사회를 경험하고 있습니다. 이제 사람들은 현대 의학이 더욱 발전하면, 그래서 질병을 더 정확히 진단하고 더 효과적으로 치료할 수 있게 된다면, 더 건강해질 수 있다고 믿습니다.

그런데 과연 그럴까요?

당신은 '거미'를 본 적이 있는가?

1994년, 《사회과학과 의학Social Science & Medicine》에 역사적인 논문이 출판됩니다. 논문의 제목은 「역학과 원인의 그물망: 거미를 본 사람이 있는가?Epidemiology and the Web of Causation: Has Anyone Seen the Spider?」입니다.[2] 이 독특한 제목의 논문을 출판한 이는 하버드대학교 보건대학원의 낸시 크리거 교수입니다.

이 논문에서 크리거 교수는 우리가 오늘날 질병의 원인이라고 부르는 것들에 의문을 제기합니다. 1960년대부터 역학 교과서에 등장한 '원인의 그물망web of causation'은 질병의 원인을 설명하는 유력한 이론입니다. 예를 들어, 대표적인 만성질환인 제2형 당뇨병을 생각해보지요. 당뇨병의 원인은 한 가지가 아닙니다. 노화와 가족력은 물론이고, 고혈압과 과체중도 원인입니다. 여러 원인들이 서로 엉켜 함께 당뇨병 발생에 영향을 주는 것입니다. 이처럼 다양한 원인들로 인해 질병이 발생하는 과정을 묘사하기 위해 역학 연구들은 '원인의 그물망'이라는 용어를 사용해왔습니다.

크리거 교수는 그 지점을 파고들었습니다. "왜 사람들은 그 '원인의 그물망'이 마치 처음부터 주어진 것인 양 생각하는가?" 우리가 살아가는 공동체의 사회적 환경은 주어진 고정물이 아니라 역사 속에서 정치적, 경제적, 문화적 토대 위에서 형성된 것인데도, 왜 질병의 원인을 항상 개인 차원의 고정된 요인으로만 가정하는지 질문한 것입니다. 유전적 요소인 가족력조차도 환경적 요인과 상호작용하면서 질병 발생에 영향을 주는데, 질병의 원인을 개별적으로 개인 차원에서만 고려할 때 우리가 놓치는 점이 무엇인지 묻는 것이지요. 어떤 이가 박테리아에 노출되어 결핵에 걸리고, 또 다른 이가 흡연 때문에 폐암에 걸린다고 이야기하고 끝내서는 안 된다는 것입니다.

그물망처럼 얽힌 여러 원인들로 인해서 사람들이 아프다면, 그 그물망을 만든 거미는 무엇이고 누구일까요? 우리는 그 그물망을 엮어낸 역사와 권력과 정치에 대해 물어야 하고, 좀 더 간결하게 말하자면 '질병의 사회적, 정치적 원인'을 탐구해야 한다고 크리거 교수는 말합니다.

이 논문에서 크리거 교수는 개인의 생활 습관이나 분자생물학적 요소들을 중심으로 질병의 원인을 탐구하게 된 역사적인 이유를 이야기합니다. 첫째는 1953년 왓슨James Watson과 크릭Francis Crick이 발견한 DNA 이중나선 구조를 비롯한 생물학적 연구의 놀라운 발전입니다. 인간의 유전정보를 담고 있는 DNA의 구조가 밝혀지고 질병의 유전적인 원인에 대한 연구가 활발히 이루어지면서 인간 몸에 대한 분자생물학적 이해가 획기적인 수준으로 발전했고, 이런 변화는 현대 의학의 중요한 뼈대가 되었습니다.

그리고 또 다른 중요한 이유는 냉전입니다. 제2차 세계대전 이후, 옛 소련 사회주의 국가들과 벌인 냉전으로 자본주의 국가에서는 개인이 아닌 구조를 바라보는 관점의 건강 연구가 위축되었습니다. 특히 미국에서는 매카시즘을 비롯해 다양한 형태의 '공산주의자 사냥'이 진행되면서, 인간 몸을 병들게 하는 사회구조적 원인에 대한 논의를 꺼리는 사회적 분위기가 형성되었습니다.

크리거 교수의 논문 등을 계기로, 1990년대 후반 역학자들 사이에서 논쟁이 촉발됩니다. '역학 전쟁The Epidemiology Wars'이라고도 불렸던 그 논쟁을 통해 질병의 원인을 개인이 아니라 국가, 학교, 직장, 지역사회와 같은 공동체의 특성에서 찾는 연구자들이 모였습니다. 개인의 나이와 가족력과 생활 습관에 대해서만 묻는 것이 아니라, 그들이 살고 있는 공동체가 어떤 곳인가에 대해서도 질문하기 시작한 것입니다. 개인과 공동체의 특성은 모두 질병이 발생하는 중요한 원인이 될 수 있습니다. 다만 기존의 건강 연구에서 압도적으로 많은 연구가 개인적 요소들에 초점을 맞춰 진행했고 그런 연구들로 인해 질병 위험의 개인화 경향은 점점 강화되었던 것입니다.

일찍이 개인이 살고 있는 공동체의 역사와 정치와 구조에 주목한, 심장내과 의사 제프리 로즈Geoffrey Rose가 이야기했던 질병의 '원인의 원인the causes of the causes'을 탐구하는 연구가 적극 진행되기 시작합니다.[3] 이런 '원인의 원인'을 바꾸는 일은 아픈 환자 개개인을 진단하고 치료하는 것보다 훨씬 더 근본적인 지점에서 광범위한 영향력을 끼칩니다. 그렇기에 적절한 개입이 진행될 경우에는 큰 효과를 거둘 수 있습니다.

그리고 마침내 이런 고민을 공유하는 일군의 학자들이 2000년 이 분야의 첫 교과서를 출판합니다. 책의 제목은 『사회역학Social Epidemiology』입니다.[4] 질병을 발생시키는 '원인의 원인'인 사회적 요인을 탐구한다는 뜻에서 사회역학이라고 부른 것이지요.

원인의 원인1. 일터가 안전하면 노동자의 금연율이 올라간다

『사회역학』 교과서에는 다음과 같은 표가 있습니다. 저소득층이 살아가는 사회적 환경과 그 환경에 대응하는 과정에서 담배의 '효과'를 정리한 것입니다.(표1) 예를 들어 일상에서 스트레스를 많이 받는 저소득층에게 흡연은 적은 비용으로 스트레스를 해소하는 방편이 될 수 있다는 점을 보여줍니다. 물론 그러한 스트레스 감소는 일시적인 현상에 불과하지만요. 이 표가 우리에게 던지는 질문은 다음과 같습니다.

> 상시적으로 발암물질에 노출되는 제조업 노동자나 매일 안전장치 없이 추락사의 위협 속에서 일하는 건설노동자에게 10년 뒤 암 발생 가능성이 높아지니 지금 담배를 끊으라는

사회환경의 특성	흡연의 '효과'
높은 스트레스	스트레스 감소
경제적 자원 적음	비교적 저비용
흡연을 권장하는 사회규범	사회적 관계 제공
단기적 · 장기적으로 질병/사망을 유발할 수 있는 환경	장기적으로 질병/사망 유발

표1. 저소득층 흡연의 사회적 맥락[4]

충고는 어떤 의미가 있을까?

매일 생명을 위협받는 작업환경에서 일하는 노동자에게, 담배를 피우면 10년 뒤에 폐암이 발생할 수 있으니 지금 금연해야 한다는 주장은 설득력을 얻기 힘듭니다. 이런 고민이 가난한 사람들의 흡연을 그대로 두어야 한다는 의미는 결코 아닙니다. 이는 저소득층이 자신이 처한 열악한 사회적 환경에서 살아남기 위해 나름의 이유로 흡연할 경우, 그 점을 고려하지 않은 금연정책은 효과를 보기 어렵다는 것을 뜻합니다. 그런 정책은 소득에 따른 흡연율 차이를 증가시키는 결과를 낳을 수 있고, 금연에 실패한 저소득층을 오히려 '패배자'라고 낙인찍는 효과를 가져올 수 있습니다.

하버드 보건대학원의 글로리안 소런슨Glorian Sorensen 교수는 이러한 사회적 맥락을 고려한 금연 프로그램을 개발하고, 역학적 방법을 이용한 프로그램의 효과를 보여주는 연구를 진행해 왔습니다.[5]

연구팀은 2002년 출판된 논문에서 미국 매사추세츠 지역의 제조업 사업장들을 대상으로 금연 프로그램과 관련된 무작위 대조 실험 연구Randomized Controlled Trial를 진행했습니다. 사회적 맥락을 고려한 정책의 효과를 검토한 것입니다.[6] 연구팀은 제조업 사업체 15곳의 노동자 9,019명을 대상으로 연구를 진행하면서, 다음과 같은 질문을 던집니다.

> 안전한 사업장에서 일하는 노동자가 더 금연할 가능성이 높지 않을까? 그렇다면 금연 프로그램만 진행한 사업장과 산업안전 프로그램을 함께 진행한 사업장에서 금연율은 어떻게 다를까?

좋은 질문입니다. 작업장에서 위험한 물질에 계속 노출되며 일하는 노동자는 흡연뿐만 아니라 작업장 내 유해인자가 모두 건강을 해칠 거라고 생각합니다. 굳이 금연의 필요성을 느끼지 못할 수 있다는 이야기입니다. 더 나아가 계속 위험에 노출되는 근무환경으로 인해 내가 노력하면 건강해질 수 있으리라는 자신감도 결여될 수 있습니다. 그런 이유들로 금연 프로그램에 적극적으로 참여하지 않을 수 있는 것입니다.

연구팀의 가설은 흡연을 둘러싼 사회적 환경의 중요성에 대한 고민을 담고 있습니다. 금연 프로그램이 진행되고 6개월 뒤 흡연 상태를 측정했을 때, 산업안전 프로그램을 함께 진행한 사업장에서 일하는 노동자들의 금연율이 금연 프로그램만 시행한 사업장의 노동자들보다 2배 가까이 높게 나타났습니다. 안전한 곳에서 일하게 된 노동자들일수록 금연 프로그램의 효과가 더 컸던 것입니다.

이 연구가 우리에게 말해주는 것은 무엇일까요? 위험한 작업장에서 일하는 노동자가 금연에 실패할 경우, 그 원인은 개인의 금연 의지 부족일까요, 아니면 금연 의지를 좌절시키는 위험한 작업환경일까요? 물론 둘 다 중요한 원인이고 함께 바뀌어야 합니다. 하지만 전자는 개인의 역할이고 후자는 작업장과 회사와 국가의 책임이지요. 한국사회는 전자만을 이야기하고 있지는 않은지 질문해봅니다.

원인의 원인2. 남아공 시골 지역의 AIDS 사망률 변화

1980년대 세계를 공포로 몰아넣었던 전염병이 있었습니다. 미국에 사는 남성 동성애자들에게 첫 사례가 발견되어 한때 동성애 질환Gay-Related Immune Deficiency으로 잘못 알려지기도 했던 HIV/AIDS(인간면역결핍바이러스/후천성면역결핍증)입니다.

HIV/AIDS는 초창기에 높은 치사율로 인해 공포의 질병이었지만, 1995년 다양한 약제를 함께 사용하는 칵테일 요법이 도입되면서 그 치료가 획기적으로 개선됩니다. 2013년 출판된 논문에 따르면 미국이나 캐나다에 거주하는 스무 살 젊은이가 HIV에 감염되었을 때, 적절한 치료를 받는다면 평균 51.4년을 더 살 수 있다고 합니다. 의학의 발달로 HIV/AIDS는 당뇨나 고혈압과 같은 관리가능한 만성질환이 된 것이지요.[7]

HIV/AIDS가 고소득 국가에서는 관리 가능한 만성질환으로 취급받지만 아프리카 지역에서는 여전히 치명적이고 주요한 사망 원인입니다. 치료약은 존재하지만, 비용과 접근성의 장벽을 넘지 못한 감염인들이 치료를 받지 못하고 사망하기 때문입니다. 2012년 한 해 동안 아프리카에서 AIDS 관련 질환AIDS-related illnesses으로 사망한 사람은 100만 명이 넘습니다.

남아프리카공화국의 콰줄루나탈 시골 지역rural KwaZulu-Natal도 그런 곳이었습니다. 대한민국 절반 크기의 땅에 10만여 명이 사는 이 지역은 남아공에서 가장 가난한 지역인 동시에 HIV 감염인의 비율이 가장 높은 곳이기도 했습니다. 2012년에 발표된 자료에 따르면 성인의 29퍼센트가 HIV 감염인이었습니다.

영양 상태가 좋지 않고 적절한 의료서비스를 받을 수 없는 콰줄루나탈 시골 지역에서 HIV 감염은 사회 전체를 무너뜨리는 주요 원인이었습니다. 2000년대 초반까지 콰줄루나탈 시골 지역 사망 원인의 절반은 HIV 감염과 관련된 것이었습니다.

2000년을 기준으로 남아프리카공화국 국민의 성인 기대수명은 61.4세였습니다. 성인 기대수명은 영유아기에 사망하지 않고 15세까지 살아남은 이들이 평균 몇 살까지 사는지를 예측하는 숫자입니다. 그런데 콰줄루나탈 시골 지역의 성인 기대수명은 국가 평균보다 9년이 낮은 52.3세였습니다.

미국 보스턴대학교의 제이콥 보어Jacob Borr 교수는 남아공의 콰줄루나탈대학교의 연구팀과 함께 이 지역에 대한 흥미로운 연구를 진행합니다. 이 연구는 2013년 《사이언스Science》에 「남아프리카공화국 시골 지역에 나타난 성인 기대수명의 증가: HIV 치료 확대 평가Increases in Adult Life Expectancy in Rural South Africa: Valuing the Scale-Up of HIV Treatment」라는 제목으로 발표됩니다.[8]

콰줄루나탈 시골 지역에서 HIV에 감염된 빈곤한 지역 주민들은 비싼 치료약을 경제적으로 감당할 수 없어서 대부분 치료를 받지 못하고 있었습니다. 그런데 2004년 남아프리카공화국 보건부는 중요한 결정을 내립니다. 국제 원조비용을 이용해서 HIV 양성 감염인 중에서 치료가 필요한 모든 이에게 공공 의료보험을 통해 칵테일 요법 치료를 무상으로 제공하기로 결정한 것입니다. 그리고 이러한 변화는 획기적으로 지역의 상황을 바꾸어냅니다. 2011년 7월 1일을 기준으로, 지역의 15세 이상 성인 중 12.6퍼센트가 HIV 치료프로그램에 등록되어 치료를 받게 된 것입니다. 이런 상황에서 연구팀은 질문을 던집니다.

2004년 국가가 공공자금으로 시작한 HIV 치료약 무상 제공은 콰줄루나탈 시골 지역 주민의 평균수명에 어떤 영향을 끼쳤을까?

연구팀은 2000년부터 2011년까지 10만 1,286명에 대한 데이터를 확보해서, 그 지역의 15세를 기준으로 한 성인 기대수명을 매년 계산해냅니다. 그 결과가 〈그림6〉과 같습니다. 2000년에 53세에서 2003년에 49세로 감소했던 성인 기대수명은 2004년에 HIV 치료 확대와 더불어 증가하기 시작해 2011년에는 61세로 증가합니다. 남아프리카공화국에서 HIV 치료약을 공공자

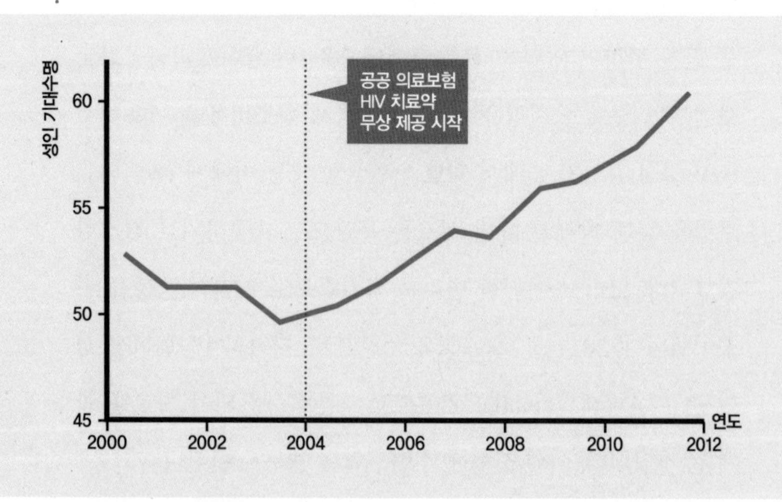

그림6. 남아프리카공화국 콰줄루나탈 시골 지역의 성인 기대수명 변화(2000~2011)[8]

금으로 제공하기 시작한 지 7년 만에 콰줄루나탈 시골 지역 주민의 15세 기준 기대수명이 12년이나 증가한 것입니다.

이 결과가 보여주는 함의는 곱씹어볼 필요가 있습니다. 이 지역 주민들은 그동안 HIV/AIDS 때문에 죽었던 걸까요, 아니면 HIV 치료약을 공공자금으로 제공하지 못했던 공동체로 인해 죽었던 걸까요? 이 논문은 후자임을 말하고 있습니다. 이 논문은 개개인이 감염되었던 바이러스 때문이 아니라 이미 세상에 존재하는 치료약을 제공받지 못하는 시스템으로 인해 사람들이 죽었던 것이라는 점을 계량적으로 보여주고 있습니다.

원인의 원인3. 동유럽 국가들의 경제위기와 결핵 사망률

1991년 세계사에서 중요한 사건이 발생합니다. 40년 가까이 이어지던 냉전이, 즉 사회주의와 자본주의의 대립이 무너지기 시작한 것입니다. 계획경제로 국가를 꾸리던 사회주의 국가의 중심이었던 소련이 해체되고, 과거 소비에트연방에 속해 있던 나라들은 속속 독립을 합니다. 그리고 자본주의 시장경제를 받아들이기 시작합니다. 그 이후 몇 년 동안 동유럽 국가들은 공통적으로 극심한 경제위기를 경험합니다. 갑작스럽게 외부에서 강제로 이식된 자본주의 시스템에 적응하는 일이 쉬울 리 없었지요.

그 과정에서 동유럽 국가들의 평균수명이 급격히 감소합니다. 같은 시기에 미국과 한국 그리고 서유럽 국가들의 평균수명이 꾸준히 증가했던 것과 대조적입니다. 이에 대한 여러 설명이 있습니다. 급격한 자본주의 도입을 주장했던 경제학자들은 동유럽 지역 남성들의 과도한 음주, 살인과 같은 폭력의 증가를 그 이유로 지적했습니다.

그러나 이런 현상을 조금 다른 눈으로 바라보는 보건학자가 있었습니다. 영국 옥스퍼드대학교의 데이비드 스터클러David Stuckler 교수는 과거 소련에 묶여 있던 여러 나라들의 건강지표를 하나하나 면밀히 살펴보기 시작했습니다. 그 나라들을 대상으로 경제위기, 군부나 인종 간 갈등, 정치 변화, 전쟁 등을 고려해서 통계 모형을 만들었습니다. 연구 가설은 다음과 같습니다.

> 경제위기 시기에 IMFInternational Monetary Fund(국제통화기금)의 구조조정 프로그램을 이행해야 했던 나라와 돈을 다른 곳에서 빌렸던 나라의 결핵 사망률 변화는 어떻게 다른가?

분석 결과는 놀랍습니다. 위에서 말한 여러 조건들을 감안하더라도, IMF 구조조정 프로그램에 참여한 나라의 결핵 발생률과 사망률은 각각 14퍼센트, 16퍼센트가량 유의하게 증가하는 것으로 나타납니다. 그리고 구조조정 프로그램에서 빠져나올 경우에 결핵 사망률이 평균적으로 31퍼센트가량 줄어들었습니다.[9] 그러나 같은 시기에 동유럽 국가 중 거의 유일하게 IMF

에서 돈을 빌리지 않고, 다른 곳에서 돈을 빌렸던 슬로베니아는 같은 기간에 오히려 결핵 사망률이 통계적으로 유의하게 감소했습니다. 〈그림7〉은 경제위기 시 IMF 구조조정 프로그램이 집행되었느냐에 따라 나라별 결핵 사망률이 어떻게 달라지는지를 명확하게 보여줍니다.

이런 결과는 경제위기를 겪을 때 국가가 어떠한 선택을 하느냐에 따라, 보다 구체적으로는 '효율'이라는 이름하에 구조조정 프로그램의 이행을 요구하는 IMF의 권고사항을 국가가 얼마나 따랐느냐에 따라 그 나라의 결핵 사망률이 달라진다는 것

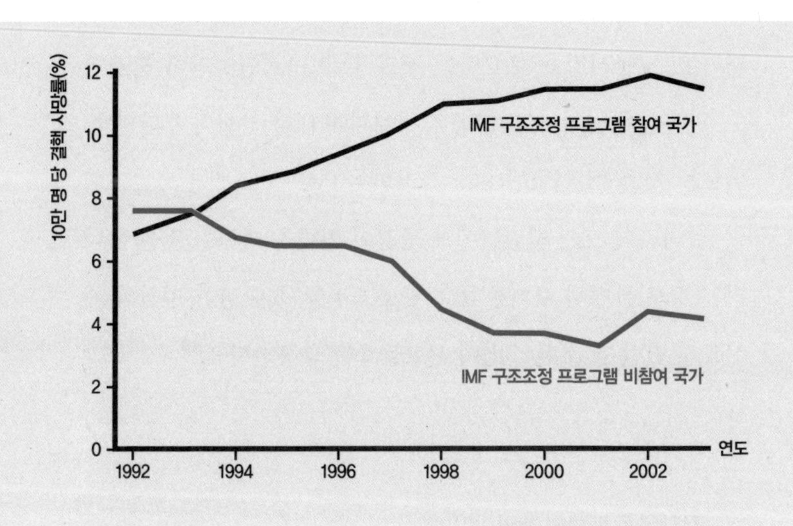

그림7. 동유럽 국가들의 IMF 구조조정 프로그램 참여 여부에 따른 결핵 사망률 변화 (1992~2002)[9]

을 뜻합니다. 이런 차이가 나타나는 이유에 대해 데이비드 스터클러 교수는 IMF 구조조정 프로그램을 이행하는 과정에서 공공의료 시스템과 사회안전망에 투자하는 비용이 감소한다는 점을 지적합니다.

IMF가 그러한 영역에 투자하는 비용을 줄이라고 돈을 빌려간 나라에 직접 요구하지는 않는다고 알려져 있습니다. 하지만 IMF 구제금융을 받는 나라의 관료들은 공공 의료 시스템, 교육 시스템에 들어가는 돈을 줄이지 않고서는 IMF가 요구하는 경제적 조건을 만족시킬 수 없다는 점을 알고 있습니다.

데이비드 스터클러 교수는 이후 출판된 다른 논문에서 이러한 내용을 보다 명확하게 설명합니다. IMF 구조조정 프로그램이 사람들의 건강을 해치는 이유로, 의료 인력이 외국으로 빠져나가고, 노동시장을 보호하는 것과 같은 사회안전망이 축소되고, 빈곤층이 늘어나고, 질병 감시체계에 대한 사회적 투자가 줄어드는 것 등이 언급됩니다. 그러면서 IMF 구조조정 프로그램이 그 나라의 모든 사람들에게 똑같이 영향을 끼치는 것은 아니라는 점도 분명히 보여줍니다. 구조조정을 핑계 삼아 자신의 재산을 불렸던 옛 소련의 정치 관료들을 언급하면서요.[10]

건강은 공동체의 책임이다

인간은 사회 속에서 살아갑니다. 우리 몸에서 나타나는 병리적인 변화는 항상 유전적인 요소와 환경적 요소가 함께 상호 작용하며 나타나고 진행됩니다. 공동체와 완전히 분리되어 독자적으로 살아가는 개인은 존재할 수 없기에, 사회적 환경과 완전히 단절되어 진행되는 병이란 존재할 수 없습니다.

우리가 인간을 개개인으로만 바라볼 때 그런 사실은 쉽게 드러나지 않습니다. 지난 100년간 거대한 혁신을 이뤄낸 현대 의학으로도 알기 어려운 내용입니다. 병원에 찾아오는 개개인을 진단하고 치료하는 병원의 임상진료 과정에서는 환자 개개인의 몸에 새겨진 사회구조적 원인을, 현상 너머에서 작동하는 정치·경제적 구조와 역사를 이해하는 것이 사실상 불가능합니다.

미국 매사추세츠 지역에서 금연하지 못하는 건설노동자도, 남아프리카공화국 콰줄루나탈 시골 지역에서 AIDS로 사망한 여성도, 동유럽의 IMF 구조조정 프로그램을 이행하던 나라에서 결핵에 걸린 어린이도, 개개인만을 바라본다면 특정 질환을 가진 환자일 뿐이니까요.

그러나 한 걸음 뒤에서 바라보면 이들을 아프게 했던 '원인의 원인'이 보입니다. 그 원인은 개인의 것이 아닙니다. 위험한 작업장을 방치했던 일터가 금연율을 낮췄고, HIV 치료약 공급을 전적으로 민간보험에 맡겨둔 지역사회가 AIDS 사망률을 높였고, 경제위기 속에서 공공보건의료 영역의 투자를 줄이기로 한 국가의 결정이 결핵 사망률을 증가시켰습니다.

공동체는 그 구성원들이 건강하게 살아갈 수 있도록 하는 책임을 지니고 있습니다. 건강은 우리가 원하는 것을 추구하기 위한 기본 요건이기 때문이지요. 건강은 인권을 지켜내기 위한, 정치·경제적인 기회를 보장받기 위한 조건입니다. 건강해야 공부할 수 있고 투표할 수 있고 일할 수 있고 사랑할 수 있으니까요.

그래서 묻습니다. 당신은 거미를 본 적이 있나요?

"건강해야 공부할 수 있고

투표할 수 있고 일할 수 있고

사랑할 수 있으니까요."

ⓒ이중섭, 춤추는 가족

지극히 개인적인, 과학적 합리성의 세 가지 요소

더 나은 과학과 더 나은 세상을 함께 추구하는 것을 목표로 만들어진 과학기술인들의 모임에 참석했던 어느 날입니다. 모임의 대표를 맡으신 교수님께서 과학적 합리성에 대한 이야기를 꺼내셨습니다. 과학은 올바른 정답이나 뛰어난 발견을 뜻하는 것이 아니라 합리적 사유양식이고, 한국사회의 여러 문제를 풀어나가는 데 과학적 합리성이 필요하다는 이야기였습니다.

그날 모임에서 돌아오며, 스스로에게 다음과 같은 질문을 던졌습니다. '인구집단의 건강을 연구하는 역학자인 내게 과학적 합리성은 어떤 의미일까?' 계속 생각하며 잔가지를 쳐내고 나니, 과학적 합리성을 말할 때 포기할 수 없는 세 가지가 남았습니다.

첫 번째, 데이터에 기초한 사고

첫 번째 요소는 데이터에 기초한 사고입니다. 물론 우리의 공동체가 해결해야 하는 많은 문제들에 대해서 무엇이 옳은지 이야기할 수 있는 근거가 존재하지 않을 때도 많습니다. 의사결정 과정에서 과학적 근거에 기대지 않고 개인적 경험이나 직관에 따라 판단하는 경우가 한국사회에 많은 것은 그 때문이기도 하겠지요.

하지만 데이터에 기반을 둔 훌륭한 연구는 우리가 직관으로는 판단하기 어려운 문제들에 대해 보다 의미 있는 근거를 제시해주기도 합니다. 예를 들면, 정부가 작업장의 안전 상태에 대한 감시를 강화하는 것이 실제로 노동자들의 안전을 지켜주는지, 그런 작업장 감시가 기업의 생존과 일자리 창출에는 어떤 영향을 미치는지 알아볼 수도 있을 것입니다.

하버드대학교의 매튜 존슨Matthew S. Johnson과 그의 동료들은 이 질문에 대해 본격적으로 답을 해보고자 했습니다. 미국 노동안전청OSHA, Occupational Safety and Health Administration이 진행하는 작업장 안전에 대한 감시활동이 실제로는 노동자들의 안전을 보장해주지도 않으면서 기업 경영을 방해하기만 한다는, 그래서 결과적으로 노동자들의 일자리를 없애고 있다는 일부 의견이 사실인지 확인하려고 한 것입니다.

그들은 1996년부터 2006년까지 11년 동안 미국 캘리포니아 노동안전청에서 그 지역의 작업장을 무작위로 골라 안전 감시활동을 했다는 데에 착안했습니다. 캘리포니아 지역에서 감시를 당한 적이 있는 사업장 409곳과 그렇지 않았던 비교 가능한 사업장 409곳을 찾아, 행정 데이터와 산재보상 데이터를 이용한 일종의 무작위 비교 연구를 진행한 것입니다.

2012년, 노동자 건강에 대한 연구로는 드물게 《사이언스》에 출판된 이 논문의 제목은 「정부의 작업장 감시활동은 노동자들의 산업재해를 줄이지만 일자리를 축소시키지는 않는다 Randomized Government Safety Inspections Reduce Worker Injuries with No Detectable Job Loss」입니다.[1] 연구 결과는 제목 그대로입니다. 정부의 작업장 안전 감시활동은 사고성 재해 발생을 9.4퍼센트 줄였지만 기업의 생존, 고용, 매출에는 유의한 영향을 주지 않는 것으로 나타났습니다.

어떤 이는 이 논문을 두고서 정치적이고 편향된 연구라고 할지 모릅니다. 절반은 맞고 절반은 틀린 이야기입니다. 이 연구는 정치적인 주제를 다루고 있습니다. 어떤 사회든 자원의 생산과 배분에 대한 모든 문제는 항상 정치적입니다. 정부의 기업 안전에 대한 감시 문제를 다루는 이 연구는 당연히 정치적인 함의를 가지고 있습니다.

하지만 이 연구는 편향되지 않았습니다. 연구자들은 자신들이 어떤 데이터를 어떻게 이용해서 어떻게 분석을 했고 그래서 결과를 어떻게 해석했는지에 대해서 투명하게 밝히고 있으며, 자신들의 연구 결과가 가지는 의미와 더불어 한계에 대해서도 명확히 서술하고 있으니까요.

두 번째, 지식의 생산 과정에 대한 의심

제 분야에서 과학적 합리성을 구성하는 두 번째 요소는 지식의 생산 과정에 대한 의심입니다. 연구는 사회에서 독립된 개인 연구자가 골방에서 홀로 고민하고 만들어내는 성과물이 아닙니다. 모든 연구는 특수한 시공간적 배경 위에서, 사회적 관계 속에서 만들어지니까요. 하지만 그런 영향을 받으며 지식이 생산된다는 것과 편향된 비윤리적인 지식이 만들어지는 것은 전혀 다른 일입니다.

이와 관련해서 제 분야의 연구 공동체에 큰 상처를 남긴 몇몇 사례가 있습니다. 예를 들어, 스트레스 연구의 아버지로 불리며 노벨 생리학상 후보에 10여 차례 올랐던 오스트리아의 생리학자 한스 셀리에Hans Selye 박사도 대표적인 인물 중 한 명입니다. 1950년대부터 진행된 여러 역학 연구로 흡연이 폐암의 원인이라는 사실을 부정할 수 없는 상황이 되었을 때입니다.

더 이상 흡연이 건강에 나쁘지 않다는 주장을 할 수 없게 되자, 담배회사들은 이전과는 다른 전략을 취합니다. 흡연이 아닌 스트레스를 암과 심장병의 원인으로 부각하고자 한 것이지요. 담배회사들은 여론의 흐름을 만들고자 셀리에 박사 연구에 돈을 지원하고, 박사는 지원받았다는 사실을 밝히지 않고 논문을 출판합니다. 법정에서 그 연구들은 담배회사들의 주장을 뒷받침하는 주요한 근거로 이용되었습니다.

이 사실은 미국의 법원 판결로 담배회사의 내부문건이 대중에게 강제로 공개된 이후, 그 문서를 분석한 학자들에 의해서 밝혀집니다. 셀리에 박사가 1982년 사망하고 30년 가까이 지난 2011년에 「스트레스의 아버지, 담배회사를 만나다The "father of stress" meets "big tobacco": Hans Selye and the tobacco industry」라는 제목의 논문이 《미국공중보건학회지》에 출판되면서 널리 알려지게 됩니다.[2] 그리고 이러한 내부문건들이 공개되면서, 한국에서 실내공기를 연구하던 대학의 몇몇 교수가 담배회사들로부터 비밀리에 돈을 받고 연구를 수행했다는 사실이 추가로 밝혀지기도 했습니다.[3]

2016년 9월에는 미국에서 또 다른 충격적인 사실을 담은 논문이 출판되었습니다.[4] 1960년대에 미국의 제당업계에서 설탕과 심장병 사이의 연관성을 감추기 위해서, 하버드의 과학자 세 명에게 연구비를 지원하며 지방과 콜레스테롤을 심장병의 원인이라고 밝히는 문헌고찰 연구를 1967년 《뉴잉글랜드 의학저널The New England Journal of Medicine》에 출판하게 한 것입니다.[5][6]

이 논문을 쓰는 과정에서 제당업계는 이 논문의 목적을 직접 정했고, 어떤 논문들을 고찰에 포함시킬지도 자신들이 판단했습니다. 투고 전에 논문 초고를 받아 검토했던 것은 물론입니다. 출판된 논문에는 제당업계가 재정적인 지원을 했다는 사실과 논문을 쓰는 과정에 개입했다는 언급은 전혀 없었습니다. 지난 50여 년을 돌이켜보면, 설탕을 위험하지 않은 물질로 만들고자 했던 제당업계의 전략은 성공적이었습니다. 그동안 우리가 그 위험에 대해 알지 못한 채 섭취했던 설탕은 얼마만큼이었을까요.

이러한 연구를 둘러싼 비윤리적 행위들은 과학 일반에 대한 사람들의 신뢰를 떨어트리는 역할을 합니다. "왜 저런 논문을 썼지? 또 어디에서 돈 받은 거 아니야?"라는 말을 하는 이들이 생겨나고, 이는 과학 연구의 가치를 떨어트리고, 음모론을 싹트게 하는 토양이 됩니다. 문제를 해결하는 과정에서 합리적 근거에 기초해 토론할 수 있는 공간이 사라지고, 정치적 힘에 의한 결정만이 남게 되지요. 결국 가장 큰 힘을 가진 집단의 의견이 의사결정에 반영되고, 그로 인한 가장 큰 피해자는 당연히 힘을 행사할 수 없었던 사회적 약자들입니다.

세 번째, 근거의 불충분함이 변명이 되는 것에 대한 경계

마지막 요소는 과학적 근거가 불충분하다는 핑계로 행동을 늦추는 것에 대한 경계입니다. 언뜻 들으면, 첫 번째로 말했던 데이터에 기초한 사고방식과 모순되는 것처럼 들리는 이야기입니다. 이 '모순'은 제가 공부하는 공중보건public health이 현상을 이해하기 위해 여러 가설이 경쟁하고 충분한 근거가 나올 때까지 판단을 유보할 수 있는 순수과학과는 다르다는 점에 기인합니다. '지구온난화가 실재하는 현상인가, 그로 인해 사람들이 더 많이 병들고 아픈가'에 대한 대답은 왓슨과 크릭의 DNA 구조 발견이나 베게너Alfred Lothar Wegener의 대륙이동설이 받아들여졌던 과정과는 다른 관점을 필요로 합니다.[7]

그것은 공중보건의 핵심 방법론인 역학이 현재를 살고 있는 사람의 건강에 대한 연구이기 때문입니다. 순수과학과 달리 공중보건에서 판단을 미루는 것은 여러 위험 요소로부터 현재 영향을 받고 있는 사람들의 삶을 그대로 받아들이겠다는 결정을 뜻합니다. 적절한 데이터나 과학적 연구가 부족하다는 것을 핑계나 변명으로, 더 나아가 특정 입장을 옹호하기 위한 무기로 사용하는 경우가 있습니다.

작업장 내 화학물질 규제의 역사는 이러한 지점을 잘 보여줍니다. 1960년대 미국 내 민권운동의 힘으로 1971년 노동안전청이 만들어지고, 그제야 비로소 공장에서 일하는 미국 노동자들의 건강을 보호하기 위한 화학물질의 노출기준이 정해집니다. 그중 하나가 백혈병, 악성 빈혈 등을 일으킬 수 있다고 널리 알려진 화학물질 벤젠Benzene에 대한 노출기준입니다.

1978년 미국노동안전청은 작업장 내 벤젠의 노출기준Permissible Exposure Limit을 1ppm으로 정합니다. 작업장 공기 중 벤젠의 농도가 1ppm이 넘으면 처벌하도록 한 것입니다. 그러나 석유 기업과 관련 연구소에서 1ppm으로 규제하기에는 과학적 근거가 부족하다며 소송을 제기합니다. 1980년 미국 대법원은 벤젠 노출 기준을 10ppm으로 완화하라는 결정을 내립니다. 그러나 점차 이후 연구가 축적되어 10ppm으로는 더 이상 노동자들의 건강을 지킬 수 없다는 게 명확해지고, 그로부터 7년 뒤인 1987년 벤젠 노출기준을 다시 1ppm으로 내리게 됩니다.

이러한 변화는 당대의 학문적 근거에 따른 합리적 의사결정으로 보이기도 합니다. 그런데 문제는 이러한 '합리적' 의사결정 과정에서 과도하게 느슨한 규제가 계속되는 동안, 노동자들은 그러한 환경에서 일하다가 합법적으로 벤젠에 노출되고 죽어갔다는 점입니다.

미국 마운트시나이 의과대학의 윌리암 니컬슨William J. Nicholson 교수는 이 지점을 파고들며 질문을 던집니다.

> 10년 동안 규제가 지연되면서 백혈병에 걸려 사망한 노동자들은 몇 명일까?

니컬슨 교수는 미국 전체에서 1978년에서 1987년까지 1ppm과 10ppm 사이에 노출되었던 노동자들의 수를 9,600명이라고 추정합니다. 규제 지연으로 백혈병에 걸려 죽어간 노동자들의 수가 최소 30명, 최대 490명이라고 분석했습니다.[8] 살릴 수 있었던 사람의 숫자입니다. 그렇다면 1980년 미국 대법원의 결정은 과연 과학적으로 합리적인 것이었을까요?

매년 수십 종의 새로운 화학물질이 만들어집니다. 그러한 화학물질을 이용한 제품들이 생산 과정에서는 노동자들을, 시장에서는 소비자들을 만납니다. 우리는 당연히 그 제품들이 인간의 몸을 어떻게 해칠 수 있는지에 대해서는 알지 못합니다. 이제 막 생겨난 물질의 부작용에 대해 충분한 연구가 있을 리 없으니까요.

오늘날처럼 급변하는 사회에서, 그래서 과거를 근거로 미래를 예측하는 것이 참 어려운 우리에게 어떤 과학적 근거가 필요할까요? 석면 노출이 폐암을 유발하고, 방사선 노출이 암을 유발한다는 사실이 밝혀지는 과정처럼 수많은 이들이 목숨을 잃은 다음에 얻을 수 있는 '통계적으로 유의한' 수치들이 있습니다. 그러한 근거에 기초한 의사결정을 합리적인 것이라 부를 수 있을까요? 그렇지 않을 거예요. 더 나아가 과거에 발생했던 데이터에 전적으로 의지한 의사결정으로는 우리가 지구온난화와 같은 새로운 위험에 대처할 수 없습니다. 따라서 국가가 아니라 새로운 화학물질 사용으로 인해 이득을 얻는 기업과 사람들이 그 물질이 유해하지 않다는 점을 사전에 증명해야 하는 '사전주의 원칙Precautionary Principle'에 기초한 고민이 필요합니다.[9]

노이라트의 배와 우리의 선택

과학자가 연구를 하고 교육을 한다는 것은 합리성의 힘을 믿기 때문에 가능한 일입니다. 당장은 누가 알아주지 않더라도 결국에는 가장 합리적인 가설이 채택될 것이라는 믿음, 지금이 아무리 혼란스럽고 좌절되는 상황이라 할지라도 장기적으로는 나은 길로 가리라는 믿음이 있기 때문이지요.

그러나 한국사회에서 진행되는 의사결정 과정을 지켜보면 안타까울 때가 많습니다. 우리에게 주어진 선택지 중에서 어떤 것이 보다 합리적인 것인가에 대한, 결론에 도달하는 과정이 정당했는가에 대한 논의가 실종된 사회에서, 앞서 이야기한 과학적 합리성의 세 가지 요소에 대한 고민은 더 깊어집니다.

하지만 몇 번을 다시 생각해도 결론은 같습니다. 학자인 제가 걸을 수 있는 유일한 길은 무엇이 더 합리적이고 올바른 길인가를 곰곰이 따져보고 발언하는 것뿐입니다. 제 연구가 이 세상을 마주하는 저의 방식이라면, 그 무대를 제가 선택할 수 있는 것은 아니겠지요. 오스트리아의 과학철학자 오토 노이라트Otto Neurath가 말했던 것처럼요.

> 우리는 망망대해에서 배를 뜯어 고쳐야 하는 뱃사람과 같은 신세다. 우리에게는 부두로 가서 배를 분해하고 좋은 부품으로 다시 조립할 수 있는 기회가 주어지지 않는다.

어떤 변호사는

어떤 학자는

그들 편에 서 있어야 합니다.

2. 질병 권하는 일터, 함께 수선하려면

ⓒ민중의소리

해고노동자에게 국가란 무엇인가

'쌍용자동차

해고노동자 건강 연구'

를 하며

2015년 5월 쌍용자동차 노동조합의 김득중 지부장을 만났습니다. 그는 쌍용자동차 해고노동자들에 대한 연구를 진행해 줄 수 있겠느냐고, 정리해고가 진행된 지 벌써 6년이 되어가는데, 해고노동자들이 너무 힘들어한다고 말했습니다. 그러면서 덧붙이기를 해고자와 가족들이 연이어 한 명씩 세상을 떠나던 등골이 서늘하던 시간은 그래도 지나갔다고 했습니다. 대한문 앞에서 농성하며, 해고노동자들이 서로 연락을 하고 골방에서 나오기 시작했다고요.

이런저런 이야기를 덧붙이며 그는 이 연구가 왜 필요한지를 계속 설명했습니다. 그 이야기를 주의 깊게 듣는 척했지만, 실은 그가 뭐라건 이 연구를 해야겠다는 결심을 굳힌 뒤였습니다. 2009년, 77일간의 옥쇄파업이 진행되고 그 이후 해고노동자들과 가족이 스스로 삶을 마감하는 동안, 저는 박사과정 공부를 핑계로 타국에서 이들의 파업을 지켜만 보았으니까요. 많이 미안했고, 이번 기회에 마음의 빚을 조금이나마 갚고 싶었습니다.

그렇게, 저는 2009년에 해고된 뒤 6년째 직장으로 돌아가지 못한 쌍용자동차 해고노동자들에 대한 연구를 시작했습니다.

전쟁포로보다 더 아팠다고 말하는 쌍용차 노동자들의 숫자들

2009년 제가 미국에서 박사과정 학생이던 때 쌍용자동차 파업에 참가한 노동자들의 '외상 후 스트레스 장애PTSD, Post-Traumatic Stress Disorder' 유병률을 기사를 통해 처음 확인했고, 무엇인가 잘못된 게 아닐까 생각했습니다. 몇 년 뒤 연구를 시작하면서 분석에 문제가 있는 게 아닐까 싶어 다시 원데이터를 받아 분석했습니다. 그런데 결과가 그대로였습니다. 2009년 파업에 참여했던 쌍용자동차 노동자 208명을 대상으로 한 설문조사에서 105명(50.5%)이 외상 후 스트레스 장애를 앓는 것으로 분류된 것입니다.

같은 측정도구를 사용한 미국의 한 연구에서 1990년 제1차 걸프전에서 실제 전투에 참가한 군인들의 22퍼센트가, 이라크군에 포로로 잡힌 군인들의 48퍼센트가 외상 후 스트레스 장애를 앓는 것으로 보고했습니다. 저는 쌍용차 노동자들의 50.5퍼센트가 외상 후 스트레스 장애를 겪는다는 결과를 받아들이기 어려웠습니다.(표2) 전쟁포로로 잡혔던 경험만큼 정리해고와 공장점거 파업에서 겪은 일들이 인간의 몸에 깊은 상처를 낼 수 있는 게 사실인지 혼란스러웠고, 이 숫자가 진짜인지 확신이 서지 않았습니다.

그 잔인한 숫자가 오류가 아니었다는 사실을 증명하듯 쌍용자동차에서는 2009년 이후 지금까지 29명이 뇌출혈로, 심장마비로, 당뇨 합병증으로 죽어갔습니다.(표3) 가장 흔한 사망 원인은 자살이었습니다. 악몽과 불면증에 시달리고 두려움에 사

사건	인구집단	PTSD 유병률
1990~1991년 걸프전 참전	군대에서 전역한 쿠웨이트 군인(50명)	24%
	후방에서만 근무하는 현역 쿠웨이트 군인(50명)	32%
	전방에서 실제 전투에 참가한 쿠웨이트 군인(50명)	22%
	실제 전투 중에 이라크군에게 포로로 잡힌 쿠웨이트 군인(50명)	48%
2009년 정리해고 반대 공장점거 파업 참가	2009년 쌍용자동차 정리해고 반대 파업 참가자(208명)	50.5%

표2. 걸프전 참전 군인과 쌍용자동차 해고노동자 외상 후 스트레스 장애 유병률 비교[1 2]

람을 피하며 고립에 시달리던 이들이 스스로의 손으로 삶을 마감했습니다. 그렇게 세상을 떠난 이들 중에는 해고된 '죽은 자'와 그의 아내가 있었고, 해고되지 않고 공장에서 일하던 '산 자'도 있었습니다. 2009년 4월 발표된 쌍용자동차 노동자 2,646명의 정리해고는 '산 자'와 '죽은 자'를 나눴지만 결국 그들 모두를 병들게 했던 것입니다.

제가 만났던 쌍용자동차 해고노동자들은 끝이 보이지 않는 혹독한 터널을 통과하고 있었습니다. 그들은 십수 년을 일한 회사에서 납득할 수 없는 해고통지서 한 장으로 하루아침에 '죽은 자'가 되어버린 것에 대한 좌절로 고통받고 있었습니다. 또한 얼마 전까지 함께 땀 흘리며 일하던 동료들을 이용해 자신들을 '이기적인 존재'로 매도한 회사에 대한 배신으로 가슴 아파하고 있었습니다. 경영부실로 인한 일방적 정리해고에 맞서 싸웠다는 이유로 '블랙리스트'에 이름이 올라 재취업조차 허용되지 않는 상황을 그들은 감내하고 있었던 것입니다.

쌍용차 해고노동자들에게 국가란 무엇이었는가

건강 연구자인 제가 쌍용자동차 해고노동자에 대해 처음 관심을 가졌던 것은 계속해서 발생한 자살 때문이었습니다. '무엇이 그토록 해고노동자와 그 가족을 삶과 죽음의 경계에 놓이게 했을까.'

사망 당시 고용지위	번호	사망 날짜	성별	사망 당시 연령대	사망 원인
희망퇴직자	1	2009년 4월	남성	30대	자살
	2	2010년 12월	남성	40대	자살
	3	2009년 7월	남성	30대	자살
	4	2010년 11월	남성	40대	심근경색
	5	2011년 1월	남성	30대	자살
	6	2011년 2월	남성	30대	자살
	7	2011년 5월	남성	40대	심근경색
	8	2011년 10월	남성	30대	자살
	9	2012년 1월	남성	50대	심근경색
	10	2012년 2월	남성	50대	당뇨 합병증
	11	2012년 10월	남성	50대	당뇨 합병증
	12	2015년 1월	남성	–	뇌출혈
	13	2015년 4월	남성	40대	당뇨 합병증
해고자	1	2012년 3월	남성	30대	자살
	2	2014년 4월	남성	50대	심장마비
	3	2014년 12월	남성	40대	간암
무급휴직	1	2011년 2월	남성	40대	심근경색
가족	1	2009년 7월	여성	30대	자살
	2	2010년 4월	여성	30대	자살
	3	2011년 11월	여성	40대	기도 폐색
	4	2017년 5월	여성	–	–
하청업체	1	2009년 6월	남성	–	자살
재직자	1	2009년 5월	남성	40대	뇌출혈
	2	2009년 6월	남성	40대	심근경색
	3	2010년 2월	남성	30대	자살
	4	2010년 5월	남성	50대	심근경색
	5	2011년 10월	남성	40대	자살
	6	2011년 11월	남성	40대	자살
	7	2013년 1월	남성	50대	자살 시도 후 뇌사
합계	29				

표3. 2009년 정리해고 이후 사망한 쌍용자동차 관련 노동자, 가족 명단[3]

그러나 연구를 진행하면서 질문은 달라졌습니다. '한국이라는 나라에서 어떤 경로로 실업이 자살의 원인이 되는 것일까', 아니, 좀 더 구체적으로 '한국은 해고된 노동자들을 어떻게 대하고 있는가?'에 대해 답하고 싶었습니다. 중요한 질문이지요.

이 질문에 답하고자 제가 수집한 데이터를 이용해서 이화여대 이승윤 교수와 함께 「쌍용자동차 정리해고와 미끄럼틀 한국사회」라는 논문을 출판했습니다. 논문에서는 쌍용자동차 해고 노동자들 중에서 정리해고 이후 취업을 하기 위해 구직활동을 했던 이들만을 대상으로, 그들의 지난 6년을 재구성하고 그동안 국가는 실업자들에게 어떤 역할을 했는지를 알아보고자 했습니다.[4]

일단 정리해고 직후인 2009년부터 2015년까지 매년 주 수입원이었던 일이 무엇인지를 물었습니다. 해고가 진행된 2009년과 2010년에는 무직인 사람이 가장 많았지만, 그 이후로는 가장 흔한 직종이 일용직과 사내하청 및 외부 파견기관에서 근무하는 아웃소싱이었습니다. 자영업과 보험판매직과 같은 영업과 트럭장사 등이 그 뒤를 이었습니다.

불안정한 일자리를 전전하는 이들에게, 과연 국가는 재취업을 위해 어떠한 역할을 했는지 궁금했습니다. 그래서 '2009년 이후 취업, 창업 또는 업무 능력 향상을 목적으로 하는 교육이나 직업훈련을 받은 경험이 있거나 현재 받고 계십니까?'라는 질문을 했습니다. 이 질문에 69명(62.0%)이 '받아본 적이 없다'라고 답했습니다. 왜 직업훈련과 교육을 받지 못했는지 물었을 때, 사람들은 '교육훈련에 관한 필요한 정보를 얻지 못했'거나 '훈련을 받은 만큼 수입이 감소'했기 때문이라고 답했습니다.(표4)

해고된 이후 구직 과정에서 누구의 도움을 받았는지를 물었을 때, 응답자 중 가장 많은 37명(42%)이 '친구 및 지인'이라고 답했고, '동료해고자' 17명(19.3%), '가족 및 친인척' 16명(18.2%) 순으로 답했습니다. 정부고용센터의 도움을 받은 이는 8명(9.1%)에 불과했습니다. 해고노동자들이 직장을 구하는 데 있어 정부의 고용센터 프로그램은 실제로 도움이 되지 않았던 것입니다. 쌍용차 해고노동자의 삶은 해고로 직장을 잃었을 때 기댈 사회적 안전망이 부재한 한국사회에서 그 짐을 해고자와 그 가족이 온전히 떠안게 된다는 점을 극명하게 보여주었습니

	응답자 수	%
훈련을 받은 만큼 수입이 감소하므로	12	18.2
교육훈련에 관한 필요한 정보를 얻지 못해서	12	18.2
시간이 없어서	10	15.2
직업훈련의 필요성을 느끼지 않아서	6	9.1
훈련비가 부담되어서	6	9.1
수강하고 싶은 훈련 과정이 없어서	3	4.6
교육훈련 과정의 시간이 맞지 않아서	2	3.0
기타	15	22.7

표4. 2009년 정리해고 이후 쌍용자동차 해고노동자가 재취업을 위한 교육이나 직업훈련을 받지 않은 이유[5]

다. 그렇다면 우리의 익숙한 구호처럼 '해고는 살인'일 수밖에 없을까요?

실업률 늘어나도 자살률 줄어든 스웨덴

실업률이 증가하면 그 사회의 자살률이 증가한다는 것은 학계에서 널리 인정받는 '사실'입니다. 그런데 이와 관련해서 영국 옥스퍼드대학교의 데이비드 스터클러 교수 연구팀은 2009년, 실업률과 자살률의 관계를 검토한 흥미로운 연구 결과를 의학저널《랜싯》에 게재합니다.[6] 유럽 26개국에서 실업률의 증가가 어떻게 자살률에 영향을 주는지를 검토한 것입니다. 그중 특히 주목할 점은 스웨덴을 비롯한 몇몇 북유럽 국가에서는 나머지 국가들과 달리 실업률과 자살률이 아무런 관련성이 없었던 점입니다. 예를 들어 1991년 경제위기를 겪으며 노동자의 10퍼센트가 직장을 잃은 상황에서도 스웨덴의 자살률은 오히려 꾸준히 감소했습니다.(그림8)

연구팀은 그 주된 이유로 '적극적 노동시장 프로그램Active Labor Market Program'에 대한 국가의 투자에 주목했습니다. 스웨덴에서는 노동자가 직장을 잃으면, 그로부터 30일 이내에 정부 고용지원센터에서 실업자를 위한 '개인별 활동 계획'을 작성하고, 6주에 한 번씩 직업 트레이너가 구직활동 방향을 상담합니다. 실업자가 구직활동을 꾸준히 하는 동안, 지원센터 프로그램의

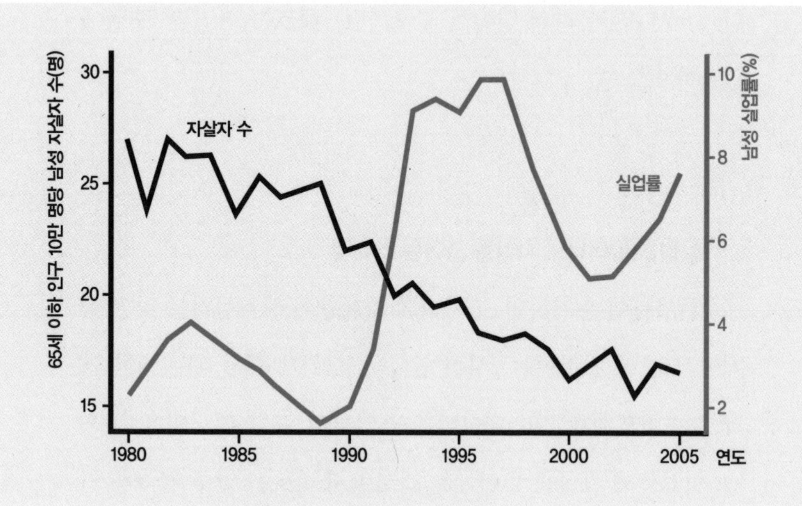

그림8. 스웨덴 남성의 실업률과 자살률(1980~2005)[7]

매니저는 기업과 협력하며 최근에 해고된 이들을 위한 일자리 창출 기회를 찾아냅니다. 직장을 잃은 이들이 좌절하지 않고 사회로부터 버림받았다고 느끼지 않도록, 그래서 그들이 건강하게 일터로 복귀하도록 적극적으로 지원하는 것입니다.

연구팀은 여기서 질문을 하나 더 던집니다. 그렇다면 미국이나 스페인처럼 실업이 자살 위험을 증가시키는 나라에서 국가가 얼마만큼의 돈을 더 투자하면, 실업이 자살로 이어지는 것을 막을 수 있을까요? OECD Organization for Economic Co-operation and Development(경제협력개발기구)의 데이터를 이용한 분석에서, 1인당 100달러를 '적극적 노동시장 프로그램'에 추가적으로 투자하면 실업률 1퍼센트 증가에 따른 자살률의 증가를 0.4퍼센트 낮출 수 있다고 보고합니다.

물론 그 돈으로 해고노동자의 삶이 온전히 나아지기는 힘들겠지요. 더군다나 교육·의료·주거와 같은 삶에서 필수적인 재화가 보장되는 사회와 그렇지 않은 사회에서 100달러의 추가적인 투자는 노동자의 삶에 매우 다른 의미일 것입니다. 그렇지만 이러한 투자는 한 사회가 해고노동자를 어떻게 대할 것인가에 대한 철학과 자세가 드러나는 지점이기도 합니다.

한국에서 해고를 당한다는 것은 무엇을 의미하나

우리 모두는 경험을 통해 알고 있습니다. 내가 해고를 당했을 때, 한국사회가 나를 돌보지 않을 것이라는 사실을요. 그래서 그 위기를 대비하고자 각자 준비를 하기도 합니다. 예금·적금을 들고, 생명보험에 가입합니다. 2009년 정리해고 이전에 이러한 보험을 가지고 있던 쌍용자동차 노동자들을 대상으로 해고 이후, 그 보험을 계속 가지고 있었는지, 만약 해약했다면 언제 해약했는지를 물었습니다. 다음 그림에서 볼 수 있는 것처럼, 2009년 정리해고 이후 3년이 지나면 65퍼센트가 생명보험을 해약했고, 83퍼센트가 적금을 해지했습니다.(그림9) 그 이후에 노동자들은 더 이상 개인적으로 준비했던 '사적 안전망'조차 없이 살아가고 있었던 것입니다.

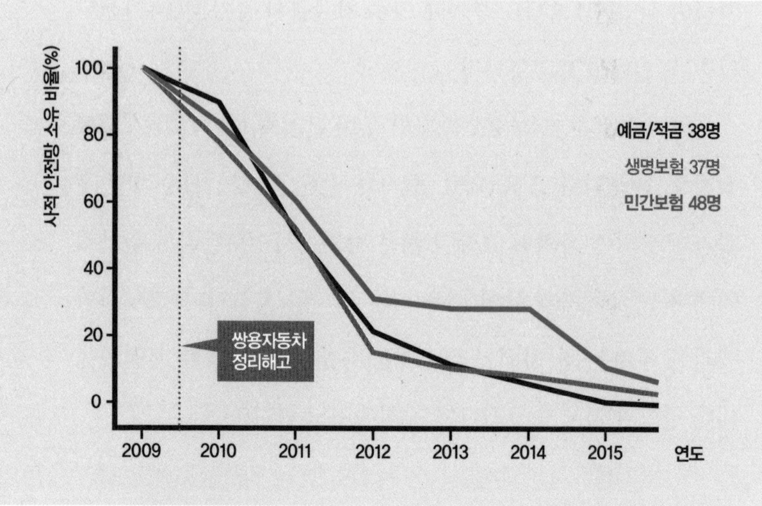

그림9. 정리해고 이후 사적 안전망을 해지한 쌍용차 해고노동자의 비율(2009~2015)

한국과 같이 실업자의 재취업을 위한 실질적 지원이 없고 그들이 기댈 수 있는 공적 안전망이 취약한 사회에서 '해고는 살인'이 되기도 합니다. 정리해고는 노동자의 잘못이 아닌 사용자 측 사정으로 인한, 경영상 이유에 의한 해고를 뜻합니다. 노동자는 귀책사유가 없지만 생계기반을 잃게 되는 거대한 피해를 입기 때문에 정리해고는 매우 신중하게 이루어져야 합니다.

그래서 〈근로기준법〉 제24조는 정리해고의 요건을 엄격히 제한하고 있습니다. 긴박한 경영상 필요성, 해고 회피 노력, 합리적이고 공정한 해고 대상자 선정, 해고 50일 전 통보 및 근로자 대표와의 협의 등 네 가지 요건이 충족되지 않으면 정리해고의 정당성을 인정하지 않습니다. 이런 규제가 없다면, 노동자의 권리에 대한 인식 수준이 낮은 한국사회에서 정리해고는 사용자 측에 의해서 악용될 소지가 높을 것입니다. 그렇다면 2009년 쌍용자동차의 정리해고는 이러한 법적 요건을 충족했을까요?

만들어진 해고 요건, '긴박한 경영상의 필요'

쌍용자동차의 정리해고 결정에 핵심적 근거를 제공한 안진회계법인의 감사보고서는 왜곡된 것이었습니다.[8] 2007년 69억 원이던 쌍용자동차의 유형자산 손상차손을 불과 1년 뒤인 2008년에 5,177억 원으로 평가한 것입니다. 이는 2010년까지 기존의 '4개 차종 단종을 전제한 상태에서 2013년까지 일체의 신차를 개발·판매하지 않는다'라는 극단적인 가정을 하고 계산한 것입니다.[9] 그 결과 부채비율이 1년 사이에 3배 가까이 증가해 쌍용자동차는 정리해고가 필요한 부실기업으로 평가받습니다. 정리해고의 요건인 '긴박한 경영상의 필요'를 만들어낸 것이지요. 2009년 쌍용자동차에 대규모 정리해고를 합리화할 수준의 재무건전성 문제가 있었는지는, 사회적으로 계속 문제 제기가 되었습니다. 이는 2014년 2월, 서울고등법원이 쌍용자동차 해고가 무효라는 판결을 내린 핵심적인 근거 중 하나였습니다. 〈근로기준법〉 제24조에서 말하는 긴박한 경영상 필요성과 사측의 해고 회피노력이 부족했다는 이유로, 정리해고가 무효라는 판결이었습니다.

그러나 이후 2014년 11월, 대법원은 2009년 정리해고가 합법적인 절차였다는 판결을 내립니다. 앞서 언급한 유형자산 손상차손을 과도하게 계산한 사실은 인정되지만, "미래에 대한 추정은 불확실성이 존재할 수밖에 없는 점을 고려할 때 피고의 예상 매출수량 추정이 합리적이고 객관적인 가정을 기초로 한 것이라면 그 추정이 다소 보수적으로 이루어졌다고 하더라도 그 합리성을 인정하여야 할 것이다"라며 고등법원의 판결을 파기했습니다.[10]

정리해고가 한국에서 정식으로 입법화된 것은 1998년 IMF 국가부도사태 이후입니다. 물론 그 이전에도 판례로서는 정리해고가 존재했습니다. 그러나 제1기 노사정위원회의 합의에 따라 1998년 2월에 〈근로기준법〉과 시행령이 개정되면서, 정리해고는 법제화되었습니다. 이러한 법 개정 직후 현대자동차와 만도기계를 비롯한 여러 대기업에서 정리해고가 진행되었습니다.[11] 그런 변화로 인해 고용보험 통계연보에 따르면 1997년 한 해 동안 1만 4,963명이던 정리해고자가 IMF 구제금융을 거치면서 1998년에는 12만 3,834명으로 10배가량 급격히 증가합니다. 이후, 아직까지도 금융위기 이전 수준으로 돌아가지 못하고 있습니다.(그림10)

한국은 OECD 국가 중 자살률이 가장 높은 나라이면서 적극적 노동시장 프로그램에 가장 적은 돈을 투자하는 나라 중 하나입니다. 쌍용자동차의 비극은 무분별한 정리해고가 이러한

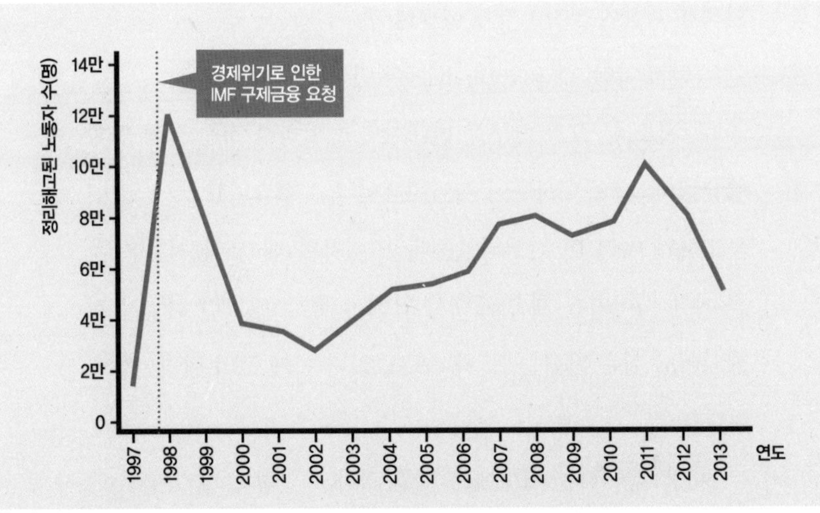

그림10. IMF 경제위기 전후 한국의 정리해고자 수 변화(1997~2013)[12]

현실을 만나서 발생한 일입니다. 그 참사가 쌍용자동차 노동자들과 그 가족들의 몸을 통해 극명히 드러났지요. 정부의 지원이 실질적으로 닿지 않는 곳에서 그들은 자살로 세상을 떠나갔습니다. 이 비극으로부터 우리는 무엇을 배워야 할까요.

정리해고가 다시 일어난다면, 참사로 이어지지 않을 수 있을까

연구에 사용할 해고노동자 실태조사 설문지를 만들기 전에, 쌍용자동차 해고노동자들을 만나 심층 인터뷰를 진행했습니다. 그때 고동민 대외협력실장을 만났습니다. 학교로 찾아온 그가

회의용 책상에 앉자마자 말했습니다.

"먼저 이야기드리는데, 저는 이 연구 반대했어요."

덩치도 큰 그가 연구를 반대한다고 말하자 저는 살짝 당황했습니다. 왜 반대하는지 이야기해달라고 했습니다. 그동안 설문조사가 여러 번 진행되었는데, 그때마다 해고노동자들은 가슴 아픈 이야기를 계속 캐내서 답해야 했다고, 그런 연구가 진행되어도 실은 바뀌는 게 하나도 없었다는 게 그의 답변이었습니다.

마음 같아서는 이번에는 다를 거라고 말하고 싶었지만, 그럴 용기가 없었습니다. 아니, 무엇보다 이번에도 그럴 가능성이 높았으니까요. 해고노동자들의 삶을 정확하게 설명하기 위해서는 가장 아픈 질문들을 던져야 했습니다. '쌍용자동차 해고자'라는 낙인으로 인해 구직 과정에서 차별당한 적은 없는지 물어야 했고, 해고로 인한 낙인을 측정하기 위해 '해고를 당하지 않은 사람에 비해 스스로가 열등하다'라고 생각하는지 질문해야 했습니다. 많은 이들이 주목했던 자살에 대한 문항은 결국 묻지 못했습니다. 고동민 실장이 그 질문만은 하지 말아달라고 부탁했기 때문입니다. 자살에 대해 생각한 적이 있는지, 자살을 시도한 적이 있는지 답하는 과정 자체가 너무 괴로울 것이라고요. 지난 6년 동안 13번의 자살을 지켜본 이들에게 그 질문은 잔혹한 게 맞았습니다.

'2015 함께 살자, 희망연구'의 연구 결과를 신문기자들 앞에서 발표하던 때가 떠오릅니다. 해고자들이 일반 노동자에 비해 얼마나 많이 건강문제에 시달리고 있는지, 어떤 차별과 낙인을 경험했는지 보여주는 발표였습니다. 뒤편에 앉아 있던 고동민 실장의 표정이 보였습니다. 눈시울이 붉어진 채 그가 말했습니다.

"이 연구가 세상에 알려지면, 우리 형님들 또 하루 종일 얼마나 힘들어하실까요."

연구 결과는 여러 방송과 신문이 보도했습니다. 그가 한 말 때문인지, 방송과 언론을 통해 연구 결과가 소개될 때마다 자랑스럽기보다 괴로움이 앞섰습니다. 함께 일했던 동료들이 하나 둘 사라지는 과정을 지켜보면서 느꼈을 고통이 상상하기 힘들었습니다. 무엇보다도 한국사회에서 또다시 정리해고가 발생한다면 이런 참사로 이어지지 않을 수 있을까라는 질문을 던졌을 때, 저는 긍정적인 답을 할 수 없었으니까요.

「해고자와 복직자의 건강비교: 쌍용자동차 정리해고 사례를 중심으로」라는 논문을 쓰며, 함께 연구를 진행한 연구실 박사과정 박주영 학생에게 이 연구를 통해 세상에 꼭 하고 싶었던 말을 한 문단으로 정리해달라고 부탁했습니다. 논문의 마지막 문단이 된 그 내용을 인용하며 글을 마치도록 하겠습니다.[13]

> '쌍용차 문제는 재난의 문제다. 인간이 만든 해고가 인간 삶을 부수는 극단의 형태로 드러난 정치적 사건이다(이창근,

2015).'[14] 그러나 이러한 '재난'이 6년 동안 지속되는 와중에 국가는 해고자와 가족이 다시 설 수 있는 안전망을 제공해주지 못했고 쌍용자동차 관련 노동자와 가족 28명은 죽음으로 이 재난의 사회적 의미를 알려주었다. 급격한 사회경제적 지위의 하락과 사회적 지지의 단절 속에서 해고자는 6년간의 모든 부담을 신체적, 정신적으로 감당해야 했고 본 연구는 쌍용자동차 노동자에 대한 연구를 통해 정리해고가 그들의 몸에 어떠한 영향을 미치는지 보여주고자 했다. 노동자들이 해고로 인한 고통을 온전히 감내하도록 방치하는 것이 아니라, 그들이 일상으로 복귀할 수 있도록 돕는 것이 국가와 정책입안자의 책무이자 역할이다. 본 연구는 정리해고가 노동자 삶에 미치는 부정적 영향을 최소화할 수 있는 정책적 대안이 시급하다는 점을 보여준다.

누군가는 그들 편에 서야 한다

삼성반도체 직업병 소송과

IBM 직업병 소송,

연구자가 거대 기업에

맞선다는 의미

인권단체 반올림에서 일하는 임자운 변호사의 요청으로 삼성반도체에서 일하다 암에 걸렸던 노동자들의 직업병 인정 소송에서 전문가 소견서를 제출할 기회가 두 차례 있었습니다. 저는 이 두 소송 진행 과정에서 역학자로서 왜 이 질병들을 직업병이라고 생각하는지 소견서를 제출했습니다. 단지 전문가로서 학술적인 이야기를 하는 것이었지만, 그 과정에서 작게라도 용기가 필요할 때 떠올렸던 사람이 여럿 있습니다. 그중 한 사람이 보스턴 보건대학원의 리처드 클랩Richard Clapp 교수입니다.

2001년 봄, 클랩 교수는 전화 한 통을 받습니다.[1] 미국 전자 산업의 메카인 실리콘 밸리에서 활동하는 그의 오랜 친구, 변호사 어맨다 호스Amanda Hawes의 전화였습니다. 캘리포니아의 IBM 공장에서 일했던 노동자 200명의 직업병 소송을 맡고 있는데, 도와줄 수 없겠냐는 부탁이었습니다.

클랩 교수가 부탁받은 일은 두 가지였습니다. 하나는 클린룸clean room에서 사용하는 화학물질에 어떤 부작용이 있는지 연구들을 검토하는 것이었습니다. 전자부품에는 깨끗한 클린룸이 노동자에게는 깨끗하지 않았으니까요. 사람들은 클린룸에서 어떻게 화학물질이 노동자의 몸에 침투할 수 있는지 의아해하지만, 현장의 이야기는 조금 달랐습니다. IBM에서 일하다가 유방암에 걸린 아미다 메사Armida Mesa는 마이크로칩과 하드드라이브를 만드는 공정에서 화학물질을 만졌습니다. 그런데 사용했던 글러브가 방수가 되지 않고 화학물질이 스며들었던 것입니다. 그녀와 동료들은 모두 그 장갑을 벗고 맨손으로 일을 했습니다. 당시에는 자신의 손에 닿는 화학물질이 발암물질일거라고는 상상도 못 했고, 작업장에서 함께 일하던 그 누구도 그렇게 해서는 안 된다고 말하지 않았던 거지요.

또 다른 하나는 IBM으로부터 받은 노동자 사망 데이터를 분석하는 것이었습니다. 어맨다 호스 변호사가 이 데이터를 구하는 과정도 간단치 않았습니다. 처음에 IBM은 그런 데이터가 존재하지 않는다고 발뺌을 했으니까요. 소송 과정에서 관련된 내용이 등장하는 것을 보고서, 어맨다 호스는 IBM 담당 변호사를 찾아가 데이터를 담당하는 사람이 누구인지 물어 데이터가 실제로 존재한다는 사실을 알아냈습니다. 재판을 위해 데이터를 제공하라는 판사의 지시가 떨어지고 나서야 데이터를 받을 수 있었습니다.

거대 자본에 맞서는 연구를 한다는 것

클랩 교수가 이 제안을 받아들인다는 것은 많은 것을 의미합니다. 적은 연구비는 사소한 문제입니다. 무엇보다 미국사회에서 막강한 힘을 가지고 있는 대기업의 반대편에 서야 하고, 그 대기업과 직간접적으로 관계를 맺고 있는 수많은 언론들의 지저분한 공격들도 감수해야 합니다. 그 과정을 거쳐 법정에서 증언도 해야 하지요. 특히나 숨 쉴 틈 없이 경쟁적인 미국 교수사회를 생각하면, 돈 안 되고 명예도 되지 않을 그 일을 클랩 교수가 맡을 이유는 없었습니다.

하지만 그는 제안을 받아들입니다. 문헌 검토를 진행하고, 데이터를 분석해서 1961년부터 1991년까지 IBM에서 일했던 3만 3,730명의 건강 자료를 분석해 암 사망 비율을 계산하고, 그들의 직업이 뇌종양, 신장암, 유방암을 유발할 수 있다는 결과물을 법정에 제출합니다.[2] 자신의 연구에 대한 법정 증언을 일주일 앞두고, 클랩 교수는 IBM이 고용한 변호사들로부터 시도 때도 없이 걸려 오는 전화를 받아야 했습니다. 변호사들은 보고서의 한 문장 한 문장에 시비를 걸었습니다.

예를 들어 클랩 교수가 관련 자료로 제시한 클린룸과 유사한 항공우주산업 노동자의 건강에 대한 논문을 이야기하면서는 묻지 않아도 누구나 알 수 있는 IBM 노동자들이 항공우주산업에서 일한 것은 아니라는 당연한 사실을 굳이 확인하려 했지요. 또 논문 말미에 정확한 인과관계를 알기 위해서는 이후 연구가 더 필요하다고 언급한 문장에 대해서는 "그러니까 연구가 더 필요한 것 맞지요?"라고 몇 차례씩 물으며, 연구가 증거로서 불충분하다는 점을 확인하고자 했습니다.

그들은 일정한 간격을 두고 같은 질문을 네 번씩, 다섯 번씩 반복해서 물어보며 혹시라도 클랩 교수의 답이 달라지지 않는지를 확인했습니다. 클랩 교수는 변호사들의 질문에 하루 8시간 이상 시달리기도 했고, 끊임없이 걸려 오는 변호사들의 전화에 대답을 하다가 보스턴으로 돌아가는 차편을 놓치기도 했습니다. 변호사들은 이 싸움에 끼어든 클랩 교수를 지치게 만들어 소송에서 빠지게 만드는 게 목적인 것처럼 보였습니다.

이런 온갖 일들을 감수하고 제출한 보고서였지만 결국 법정에서는 공식적인 자료로 채택되지 않았습니다. 당시 판사는 클랩 교수의 연구가 IBM 노동자들의 암 발생 소송과 관련해서 직접적으로 중요하지 않으며 또한 편파적인 게 그 이유라고 말했습니다. 암역학 전문가인 클랩 교수의 연구가 어째서 편파적인지에 대해 그 근거를 제시하지는 않았습니다. 판사는 현재 IBM을 고소한 노동자들 중에서 두 명이 살아 있는데 보고서는 사망률을 연구했다는 점을 들어 소송과 직접적인 관련성이 없다는 판단을 내렸습니다. IBM에서 일하다 암에 걸린 노동자들은 결국 소송에서 패배합니다.

누군가는 그들 편에 서야 한다

IBM 측은 여러 언론을 통해 클랩 교수의 연구를 깎아내리는 작업을 했습니다. '가짜 과학junk science'이라는 단어를 쓰면서요. 《뉴욕 타임스The New York Times》를 비롯해 권위 있는 여러 언론들은 클랩 교수를 지지하는 글을 발표합니다. "'가짜 과학'이란 기업이 자신에게 우호적이지 않은 이들을 부를 때 사용하는 단어"라는 이야기도 나왔습니다. 그러나 이 모든 과정을 겪는 동안, 클랩 교수는 자신의 학생들과 동료들이 그런 흑색선전에 대한 글을 읽을 수 있다는 사실이 고통스러웠다고 말합니다.

본인에게 이득이 될 것 없는 상황에서 학자의 언어로 IBM 암 발생 노동자의 편에 섰던 클랩 교수에게로 돌아가봅니다. 미국의 한 저널은 클랩 교수와의 인터뷰에서 저와 아마도 이 글을 읽고 있는 모든 사람이 묻고 싶었을 질문을 그에게 던집니다. 그의 대답은 우리가 역사 속에서 진실의 편에서 약자와 함께 싸웠던 많은 이들의 대답과 다르지 않습니다.[3]

인터뷰어 왜 이런 일을 하나요? 돈 때문은 아니라고 알고 있습니다.

클랩 교수 골리앗에 맞서는 것이지요. 법정에서 노동자들은 보통 이길 수 없습니다. 적절한 도움을 받을 수 없기 때문이지요. 그들은 그럴 만한 가치가 있는 사람들입니다. 어떤 변호사는 어떤 학자는 그의 편에 서 있어야 합니다.

2010년 미국에서 박사과정 학생으로 공부하던 시기, 보스턴 보건대학원에 있는 클랩 교수의 사무실을 찾아간 적이 있습니다. 오래전부터 학자로서 교도소 재소자에 대한 프로젝트를 진행하고, 원자력 발전소나 석유 공장 근처 주민의 건강을 계속 연구하고 사회적 발언을 계속해왔던 그에게 묻고 싶은 질문이 있었습니다.[45]

"당신처럼 나도 데이터를 분석해서 질병의 원인을 이해하는 역학자가 되고자 한다. 그런데 내가 관심이 있는 사회적 약자의 건강에 대한 데이터는 찾기가 힘들다. 그들의 삶이 불안정하고, 정부와 기업은 정치적으로 힘이 없는 그들에 관심이 없다. 그렇다면 역학자로서 나는 통계적으로 유의미한 데이터가 만들어질 때까지 계속 그들이 병들고 다치는 것을 지켜봐야 하는 것인가?"

아래 문장은 무작정 약속을 잡고 찾아와 예민한 질문을 던지는 동양인 학생에게 들려준 리처드 클랩 교수의 답변입니다.

"데이터가 없다면, 역학자는 링 위에 올라갈 수 없다. 그러나 역학자가 적절한 데이터를 가지고 있다면 싸움이 진행되는 링 위에서 큰 힘을 발휘할 수 있다."

그의 이야기는 이후 제게 중요한 지침이었습니다. 한국에서 교수로 일하며, 콜센터 상담사, 소방공무원, 병원 인턴/레지던트, 해고노동자, 그리고 성소수자의 건강에 대해 말하기 위해서 항상 데이터를 먼저 수집했습니다. 그 데이터를 분석해 학술 논문을 쓰고, 그 근거에 기초해서 어떠한 사회적 변화가 필요한지 말했습니다. 그것은 학자인 제가 '링 위에 올라가는' 방법이었습니다.

ⓒ한겨레

"가장 위험한 작업을 가장 약한 이들에게 넘기는
외주화가 지속되고 확대된다면,
규제의 손길이 닿지 않는 국내 하청기업의
비정규직 노동자나 인도나 중국의 누군가가
제2의 황유미, 제2의 이숙영이 될 가능성이 높습니다.
그리고 아마도 보이지 않는 존재가 되어버린
그들의 상처와 고통을 우리는 인지하지 못할 것입니다."

위험한 일터는 가난한 마을을 향한다

직업병 만드는 공장, 원진레이온과 제일화학은 어디로 갔나

1962년, 당시 한국의 중앙정보부장 김종필과 일본의 외무장관 오히라 마사요시의 회동이 진행됩니다. 일본이 3억 달러를 한국에 지급하는 조건으로 일제강점기 식민지 수탈 과정에 대한 인정이나 사과 없이 양국 간의 청구권을 소멸시키는 외교 정상화에 합의한 것입니다. 회동이 있은 지 열흘 뒤, 일본의 동양레이온은 자신들이 사용했던 기계를 한국에 넘기는 설비 인수인계 계약을 체결합니다.[1] 일본의 동양레이온이 '인조 실크'로 불리던 레이온을 생산하던 기계를 전쟁배상 물품으로 내놓은 데는 이유가 있었습니다.

질병을 나르는 레이온 기계, 일본에서 한국으로, 다시 중국으로

첫째는 인조섬유인 나일론과의 경쟁에서 레이온이 밀리면서 수익모델이 악화되었기 때문입니다. 둘째는 레이온 공장에서 이황화탄소 중독으로 노동자들의 건강이 악화되어 사회적인 문제가 되었기 때문입니다. 일본에서는 1929년 최초로 레이온 공장에서 이황화탄소 중독 사례가 보고되었고, 1932년과 1934년에 중독으로 인한 조현증과 말초신경 마비가 학계에 보고되었습니다. 이황화탄소 중독은 1930년대에 일본에서 가장 흔한 직업병이 되어 있었지요. 일본의 동양레이온에 이러한 직업병 발생의 증가는 무시할 수 없는 부담이었습니다.[2]

원진레이온(당시 '흥한화학섬유')은 1964년 당시 "오래된 기계라서 서류도 폐기되어 가격도 알 수 없던" 그 기계들을 인수합니다. 그것도 36억 엔이라는 당시 중고기계로서는 매우 높은 금액이었습니다. 그 높은 가격은 일본이 한국에 공공자금 형태로 내놓은 배상금이 기계 값으로 일본의 동양레이온에 다시 유입되는 형태로 지불되었습니다.[3]

일본은 한국에 기계를 넘기는 과정에서, 노동자들이 이황화탄소 중독에 걸릴 수 있는 위험에 대해서는 통보하지 않았습니다. 한국에서는 그 기계를 이용해서 1966년부터 1991년까지 레이온이 생산되었습니다. 당시 한국에는 작업장의 이황화탄소 농도를 측정하고 노동자들의 이황화탄소 중독을 막기 위한 실질적인 규제 방안이 없었습니다.

원진레이온은 당시에 행정기록상 산업재해가 발생하지 않았다는 이유로 무재해사업장으로 인정받아 정부로부터 '2만 5,000시간 무재해 등록증'을 받기까지 했습니다. 그러나 전기세를 아끼겠다고 환기창을 꺼놓은 일터에서, 개인 안전장비도 없이 한 달에 300시간씩 일했던 노동자들의 몸이 무사할 리 없었겠지요. 1991년에 사망한 김봉환 씨의 137일간 장례투쟁을 시작으로, 원진레이온의 이황화탄소 중독이 사회적 이슈가 되기 시작했습니다. 2017년 현재까지 900명이 넘는 노동자들이 이황화탄소 중독 진단을 받았습니다. 그 결과 원진레이온은 한국 역사상 단일 사업장에서 가장 많은 산업재해가 발생한 일터라는 오명을 얻게 되었습니다.[4]

결국 원진레이온은 직업병 문제를 감당하지 못하고 도산하게 됩니다. 한국 정부는 민간기업 중에 인수업체를 찾지 못했고, 1993년 공장 폐쇄를 결정합니다. 그리고 그 기계들은 1994년 중국 단둥시 화학섬유공사에 팔려 갑니다.[5]

1966년 일본에서 합법적으로 넘어온 기계가 한국에서 900명이 넘는 노동자들의 삶을 망가뜨리고, 이제는 중국으로 넘어가 얼굴을 알지 못하는 누군가의 삶을 망가뜨리게 된 것입니다. 이를 막고자 한국의 노동자들은 수차례 모여 집회를 열었습니다. 그러나 기계는 끝내 또다시 합법적으로 국경을 넘습니다. 50명의 중국 노동자들은 한국의 공장에 찾아와 기숙사에 머물며 기계를 다루는 기술까지 전수받다 갔습니다.

그 이후, 기계의 행방은 알 수 없었습니다. 일본의 이황화탄소 중독 전문가인 호흡기 내과 의사 요시나카 다케시는《교토보험의신문》에 기고한 칼럼에서 이 기계가 현재는 북한으로 넘어가서 가동 중이라고 이야기합니다. 확인이 필요하지만, 이게 사실이라면 일본, 한국, 중국을 거치며 각국 노동자의 삶을 망가뜨렸던 이 기계가 이제는 북한 노동자의 몸을 망가뜨리고 있는 것입니다.[6]

발암물질 석면 공장, 일본에서 한국으로, 다시 동남아로

석면은 한때 '기적의 광물'로 여겨졌습니다. 내구성과 단열성이 뛰어나, 수많은 건축자재들이 석면을 이용해 만들어졌습니다. 아시아 지역 최대 규모의 석면 회사는 '일본석면Nippon Asbestos Co.'이었습니다. 일본석면은 1969년, 대만을 시작으로 싱가포르, 말레이시아 등 아시아 지역에 석면을 생산하는 합작회사를 설립합니다.

일본석면이 자국이 아닌 규제가 느슨한 아시아 지역에 회사를 설립한 이유는 석면이 발암물질로 밝혀지면서 일본에서는 작업장 내 석면 노출을 엄격하게 통제했기 때문입니다. 1937년부터 일본에서는 이미 석면 노출이 건강에 미치는 영향에 대한 연구가 진행되었습니다. 1960년에 석면 노출로 인한 폐암 발생이 처음으로 보고되었고, 1972년 일본 〈산업보건법〉은 작업장

내 석면 노출을 엄격히 제한하기 시작합니다. 일본석면은 그런 규제에서 벗어나고 더 값싼 노동력을 이용할 수 있는 아시아 시장을 찾았던 것입니다.[7]

부산의 제일화학은 1971년, 일본석면이 아시아에서 두 번째로 한국에 설립한 합작회사입니다. 인건비가 저렴하고 석면 노출에 대한 실질적인 규제가 존재하지 않으며 일본과 가까운 곳에 위치한 한국은 합작회사를 설립하기에 최적의 장소였습니다. 제일화학을 통해 매달 생산된 석면 중 절반은 일본과 외국으로 수출되었습니다. 위험한 생산공정을 한국에서 마치면, 생산품은 일본으로 가져가거나 다른 나라로 수출했던 것입니다.

그러나 석면은 '기적의 광물'이 아니라 폐암과 악성 중피종을 일으킬 수 있는 발암물질이었습니다. 1977년, WHO 산하의 암 연구기구는 석면을 1급 발암물질로 규정했습니다. 전 세계의 석면 생산량은 같은 해에 480만 톤이라는 역사상 최고의 수치를 기록한 후 감소하기 시작합니다. 일본에서는 석면 노출로 인해 현재까지 500명이 넘는 악성 중피종 환자가 발생했고, 2006년에는 마침내 석면 사용을 금지하기로 결정합니다.[8]

한국에서는 1971년부터 제일화학에서 석면을 생산했지만 석면으로 인한 산업재해는 1990년대 후반까지도 보고되지 않았습니다. 물론 석면 공장에서 달랑 마스크 하나에 의지한 채 석면가루로 얼굴이 하얗게 되도록 일하고 퇴근하던 노동자들의 몸이 건강할 리는 없었지요. 1994년 한국의 석면 공장에서 일했던 50대 여성 노동자가 악성 중피종으로 사망합니다. 이 죽음을 산업재해로 인정한 것을 계기로, 한국사회도 석면 노출의 심각성을 인지하기 시작합니다. 제일화학에서 근무했던 노동자들만이 아니라, 근처 학교와 지역 주민의 석면 노출 역시 심각한 사회문제로 대두됩니다. 그리고 2009년, 뒤늦게 한국에서도 석면 사용이 전면 금지됩니다.

그렇다면 1971년 일본석면이 한국에 세운 제일화학 석면 공장은 어떻게 되었을까요? 제일화학은 '제일 파잘Jeil Fajar'이라는 새 이름을 얻었습니다. 1990년, 인도네시아로 이전한 것입니다. 1971년 일본석면이 합작회사 제일화학을 한국에 세운 것과 1990년 한국의 제일화학이 인도네시아로 이전한 것, 이 두 사건에는 공통점이 있습니다. 1971년 일본에는 작업장의 석면 노출을 측정할 수 있는 기술이 있었고 한국에는 없었습니다. 그리고 1990년 한국은 비로소 그 기술을 가지게 되었지만, 새로 공장을 세운 인도네시아는 그렇지 못합니다. 원진레이온의 기계가 반복해서 팔려 갔듯이, 석면 산업에서도 1971년에는 피해자였던 한국이 1990년에는 가해자가 된 겁니다.

가장 위험한 작업을 가장 약한 이들에게 : 글로벌 기업의 '위험의 외주화'

21세 황유미 씨는 삼성전자 반도체 기흥공장에 입사한 지 2

년 만인 2005년, 급성 백혈병 진단을 받습니다. 그녀는 웨이퍼를 여러 종류의 화학물질에 담갔다가 꺼내는 세척 작업을 했습니다. 먼지조차 허용되지 않는 반도체 공장의 '깨끗한' 클린룸에서 일했기 때문에, 그녀는 자신의 일 때문에 백혈병에 걸릴 수 있다는 사실을 처음에는 받아들이지 못했습니다.[9][10] 그로부터 불과 1년 뒤, 황유미 씨와 2인 1조로 일했던 이숙영 씨도 급성 백혈병 진단을 받습니다. 그리고 두 달 만에 세상을 떠납니다.

당시 강릉에서 택시운전을 하던 황유미 씨의 아버지 황상기 씨는 함께 일했던 두 명이 같은 병에 걸렸으니 직업병이 아니냐고 회사에 물었습니다. 회사의 답은 이랬습니다. 이 큰 공장에서 백혈병 환자가 두 명 있는데, 우연히 같은 일을 했을 뿐이라고요. 그러나 같은 공장에서 일했던 암 환자들이 점점 '반도체 노동자의 건강과 인권 지킴이, 반올림'(이하 '반올림')에 그 존재를 알려오면서, 황유미 씨의 백혈병 발생이 '우연'이었다는 주장은 힘을 잃게 됩니다. 2014년 서울고등법원은 황유미 씨의 백혈병이 직업병이라는 판결을 내리고, 근로복지공단의 상고 포기로 그 판결이 확정되었습니다.[11]

삼성에서 근무했던 노동자들의 직업병 피해 보상 문제는 사회적 이슈가 됩니다. 2015년 9월부터 삼성은 자체적으로 위원회를 만들어 피해자와 그 가족들을 개별적으로 만나 보상하는 식으로 대응하고 있습니다. 2017년 6월 배포된 삼성 측 보도자료에 따르면, 지금까지 120여 명이 이 절차에 따라 보상을 받았다고 합니다. 이는 2007년 황유미 씨가 사망했을 때, 직업병의 존재 자체를 부인하던 것에 비하면 분명 한 걸음 나아간 것입니다. 하지만 삼성은 보상의 과정과 내용을 공개하지 않고 있습니다. 질병의 발병 시기나 업무의 내용에 따라 피해자들이 배제되기도 했습니다.

저는 보상보다도 직업병 예방의 측면에서 걱정스러운 점이 있습니다. 삼성은 두 가지 형태로 작업장의 위험을 외주화하고 있습니다. 하나는 위험한 작업을 국내 협력업체에 하청으로 맡기는 것입니다. 특히 화학물질이나 가스 등 위험물질을 다루는 일은 소수 인원으로 소사장이 운영하는 2차 협력업체에 맡깁니다. 협력업체들은 이러한 작업을 하다 문제가 생겨도, 원청의 눈밖에 날까 전전긍긍하며 밖에 알리지 않습니다. 심지어 노동자들에게 안전보호구를 착용하지 않거나 안전규정을 준수하지 않을 경우 모든 책임을 노동자 본인이 진다는 서약서를 쓰게도 합니다. 2013년 1월 삼성전자 반도체 화성공장의 불산 누출 사고 당시, 하청업체 노동자들이 제대로 된 보호구 없이 수습하다 숨진 것은 이런 구조 속에서 필연이었을지도 모릅니다.[12]

또 다른 위험의 외주화는 노동력이 좀 더 저렴하고 작업장 내 규제가 적은 해외 지역에 공장을 세우는 것입니다. 기업이 사용하는 화학물질을 '기업 기밀'이라는 이름으로, 밝힐 필요가 적은 지역에 공장을 세우는 것이지요. 삼성은 중국 시안의 반도체 공장을 비롯해, 인도네시아 등 아시아 지역에 20곳이 넘는 생산 거점을 만들며 공장을 세워가고 있습니다. 글로벌 기업인 삼성이 세계 각 지역에 공장을 세우는 건 새삼스러운 일이 아니지만, 과연 규제가 더 느슨한 나라에 세워진 그 공장들이 투명한 안전관리를 하고 있는지 또 다른 피해자가 생겨나고 있는 것은 아닌지 우려스럽습니다.

지금과 같이 가장 위험한 작업을 가장 약한 이들에게 넘기는 외주화가 지속되고 확대된다면, 규제의 손길이 닿지 않는 국내 하청기업의 비정규직 노동자나 인도나 중국의 누군가가 제2의 황유미, 제2의 이숙영이 될 가능성이 높습니다. 그리고 아마도 보이지 않는 존재가 되어버린 그들의 상처와 고통을 우리는 인지하지 못할 것입니다.

삼성이 '일본석면'이 되어서는 안 된다

40여 년 전 레이온과 석면을 생산하는 일이 노동자들의 몸을 어떻게 망가뜨렸는지 잘 알면서도, 일본은 한국에 동양레이온의 기계를 넘기고 합작회사인 제일화학을 설립하면서 한국의 노동자를 위한 어떠한 조치도 취하지 않았습니다. 그들의 눈에 한국 노동자들이 겪을 이황화탄소 중독과 악성 중피종은 보이지 않았으니까요. 결국 그토록 많은 노동자들이 고통 속에서 삶을 마감해야 했습니다. 한국의 대표기업 삼성이 누군가에게 1964년의 동양레이온이나 1971년의 일본석면이 되어서는, 아니 1994년의 원진레이온이나 1990년의 제일화학이 되어서는 안 되지 않을까요? 지금 이 순간에도, 반올림이 삼성 본관이 위치한 서울 강남역 8번 출구 앞에서 노숙 농성을 이어가는 이유입니다.

아파도 일할 수밖에 없는 사람들

고용불안과

'저성과자 해고'라는

함정

박근혜 전 대통령이 정치 인생의 롤모델로 삼았던 마거릿 대처Margaret Thatcher가 영국 총리로 일할 때였습니다. 대처 정부는 1980년대 경제 살리기를 이유로 국가 기간산업을 민영화하고 정리해고를 단행했습니다. 항구, 가스회사, 철강산업을 민간에 팔았습니다. 노동자는 대거 정리해고 되었지요. 대처가 총리로 취임한 1979년에는 6퍼센트 미만이던 실업률이 1984년에는 12퍼센트까지 증가합니다. 직장을 잃은 노동자들의 삶은 말할 수 없이 힘들어졌지만, 대처 정부는 아랑곳하지 않았습니다. 대처 총리는 개인을 보호하는 "사회와 같은 것은 존재하지 않는다"라고 말했고 그렇게 일관되게 행동했던 겁니다.

대처 정부는 한 걸음 더 나아가 공공업무를 맡고 있던 몇몇 정부기관을 민간에 넘기는 정책을 추진합니다. 정부기관이 사용하는 시설을 관리·유지하는 자산서비스부Property Service Agency도 그 대상 중 하나였습니다. 이 과정에서 1972년 부처 설립 이후 한 번도 고용불안에 시달려본 적 없었던 자산서비스부 공무원들이 해고 위협에 직면하게 됩니다.

훗날 영국의사협회 회장을 맡은 마이클 마멋Michael Marmot을 비롯한 몇몇 학자들은 이러한 민영화 시도로 생겨난 고용불안이 인간의 건강을 어떻게 변화시키는지에 대한 논문을 출판했습니다. 그들은 부처 민영화 논의가 시작되기 이전인 1985년과 민영화 논의가 본격화돼 언제 해고될지 모른다는 고용불안 속에서 일하던 1989년의 자산서비스부 공무원들의 건강 상태를 비교했습니다. 마치 실험실 동물에게 약을 투여하고 그 변화를 보는 것처럼, '고용불안'이 공무원들의 건강 상태에 어떤 영향을 주는지에 대한 의도치 않은 실험을 하게 된 것이지요.

1995년, 《사회과학과 의학》에 실린 이 논문은 고용불안이 노동자의 건강을 악화시킨다고 말합니다. 특히 같은 기간 고용불안에 시달리지 않았던 다른 부처 공무원들과 비교했을 때, 그 결과는 도드라졌습니다.[1] 이후 행해진 연구들은 고용불안이 천식을 증가시키고, 정신건강을 악화시키고, 심장병을 유발할 수 있다는 점을 보여줍니다. 실제 해고되지 않았더라도 언제 해고될지 모른다는 불안은 노동자의 삶을 잠식하고 몸을 아프게 했던 거지요.[2,3]

비정규직, 더 많이 아파도 덜 쉰다

한국에서 고용불안이 사회문제로 본격적으로 떠오른 것은 1997년 IMF 경제위기를 겪으면서였습니다. 하청이나 파견직으로 일하는 비정규직 노동자가 급증하면서, 언제 해고될지 모르는 고용불안을 일상으로 안고 살아가는 노동자가 늘었습니다.

저는 연구실의 박사과정 김자영 학생과 2011년 수집된 '제3차 근로환경조사'에 참여한 노동자 2만 6,000여 명을 분석해, 원청 정규직 노동자와 하청 비정규직 노동자의 근무조건을 비교하는 연구를 진행했습니다.[4] 지난 1년간 몸이 아픈데도 참고 일한 경험이 있는 경우를 측정했을 때, 하청 비정규직 노동자들은 원청 정규직 노동자들에 비해 그 빈도가 2배 이상 높게 나타났습니다. 그러나 지난 1년간 몸이 아파서 직장 일을 하루 이상 쉬었던 경험이 있는지 물었을 때는, 원청 정규직에 비해 하청 비정규직 노동자의 '그렇다'라는 응답률이 오히려 30퍼센트 이상 낮았습니다. 언제 해고될지 모르고 또 계약을 갱신해야 하는, 또 쉬는 만큼 그대로 월급이 깎이는 비정규직 노동자들은 연차나 병가를 쓰지 못한 채 몸이 아파도 참고 일하고 있었던 겁니다. 회사에 밉보이면 언제 해고될지 모르니, 그들은 더 많이 아파도 덜 쉬고, 그래서 더 많이 참고 일했습니다.

아픈 걸 참고 일하는 노동자가 계속 버틸 수 있을까요? 그럴 리 없지요. 어느 순간 그 노동자는 버티지 못하고 쓰러질 것입니다. 기존 경영학 연구들은 그처럼 고통을 참고 일하는 노동자들을 방치하면, 그들의 건강 상태가 심각하게 나빠져 장기적으로 업무 효율에 지장을 줄 수 있다고 지적합니다. 그러나 한국의 기업들은 그런 우려를 하지 않습니다. 대기업들은 그 부담을 하청업체에 넘기고, 하청업체는 노동자 개인에게 그 부담을 넘기면 되니까요. 기업들은 버티지 못한 병든 노동자를 해고하고 새로운 비정규직 노동자를 채용합니다. 한국사회는 노동시장에서 가장 약한 사람에게 부담을 떠넘기는 잔인한 논리로 운영되고 있는 것이지요.

정규직 노동자는 고용불안으로부터 안전할까

그렇다면 정규직 노동자는 고용불안 문제로부터 진정 자유로울 수 있을까요? 2007년 현대자동차 판매직 노동자 1,500여 명을 대상으로 진행된 연구가 있습니다.[5] 한국에서 가장 규모가 크고 튼튼하다는 노동조합의 구성원이자, 모두가 부러워하는 대기업 정규직 노동자인 그들에게 물었습니다. '앞으로 2년 동안 현재의 내 직업을 잃을 가능성이 있다고 생각하는가'라는 질문이었습니다. 48퍼센트에 해당하는, 절반에 가까운 노동자가 '그렇다'라고 답했습니다. 쉽사리 이해할 수 없는 결과입니다.

그들은 왜 그토록 불안해했을까요? 그들은 1998년, IMF 경제위기를 겪으며 회사가 동료의 절반을 정리해고 하는 과정을 겪었습니다. 이후에도 일상적으로 업무를 통합하고 외주화하는 구조조정을 겪었지요. 회사는 필요한 시기마다 경영상의 어려움을 말하며 '정리해고' 이야기를 꺼냅니다. 동료의 절반이 해고되는 것을 지켜봤던 그들에게 그 이야기는 실제 위협으로 다가올 겁니다. 노동자들은 '나도 잘릴 수 있다'라는 만성적인 불안감 속에서 일하게 될 거예요. 그렇게 만들어진 고용불안은 경영자 측의 강력한 협상 카드로 IMF 경제위기 이후 지난 18년간 사용되어 왔습니다.[6]

'저성과자 해고'는 어떻게 작동할까

현재 한국에서 〈근로기준법〉상 노동자를 합법적으로 해고할 수 있는 길은 두 가지입니다. 첫째는 경영상의 어려움으로 인한 정리해고이고, 또 하나는 노동자의 잘못으로 인한 징계해고입니다. 지난 박근혜 정권은 노동개혁이란 이름으로 또 하나의 새로운 합법적 해고를 추가했습니다. '공정 인사 지침'이라 불리는 이 행정지침의 핵심내용은 '저성과자 해고'입니다. 회사가 업무 효율이 떨어지는 노동자에게 교육과 전환배치 등의 조치를 취한 후, 변화가 없으면 해고할 수 있게 하는 것이 주 내용입니다. 박근혜 정권은 이러한 절차가 합리적이고 투명한 해고 과정을 보장할 수 있다고 주장했지요.

그러나 '저성과자 해고'가 어떤 방식으로 악용될 수 있는지는 상상하기 어렵지 않습니다. 경영자 측 지시에 적극적으로 따르지 않는 사람들, 〈노동법〉을 지키라고 요구하는 노동자들, 더 나아가 '아플 때 참고 일하지 않는' 이들을 해고하는 과정에서 이 행정지침은 업무 능력을 명분으로 삼을 수 있는 효과적인 도구가 될 것입니다. 마음에 들지 않는 노동자를 해고하기 위해, 더 이상 회사는 징계를 주거나 제 발로 퇴사하도록 유도하는 수고를 감수할 필요가 없어지게 된 것이지요.

고용불안은 정도의 차이가 있을 뿐, 어느 사회에나 존재합니다. 그러나 한국처럼 해고된 노동자들이 생계를 기댈 수 있는, 재취업을 위해 교육받을 수 있는 공적 안전망 시스템이 작동하지 않는 사회에서, 고용불안이 주는 두려움은 극대화됩니다. 고용불안은 노동자를 한 걸음만 내디디면 낭떠러지인 절벽 끝에 세워놓습니다. '저성과자 해고'로 인해, 노동자들은 합당한 이유 없이 해고될 수도 있다는 위협 속에서, 법이 보장하는 최소한의 권리조차 요구하지 못하며 일하게 될 겁니다.

가파르게 올라간 자살률, 한국에서는 대체 무슨 일이 있었나

인구집단의 건강을 연구하는 사람으로서, 지난 20년간 한국의 자살률이 왜 이토록 급격히 증가했는지에 대해 자주 질문합니다. 1997년에 한국에서 10만 명당 13.1명이던 자살률은 2014년 27.3명으로 2배 이상 늘어났습니다. 현재 한국은 가장 생산적인 20~30대 젊은이의 사망 원인 1위가 자살인 나라입니다.

무엇이 5,000만 인구가 살아가는 이 공동체를 그토록 잔인한 사회로 바꾸어놓았을까요?

개인이 자살했을 때, 우리는 그 원인을 찾기 위해 심리적 부검을 합니다. 그 사람의 의학적 기록과 사회적 관계를 검토하며 무엇이 그 개인을 자살로 몰고 갔는지에 대해 파악하지요. 한국과 같이 한 사회의 자살률이 급격히 증가했을 때, 우리는 그 현상을 이해하기 위해 이 공동체에 무슨 일이 발생했는지를 검토해야 합니다.

한국에서 자살률의 급격한 증가는 1997년 IMF 경제위기 직후부터 시작됐습니다. 비정규직 고용이 전 사회적으로 급격히 확산되기 시작한 때입니다. 2000년대에 한국사회를 아프게 한 주요 원인은 무엇일까요. 많은 이들에게 삶보다 죽음을 선택하게 만들었던 원인으로 저는 비정규직 고용을 주목합니다. 이 시기부터 저임금으로, 위험한 작업환경을 감수하며 고용불안 속에서 일하는 노동자 수가 증가했습니다. 그리고 상대적으로 안정된 직장에서 일했던 정규직 노동자들조차 자신이 언제 해고될지 모른다는 불안 속에 일해야 했습니다.

다시 도전할 수 있는 패자부활전이 존재하지 않는, 해고된 이들을 지원하는 사회 안전망이 작동하지 않는 한국사회에서 '해고는 살인'이 될 수 있고, 언제 해고될지 모른다는 고용불안은 삶을 뿌리째 흔드는 위협이 될 수 있습니다. '저성과자 해고' 행정지침은 고용불안을 전 사회적으로 만성화시키고, 아파도 참고 일해야 하는, 그러다 견디지 못하고 자살로 삶을 마감하는 노동자의 수를 늘리는 결과를 낳을 것입니다.

고용불안은 진보와 보수 모두에게 중요한 문제입니다. 보수 정당의 정치인이었던 박근혜 전 대통령은 2012년 후보 시절 '세상을 바꾸는 약속, 책임 있는 변화'라는 이름의 공약집에서 경기침체 장기화에 따른 고용불안의 심각성을 지적하며 '고용안정 및 정리해고 요건 강화'를 추진하겠다는 의지를 밝혔습니다. 그러나 모두가 알고 있는 것처럼 그 약속은 지켜지지 않았습니다.

문재인 대통령은 후보 시절 '공공부문 비정규직 제로 시대'를 열겠다고 약속했습니다. 이 공약을 지키기 위해, 취임 직후 문재인 대통령은 인천공항을 찾아갔고 정일영 사장은 그 자리에서 1만 명 노동자를 정규직으로 전환하는 계획을 마련하겠다고 약속했습니다. 구체적인 형태와 로드맵, 지속가능성에 대한 고민은 필요하겠지만, 올바른 방향이라고 생각합니다. 지금 한국사회의 가장 중요한 화두가 불평등이라고 한다면, 그 해결을 위해 '비정규직 노동'은 가장 먼저 다뤄야 할 문제니까요.

©오윤, 피로

"한국과 같이 한 사회의
자살률이 급격히 증가했을 때,
우리는 그 현상을 이해하기 위해
이 공동체에 무슨 일이
발생했는지를 검토해야 합니다."

아파도 병원에 가지 못하는 의사들

연구자가 되어 다시,

전공의 근무환경과

환자 안전을 묻다

의과대학에 다니던 시절, 졸업 후 병원에서 일하는 선배들로부터 항상 들었던 이야기 중 하나가 학생 때 무엇이건 원하는 일을 마음껏 하라는 것이었습니다. 여행을 가고, 연애를 하고, 읽고 싶은 책을 읽으라고 선배들은 신신당부를 했습니다. 그 이유는 간단했습니다. 인턴 시작하고 나면, 시간이 없다고요. 100일 동안 집에도 못 가고 병원에 살면서 일한다고 해서 이름 붙여진 '100일 당직'에 대한 이야기나 한밤중에 찾아온 환자의 응급수술을 하느라 한잠도 자지 못한 상태에서 아침에는 또 다른 환자 수술에 들어가야 했던 외과 레지던트 선배의 이야기가 의대생들에게는 낯선 것이 아니었습니다. 그런 이야기를 듣다 보면, 학생이던 저는 내가 과연 나중에 저렇게 일할 수 있을까 하는 걱정과 함께 당시에는 누구도 답하지 않았던 질문을 하곤 했습니다. '밥 먹을 시간조차 없이 일하면서 몸이 축나지 않을까, 밤새 당직하고 나서 계속해서 저렇게 일하면 환자를 진료할 때 실수하지 않을 수 있을까'라는 의문들이었습니다.

그러나 관련해서 출판된 연구를 찾을 수 없었습니다. 전공의의 근무환경은 논의의 사각지대에 있었으니까요. 전공의는 자신의 전공 분야를 정하기 전, 여러 과를 돌면서 1년 동안 일을 하는 인턴과 외과나 산부인과와 같은 전공 분야에서 3~4년간 수련을 받고 일하는 레지던트를 일컫는 말입니다. 그러한 전공의 과정을 마치고 시험을 통과하면, 전문의가 되는 것입니다.

어느 병원에서 일하느냐에 따라 차이는 있겠지만, 전공의 시절에 충분히 잠을 자며 편안하게 일했다고 말하는 이는 아무도 없었습니다. 전문의 면허를 획득한 선배들은 인턴과 레지던트를 하면서 겪었던 장시간 노동과 폭력적인 환경에 대해 잘 알고 있었지만, 공개적으로 변화를 요구하지는 않았습니다. 무엇보다도 이미 지나간 일이니까요. 당사자인 전공의들은 문제제기를 하지 못했습니다. 위계 관계가 명확한 병원 조직에서 전공의 과정이 끝나도 평생 선후배로 만나야 하는 병원의 선배 의사들을 상대로, 가장 말단에 있는 전공의들이 이 시스템에 문제제기를 하고 싸워나가는 것은 쉽지 않은 일이었습니다.

연구자가 되어 다시, 전공의 근무환경을 묻다

박사과정을 마치고 한국에 돌아왔을 때, 가장 먼저 기획했던 연구 중 하나는 전공의의 근무환경에 대한 것이었습니다. 학생 시절에 가졌던 질문들에 대해 구체적인 수치로 답을 해보고 싶었습니다. 2014년 대한전공의협의회와 공동으로 '2014 전공의 근무환경 조사'를 진행하게 되면서 그 기회가 찾아왔습니다. 전국의 인턴 359명과 레지던트 1,386명을 포함한 1,745명의 전공의가 응답한, 설문조사 데이터를 수집하게 된 것입니다.[1]

결과는 여러 면에서 놀라웠습니다. 한국의 전공의들은 일주일에 평균 93시간을 일하고 있었습니다. 수련 연차별로 나누어 보면 주당 노동시간이 인턴은 116시간, 레지던트 1년차는 103시간이었습니다.(표5) 새삼스럽게 말하지만, 일주일은 총 168시간입니다. 장시간 노동으로 유명한 한국이지만 전공의의 노동시간은 한국인들의 평균 노동시간을 훌쩍 뛰어넘고도 남을 정도입니다. 주5일제 근무를 하는 직장인을 기준으로 했을 때 하루 18시간을 일하는 셈이니까요.

조사에서 드러난 문제점은 장시간 근무만이 아니었습니다. 그들은 환자로부터, 지도교수와 상급 전공의로부터 일상적인 폭력에 시달리고 있었습니다. 인턴의 13.1퍼센트가 직장에서 신체적 폭력을, 61.5퍼센트가 언어폭력을 경험한 적이 있었습니다. 여성 인턴의 경우 27.5퍼센트가 성희롱 경험이 있었습니다. 연차가 올라갈수록 상황은 조금 나아졌지만 레지던트들의 상황

전공의 수련연차	주 평균 근무시간 *	일 평균 수면시간
인턴	116	4.7
레지던트		
1년차	103	4.9
2년차	94	5.5
3년차	83	5.7
4년차	75	5.9
전체 평균	93	5.4

* 근무시간은 당직, 세미나 및 컨퍼런스 참석, 논문작성에 소요되는 시간 등을 포함

표5. 수련연차에 따른 전공의 주평균 근무시간과 일평균 수면시간[1]

도 크게 다르지 않았습니다.

게다가 그들은 많이 아팠습니다. 동일 연령대의 일반 노동자와 비교했을 때, 요통으로 고생하는 경우가 9배(67.9% 대 8.3%) 높았고, 불면증이나 수면장애에 시달리는 경우도 그 빈도가 22배(48.3% 대 2.2%) 높았습니다. 특히 정신건강은 심각했습니다. 여성 레지던트의 12.6퍼센트, 남성 레지던트의 9.3퍼센트가 지난 1년간 자살에 대해 심각하게 생각해본 적이 있다고 답했습니다. 우울증상의 유병률도 남녀 모두, 같은 연령대 일반 전일제 노동자 집단에 비해 최소 4배 이상 높았습니다.

다음 단계로, 전공의의 장시간 노동이 얼마만큼 우울증상을 유발할 수 있는지에 대해 연구를 진행했습니다. 관련해 외국문

헌을 검토하다가 우리 현실과는 많이 다른, 외국의 노동 현실을 확인할 수 있었습니다. 외국에서 진행된 노동자 건강에 대한 연구들은 보통 일주일에 45시간 이상 일하는 경우를 장시간 노동으로 규정하고 있었습니다. 외국에서 근무하는 의사들을 대상으로 하는 연구에서도 주당 근무시간이 평균 90시간 이상인 경우는 찾을 수 없었습니다.

그런데 제가 진행한 연구에서 한국의 전공의들은 일주일에 45시간 이하로 일하는 사람이 없었습니다. 어쩔 수 없이, 일주일에 60~79시간 일하는 전공의들을 기준으로 그보다 더 많이 일하는 전공의들의 우울증상 빈도를 비교했습니다. 주당 120시간 이상 일하는 전공의는 60~79시간 일하는 전공의들에 비해서 우울증상 발생위험이 3배 이상 높게 나타났습니다.[2] 장시간 노동만이 아니라 폭력적인 환경도 전공의들을 아프게 하고 있었습니다. 여성 레지던트의 경우 성희롱과 언어폭력을 경험했을 때, 우울증상 유병률이 각각 1.7배가량 높게 나타났습니다.[3]

가장 놀라웠던 결과는 전공의들은 아플 때 어떻게 하는가에 대한 결과였습니다. 지난 12개월 동안 전공의의 87.2퍼센트가 몸이 아팠었다고 답했는데, 그들 중 다른 의사로부터 진료를 받은 전공의는 30.1퍼센트에 지나지 않았습니다. 절반이 넘는 54.7퍼센트는 스스로 처방해서 약을 먹었고, 나머지 15.2퍼센트는 아무런 조치를 취하지 않았다고 답했습니다. 아플 때 왜 아무런 조치도 취하지 않았냐는 질문에는, 그중 70.8퍼센트가 '시간이 없어서'라고 답했습니다. 병원에서 일을 하면서도 정작 자신은 시간이 없어서 치료를 받지 못했던 것입니다.[4]

전공의들이 이렇게 힘들게 일하고 있다고, 그래서 이렇게 많이 아프다고 이야기를 하면 많은 이들이 말합니다. 그래도 몇 년 그렇게 고생하고 나면 경제적으로 넉넉한 삶이 열리니까, 사람의 생명을 다루는 직업이니 수련 과정에서 힘들어도 그 정도는 감수해야 하는 것이니까, 그리고 무엇보다 의사들도 다 알고 선택한 것이니까, 안타깝지만 어쩔 수 없는 것 아니냐는 반응이었습니다.

전공의들이 지금처럼 일할 때, 환자는 안전할 수 있을까

그런 생각들이 놓치고 있는 지점이 있습니다. 그것은 '전공의들이 지금처럼 일할 때, 과연 그들이 진료하는 환자는 안전할 수 있을까?'라는 질문입니다. 한국에서는 충분히 논의되고 있지 못하지만, 1999년 발표된 미국의학한림원Institute of Medicine의 보고서는 의료과실로 사망한 미국인 숫자가 매년 최소 4만 4,000명이 넘는다고 추정합니다.[5] 이는 단일 사망 원인으로 8위에 해당하며, 교통사고나 유방암 등으로 인한 연간 사망자 숫자보다 높은 수치입니다. 2013년 출판된 한 논문에서는 이러한 추정치가 현실을 제대로 반영하지 못한 것이라고 지적하면서, 최소 21만 명 이상의 환자가 의료과실로 매년 사망하고 있다고 보고하기도 했습니다.[6] 해외의 여러 연구들은 이러한 의료과실을 증가시키는 주요 원인으로 장시간 노동을 비롯한 열악한 근무환경을 오래전부터 주목하고 그 연관성을 검토하는 연구를 해왔습니다.[7][8][9]

그러나 한국사회에는 전공의의 근무환경이 환자 안전에 미치는 영향에 대해 이야기된 바가 없었습니다. 관련 연구들이 활발히 수행된 미국이나 영국에 비해 전공의들의 근무시간이 현격히 높은 점을 감안할 때, 의료과실로 피해를 보거나 사망한 사람의 숫자가 적지 않을 것으로 추정되지만 역학 연구가 진행된 것은 제 연구가 처음이었습니다.

저는 '2014 전공의 근무환경 조사'를 진행하면서, 의료과실을 어떻게 측정할 수 있을까 고민했습니다.[10] 물론 가장 좋은 자료는 각 병원에서 발생했던 의료과실을 행정자료로 측정하는 것이지만, 한국에서 그런 자료는 구할 수 없었습니다. 그다음으로 생각한 것은 '전공의들에게 지난 3개월 동안 환자를 진료하면서 의료과실을 저지른 적이 있습니까?'라는 질문을 하는 것이었습니다. 그런데 이 질문의 대답은 신뢰하기가 어렵습니다. 의사들은 환자를 진료하는 과정에서 최선을 다해야 하고 실수가 있어서는 안 된다고 교육받기 때문입니다. 아무리 익명으로 진행되는 조사라 할지라도 정직하게 답하기 어려운 질문인 것이지요.

그래서 저는 '지난 3개월간, 귀하는 의료과실을 실제로 저

	지난 3개월간 경험에 대한 질문	응답자	'예'라고 응답한 비율(%)	'예'라고 응답한 수/전체 응답자 수(명)
의료과실	귀하는 의료과실을 저지른 적이 있습니까?	인턴	13.8%	49/355명
		레지던트	8.7%	119/1,369명
	귀하는 의료과실을 실제로 저지르지 않았지만 저지를 뻔한 적이 있습니까?	인턴	61.0%	217/356명
		레지던트	41.1%	564/1,371명
주의집중 실패	귀하는 근무시간 중에 본인의 의도와 무관하게 졸았던 경험이 있습니까?	인턴	89.3%	317/355명
		레지던트	68.6%	938/1,367명

표6. 한국 전공의의 지난 3개월간 경험한 의료과실과 주의집중 실패 비율[11]

지르지 않았지만 저지를 뻔한 적 있습니까?'라는 질문을 이용해 '아차사고near miss error'를 측정했습니다. 아차사고는 자신의 실제 의료과실을 정확히 보고하기 꺼리는 의료진의 특성을 감안해 환자안전 연구에서 사용하고 있는 용어입니다. 이 설문에서 인턴의 61퍼센트, 레지던트의 41.1퍼센트가 지난 3개월간 아차사고를 경험한 적이 있다고 보고했습니다.(표6)[11]

그렇다면 한국에서 만성적으로 수면 부족에 시달리는 전공의들에게 아차사고의 위험은 어느 정도일까요? 〈그림11〉은 그 결과를 보여줍니다.[12] 하루 평균 5시간 미만으로 잠을 자는 전공의는 하루 7시간 이상 충분한 수면을 취한 전공의와 비교했을 때, 환자 진료와 관련하여 아차사고를 일으킬 위험이 2배 이상 높았습니다. 이 결과는 수면 부족에 시달리는 전공의가 의료과실을 저지를 위험이 높아진다는, 간단하지만 명확한 사실을 확인해주고 있습니다.

2015년에 제정되어 2017년부터 본격적으로 시행되는 〈전공의의 수련환경 개선 및 지위향상을 위한 법률(이하 '전공의 특별법')〉은 그런 의미에서 중요합니다. 〈전공의 특별법〉은 주당 근무시간을 4주 동안 주당 80시간을 초과해서는 안 된다고 규정하고 있습니다. 그리고 교육적 목적에 의해서만 1주일에 8시간을 추가로 허용하여, 근무시간의 실질적 상한선을 정하고 있

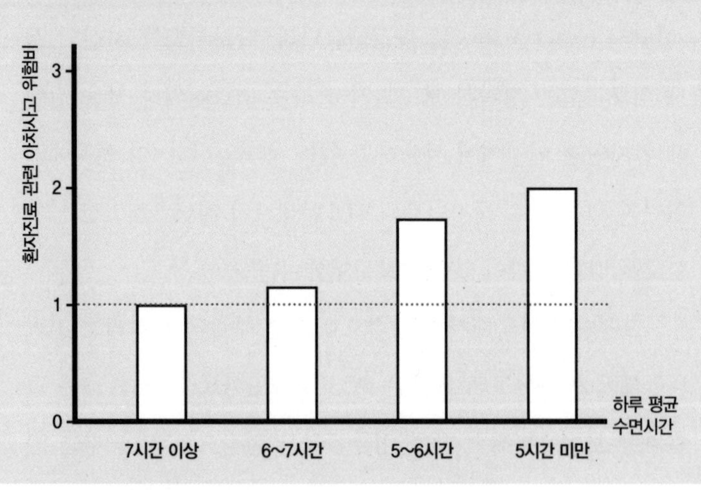

그림11. 한국 전공의의 수면시간에 따른 아차사고 발생 비율[12]

습니다. 또한 근무를 마친 후, 다음 근무를 시작하기 전까지는 최소 10시간의 휴식시간을 보장하도록 의무화하고 있습니다. 전공의 수련과목과 병원에 따라 달랐던 전공의 근무시간에 대한 명확한 규정이 생긴 것입니다. 특히 이러한 전공의 근무환경에 대한 주요 조항을 수련병원이 위반할 경우, 보건복지부 장관이 시정명령을 하고 과태료를 부과할 수 있는 강제조항도 포함되어 있습니다.

〈전공의 특별법〉에 대한 반응은 여러 면에서 뜨겁습니다. 근무시간이 제한되는 전공의로 인해 의료진을 더 고용해야 하는 수련병원들은 경영상의 어려움을 이야기합니다. 그러나 일부 전공의 당사자들은 주당 80시간이라는 근무시간 자체가 일반 노동자들과 비교할 때 지나치게 장시간 노동을 허용하는 가혹한 처사라고 말합니다.

환자와 의사가 모두 건강한 병원을 위해서는

2017년 6월 대전지방법원은 전공의로 근무하다 자살한 A 씨의 부인과 가족이 병원과 정부를 상대로 낸 손해배상 청구소송에서 그 책임을 인정하고, 6억 원가량을 배상하라고 결정했습니다. 경찰조사 결과, A 씨는 병원 당직실에서 24시간 대기하며 근무했고 틈틈이 하루 4시간 쪽잠을 자며 일했습니다. 사망하기 3일 전부터는 진료와 영어 컨퍼런스 발표가 겹쳐 거의 잠을 자지 못했다고 합니다. 고인이 동기 레지던트들에게 마지막으로 남긴 말은 "수련을 받는 것이 너무 힘들어 도망치고 싶다"라는 말이었습니다. 재판부는 "고인의 사망은 피고 병원에서 수행한 레지던트 업무와 상당인과관계가 있다"라고 판단하고, 업무상 재해를 인정했습니다.[13]

병원은 환자를 치료하는 곳인 동시에, 의료진들이 일하는 직장이기도 합니다. 의료진이 건강하고 안전하게 일해야, 환자들이 안전하게 치료받을 수 있습니다. 〈전공의 특별법〉 제정은 그동안 수련의 이름으로 가혹한 노동시간을 감내하며 스스로의 건강을 챙길 수 없었던 전공의들과 그들이 돌보는 환자들의 안전을 위한 중요한 변화입니다. 장기적으로 〈전공의 특별법〉이 사문화된 법이 되지 않도록 적절한 지원과 감시가 함께 이루어지기를 바랍니다. 거기에 더해 많은 전공의들을 괴롭히는 환자, 보호자, 상사로부터 경험하는 직장 내 폭력에 대한 제도적 대책도 향후 마련되기를 바랍니다.

안전을 지키는 사람들, 그들이 아프다

'소방공무원

인권상황 실태조사'

를 하며

세월호 참사 이후, '안전'은 무서운 단어가 되었습니다. 대한민국은 이제 사고가 터졌을 때, 누군가 나를 구조하러 올 것이라는 믿음을 가지기 어려운 사회가 되었습니다. 침몰 당시 방송으로 나왔던 '가만히 있으라'라는 말을 이제 사람들은 '어떻게든 알아서 각자 살아남으라'라고 이해하기 시작했습니다. 많은 사람들이 더 이상 내가 위기에 처했을 때 이 사회가 나를 보호해 줄 거라는 믿음을 가지고 있지 않습니다. 저는 그처럼 공공에 대한 신뢰가 무너진 사회에서 제 아이들이 살아가야 한다는 사실을 받아들이기 힘들었습니다.

그런 생각을 하던 즈음에, 소방공무원에 대한 뉴스가 눈에 띄기 시작했습니다. 인력이 턱없이 부족하다는 이야기부터 화재 진압 장갑을 인터넷을 통해 사비로 구입한 이야기까지. 소방공무원들의 근무환경이 열악하다는 신문기사들을 여기저기서 만날 수 있었습니다. 국민이 안전하기 위해서는 안전을 담당하는 사람들이 충분한 인력으로 적절한 장비를 가지고 일할 수 있어야 합니다. 그러나 한국 안전 시스템의 한 축을 담당하는 그들에 대한 지원은 턱없이 부족해 보였습니다.

소방공무원의 근무환경이 열악하다는 기사는 어렵지 않게 찾아볼 수 있었습니다. 그러나 언론의 보도는 대부분 감정에 호소하는 사례들을 중심으로 한 단편적인 이야기였습니다. 그런 이야기들은 일시적으로 사람들을 분노하게 할 수는 있지만, 장기적으로 소방공무원의 근무환경 개선을 위한 구체적인 근거가 되기에는 부족해 보였습니다. 정책에 반영될 수 있는 더 체계적인 연구가 필요하다고 생각했습니다. 연구실의 학생들과 함께 관련 보고서와 논문을 하나씩 읽고 검토하기 시작했습니다. 어떻게 연구를 시작할지 모른 채 막연히 준비하던 어느 날, 국가인권위원회의 용역 과제로 '소방공무원의 인권상황 실태조사' 공지가 떴습니다. 감사하게도 제게 책임연구원으로 연구를 진행할 기회가 주어졌습니다.[1]

이후 강원도, 충청도를 돌아다니며 지방직 소방공무원들을 만나 인터뷰를 했습니다. 그들 모두는 자신이 하는 일이 위험하다는 것을 잘 알고 있었습니다. 화재 현장이나 구조 현장이, 응급환자를 119 구급차에 태우고 이송하는 구급 현장이 안전할 리가 없으니까요. 그들과 함께 앉아서 조금만 이야기를 나누다 보면, 모두 위험에 처했던 아슬아슬한 순간을 몇 개씩은 기억하고 있었습니다. 또한 출동해서 현장에 도착하면 때때로 상황이 이미 정리되었거나 장난전화로 인해 출동한 경우에도, 마지막 순간까지 긴장을 놓칠 수 없었습니다. 언제 어떤 일이 생길지 모르니까요.

소방공무원을 아프게 하는 것들

그런 긴장 속에서 부족한 인력으로 일하는 소방공무원들은 많이 아팠습니다. 설문에 참여한 8,525명 소방공무원 중 39.5퍼센트는 추간판탈출증을 앓은 적이 있었고, 20.8퍼센트는 지난 일주일 동안 우울증상을 경험했습니다. 교대근무가 일상인 이들의 43.2퍼센트가 불면증 또는 수면장애를 겪은 적이 있었고, 절반이 넘는 소방공무원이 전신 피로를 호소하고 있었습니다.

소방공무원들을 아프게 하는 것은 위험한 현장과 고된 업무만이 아니었습니다. 그들은 다양한 폭력에도 시달리고 있었습니다. 설문조사 응답자의 8.2퍼센트가 지난 3개월 동안 신체적 폭력을 경험했다고 응답했습니다. 업무 중 일반인으로부터 '얻어맞는' 일이 발생했지만, 그들 대부분은 자신의 소속 기관에 그 사실을 보고하지 않았습니다. 보고해도 후속 조치가 없기 때문이었지요.

실제로 설문조사에서 일반인으로부터 경험한 신체적 폭력을 소속 기관에 보고했던 123명 중에서 절반 미만 수준인 57명만이 기관 차원의 후속 조치가 있었다고 응답했습니다. 후속 조치가 있더라도, 대부분의 경우 가해자 처벌은 없었습니다. 특히 지방의 경우, 폭행을 가한 일반인과 소방공무원이 한 다리만 건너면 서로 다 아는 사이이기 때문에 좋은 게 좋다는 식으로 정리되는 경우가 많았습니다. 여성 소방공무원의 경우 상황은 더욱 심각했습니다. 일반인으로부터 성희롱을 경험했다고 말한 97명의 여성 소방공무원 중 4명만이 관서에 보고를 했고, 이 가운데 관서의 후속 조치가 있었던 경우는 한 건도 없었습니다.

일반 노동자의 근무환경은 〈산업안전보건법〉에 의해서 규제됩니다. '근로자의 안전과 보건을 유지·증진함'을 목적으로 하는 그 법에 따라 작업장에서 벤젠과 같은 발암물질 노출 여부를 주기적으로 확인해야 하고 그 규정을 지키지 않을 경우 사업주가 처벌을 받습니다.

그러나 소방공무원의 근무환경에 대한 규제는 실질적으로 존재하지 않습니다. 소방공무원의 근무환경을 다루는 〈소방공무원 보건안전 및 복지 기본법〉은 소방공무원의 안전이 아닌 소방서비스의 질 향상을 궁극적인 목적으로 하고 있습니다. 또한, 관련된 내용을 성실히 이행하지 않더라도, 고용주인 지방자치단체장에게 책임을 묻지 않습니다.

근무환경에 대한 규제가 없으니, 근무환경이 얼마만큼 위험한지에 대한 정량적 연구도 거의 존재하지 않았습니다. 소방공무원들은 화재 현장에서 여러 발암물질에 노출되지만, 그 노출이 제대로 측정된 적이 없었던 것이지요. 그렇기 때문에 소방공무원은 폐암을 비롯한 만성병에 걸려도 공무상 요양(이하 '공상')으로 치료받기가 매우 힘듭니다.

일하다 다친 소방공무원이 요양 신청을 안 하는 이유

그러다 보니 2014년 기준으로 공상으로 승인된 432건의 공상 중 31건을 제외한 401건은 암·당뇨 등과 같은 만성질환이 아닌, 일하다 다쳐서 직업연관성이 눈에 명확한 사고성 재해였습니다. 그러나 사고성 재해조차 모두 공상으로 치료받는 것은 아니었습니다. 인권위 연구 결과에 따르면, 업무 중 부상으로 한정했음에도 일하다 다친 소방공무원 8명 중 7명은 공상을 신청하지 않았습니다. 그 이유에 대해서는 혹시라도 부상으로 인해 '기관의 행정 평가상 불이익이 있을까 봐'라고 답한 경우가 가장 많았습니다.

위험한 작업환경에서 수행되는 소방 업무는 본질적으로 부상의 위험을 동반할 수밖에 없습니다. 근무환경을 최대한 안전하게 만들려는 노력이 선행돼야 하지만, 그와 동시에 일하다 다쳤을 때나 긴급하게 출동하다 교통사고가 났을 때 소방공무원을 적극적으로 지원해주는 것 역시 필수적입니다. 그렇지 않다면 소방공무원들은 점점 자신의 업무에서 스스로를 지키기 위해 소극적으로 변할 수밖에 없고, 그로 인한 가장 큰 피해자는 다름 아닌 시민들이 될 테니까요.

연구하며 만난 소방공무원들은 모두 답답해하고 있었습니다. 무엇보다 현장에서 불을 끄고 구급차를 운전하는 이들의 목소리가 세상에 전달될 통로가 없었습니다. 국제노동기구ILO, International Labour Organization가 권고했듯 노동조합 결성이 1차적 대안일 텐데, 2008년 한국의 헌법재판소는 "행정서비스의 질이 크게 저하되는 등 공익을 크게 해칠 우려가 있고, 치안 공백의 발생으로 시민의 안전이 심각하게 위협받을 수 있으며, 상명하복을 본질로 하는 특수직 공무원의 위계질서를 문란케 할 우려"가 있다며, 소방공무원들의 노동조합 결성을 금지하는 현재 법안을 합헌이라고 판결했습니다.

현장 소방공무원들은 스스로를 위해, 그리고 자신들이 보호해야 하는 시민들을 위해 세상에 목소리를 낼 수 있는 통로를 간절히 원하고 있었습니다. 소방공무원 업무의 특성상 당연하게도 현장에서 일하는 이들이 문제점과 해결책 모두를 가장 잘 알고 있습니다. 그런 현장 소방공무원의 목소리가 반영되지 않는 변화가 진정한 변화일 수 있을까요?

사고가 나기 전까지 안전은 눈에 보이지 않습니다. 2015년 5월부터 8월까지 한국은 온통 메르스로 시끄러웠습니다. 의사,

간호사를 비롯한 수많은 이들이 위험을 감수하며 환자들을 치료해야 했지요.

그런데 우리가 한 번도 묻지 않은 질문이 있습니다. 그 많은 메르스 의심환자들은 어떻게 병원에 갔을까요? 대부분은 119 구급대원이 운전하는 앰뷸런스를 타고 병원에 갔습니다. 인권위 설문에 응답한 구급대원의 35퍼센트가 지난 3개월 동안 메르스 의심 환자를 이송한 적이 있다고 답했습니다. 그러나 2015년 한 해 동안 그들이 감수해야 했던 시간에 대해 논하는 이야기는 들어본 적이 없습니다.

안전은 포기할 수 없는 가치이고, 소방공무원들은 열악한 환경에서 한국사회의 안전을 최전선에서 묵묵히 지켜왔습니다. 우리의 안전을 지키기 위해 일하는 그들이 피할 수 있는 위험을 감수하면서까지 일하지 않도록 지켜내는 것은 국민인 우리의 몫 아닐까요.

건강한 일터를 위한 올바른 숫자 읽기

우리는 숫자에 둘러싸여 살아갑니다. 정당 지지율부터 동네 맛집 순위까지, 현대사회에서 우리가 접하는 대부분의 정보는 숫자로 표현됩니다. 그러나 그 정보들이 모두 유용한 것은 아닙니다. 정보가 어떤 과정을 거쳐 생산되었는가에 따라 우리의 선택을 돕는 신뢰할 수 있는 근거가 되기도 하고 때로는 우리를 오히려 잘못된 판단으로 이끌기도 합니다.

'소방공무원의 인권상황 실태조사'를 책임연구원으로 진행하면서 소방공무원의 건강과 관련해서 잘못 알려진 혹은 오해하기 쉬운 여러 통계 수치를 알게 되었습니다. 여러 경로를 통해 생산된 그 수치들이 별도의 검증 없이 언론을 통해 계속 재생산되고 있었습니다.

예를 들어, 2017년 2월 모 신문에서 소방공무원의 일상을 취재한 한 신문기사의 제목에는 숫자가 세 개 등장합니다. 〈한 해 6명 순직·300명 부상… 우리는 고작 59.8세까지 산다〉.

기사는 소방공무원의 근무환경을 생생하게 다룬 글이었지만, 기사에 등장한 이 숫자들은 저를 한참 동안 고민하게 만들었습니다. 이 글에서는 '평균수명 59.8세, 300명 부상, 6명 순직'으로 표현되는 소방공무원의 건강에 대한 이 숫자들이 실제로 의미하는 바가 무엇인지에 대해 이야기해보고자 합니다.

질문 1. 한국 소방공무원의 평균수명은 59.8세인가?

정답부터 이야기하면, 한국 소방공무원의 평균수명은 59.8세가 아닙니다. 직관적으로도 평균수명이 80세가 넘는 사회에서 소방관의 평균수명이 60세가 안 되는 일은 특수한 재난 상황이 아니면 불가능한 이야기입니다. 59.8세는 공무원연금공단에서 계산한 통계수치로, 1998년부터 2007년까지 퇴직 후 사망한 소방공무원의 평균 나이입니다. 즉, 그 기간 동안 사망한 소방공무원의 평균 나이이지 평균수명이 아닌 것이지요. 사망한 사람들의 평균 나이와 평균수명은 다른 개념입니다.

평균수명은 연령별 사망률이 변하지 않는다는 가정하에 올해 태어난 신생아가 향후 몇 살까지 살 것인지를 뜻하는 개념입니다. 2014년 WHO의 통계에 따르면 한국 남성과 여성의 평균수명은 각기 78.8세와 85.5세입니다. 이는 2014년 한국에서 태어난 여자 아이는 평균적으로 85.5세까지 산다는 뜻입니다. 따라서 소방공무원과 같은 특정 직군의 평균수명을 일반인과 비교하는 일은 좀 더 복잡한 계산을 필요로 합니다. 우리가 흔히 사용하는 평균수명은 이제 막 태어나 훗날 어떤 직업을 가질 수 있는지 알 수 없는 아이가 평균적으로 몇 세까지 살 것인지를 뜻하는 개념이기 때문입니다.

예를 들어보지요. 퇴직한 소방공무원 100명 중 10명이 1998년부터 2007년 사이에 평균 나이 59.8세에 사망하고 나머지 90명이 현재 나이 평균 70세로 살아 있다고 가정해봅시다. 퇴직한 소방공무원 10명의 평균 사망연령은 59.8세이지만, 아직 살아 있는 90명으로 인해서 퇴직한 소방공무원 100명의 평균수명은 당연히 60세보다 훨씬 높을 것입니다. 기사에서 평균수명으로 인용된 59.8세는 이와 같은 과정을 통해 계산된, 이미 사망한 소방공무원의 평균 사망연령인 것입니다.

그렇다면 한국 소방공무원의 평균수명은 몇 살일까요? 이 질문에 답하기 위해서는 여러 가정을 세우고 여러 데이터를 활용해서 계산해야 하지만, 저는 소방공무원의 평균수명이 2014년 한국인의 평균수명과 비슷할 것으로 짐작합니다. 이상하지요. 일반인보다 훨씬 더 많은 유해인자에 노출되고, 상시적으로 죽음의 위협에 시달리는 소방공무원의 평균수명이 한국인의 평균수명과 비슷하다니요.

두 가지 이유 때문입니다. 첫째, 소방공무원이 되기 위해서는 최소한 만 20세가 되어야 합니다. 즉, 2014년에 태어난 아이는 2034년까지는 살아남아야 소방공무원이 될 수 있습니다. 살아 있었다면 훗날 소방공무원이 되었을 아이가, 9세에 백혈병으로 사망했다면 그 아이는 소방공무원이 될 수 없으니까요. 즉, 한국인의 평균수명 계산은 0세에서 시작하지만, 소방공무원의 평균수명 계산은 20세부터 시작합니다. 100미터 달리기를 한다고 했을 때, 20미터 앞에서 출발하는 셈이지요. 둘째로, 20세에 소방공무원이 되기 위해서는 같은 나이의 젊은이들보다 더 건강해야 합니다. 큰 질병이 없고 여러 체력검정 시험을 통과한 사람만이 소방공무원이 될 수 있으니까요.

즉, 20세까지 살아남은, 또래보다 더 건강한 이들만 소방공무원이 될 수 있는 것입니다. 소방공무원이 다른 직업을 가진 사람들과 비슷한 환경에서 일을 했다면, 이들은 한국인의 평균수명보다 더 오래 살았을 것입니다. 그러나 그들이 일하며 노출되는 여러 유해인자로 인해 더 많이 아프게 되기 때문에 그렇지 못한 것이지요.

질문 2. 한국에서 1년 동안 부상당하는 소방공무원의 숫자는 300명인가?

또다시 정답부터 이야기하면, 매년 근무 중 부상당하는 소방공무원의 숫자는 300명이 아닙니다. 300명이라는 숫자는 공무원연금공단 자료에서 나온 것으로, 1년 동안 공상으로 치료받은 소방공무원들의 숫자를 뜻합니다. 업무 중 발생한 질병, 사고가 병원치료를 필요로 하는 경우에, 〈공무원연금법 시행령〉 제30조에 따라 공상을 신청하고 치료를 받을 수 있습니다. 자료마다 매년 다르게 보고하고 있지만, 그 공상으로 치료받은 소방공무원의 숫자는 〈표7〉에서 볼 수 있는 것처럼 대체로 매년 300명 내외입니다.

하지만 이 숫자는 현실을 반영하지 못합니다. 제가 진행했던 2015년 인권위 연구에 따르면, 일하다 다쳤던 소방공무원 중 많은 이들이 공상 신청을 하지 않고 건강보험으로 치료받은 경험이 있었습니다. 왜 공상 신청을 하지 않았는지 묻는 질문에 943명(38.7%)이 '기관의 행정 평가상 불이익이 있어서'라고 답했습니다. 과거에 소방공무원이 근무 중 부상을 당한 사건이 상부에 보고되면, 안전관리를 철저히 하지 않았다는 이유로 불이

구분	2009	2010	2011	2012	2013
공상(a)	355	340	355	285	291
순직(b)	3	8	8	7	3
합계(c=a+b)	358	348	363	292	294
소방공무원 수(d)	33,992	36,711	37,826	38,557	39,519
공상 및 순직 비율(c/d)	1.1%	0.9%	1.0%	0.8%	0.7%

표7. 한국소방공무원 공무상 요양 및 순직 숫자(2009~2013)[1]

익을 주던 비합리적인 시절이 있었기 때문입니다. 그다음으로 흔한 이유는 620명(25.5%)이 답한 '신고절차가 복잡'했기 때문이었습니다. 공상 처리를 전담하는 공무원이 없는 상황에서, 복잡한 행정서류를 작성하며 공상을 신청하는 게 불편하고 어려웠던 것이지요.(표8)

그렇다면 1년 동안 근무 중 부상당하는 소방공무원의 실제 숫자는 몇 명일까요? 제가 진행한 인권위 연구에서는 '지난 1년 동안 근무 중 부상당했던 소방공무원 숫자' (A)와 '지난 1년 동안 부상당했을 때 공상을 신청했던 소방공무원 숫자' (B)와 '지난 1년 동안 공상으로 치료받았던 소방공무원 숫자' (C)를 모두 측정하고 그 세 숫자 사이의 비율을 구했습니다. 그 비율은 8(A) : 1.3(B) : 1(C) 이었습니다.

표본의 대표성을 감안해 보다 엄밀한 분석을 진행해 논문으

내용(복수응답 가능)	응답자 수(명)	백분율(%)
할당된 업무의 수행이 급하여 시기를 놓침	339	13.9
기관의 행정 평가상 불이익이 있어서	943	38.7
신고를 하여도 보상이 제대로 이루어지지 않아서	358	14.7
신고 절차가 복잡함	620	25.5
공무상 요양을 신청할 수 있는 부상 기준 등의 부재	609	25.0
공무상 요양 처리만을 위한 담당자의 부재 (담당자의 타 업무 병행, 권한 부족)	179	7.3
기타	824	33.8
총 응답자 수	2,436	–

표8. 소방공무원이 근무 중 다쳤지만 공무상 요양 신청 절차를 밟지 못 했던 이유[2]

로 쓰고 있습니다만, 현재 드러난 8(A) : 1(C)이라는 이 비율은 중요한 정책적 함의를 가지고 있습니다. 근무 중 부상당한 소방공무원 8명 중 1명만이 실제 공상으로 치료를 받고 있다는 의미이니까요. 그렇다면 매년 실제 근무 중 부상당하는 소방공무원의 숫자는 300명의 8배인 2,400명일 수도 있다는 것이지요. 이게 사실이라면, 한국에 현재 4만 명의 소방공무원이 근무하고 있기에, 이 결과는 매년 전체의 0.75퍼센트인 300명이 아니라 6퍼센트인 2,400명이 부상당하고 있다는 의미입니다.

질문 3. 한국에서 1년에 순직하는 소방공무원의 숫자는 6명인가?

순직이라는 단어를 공무원 연금공단에서 인정하는 행정적 절차로만 한정 짓는다면, 〈표7〉에서 보듯이 평균적으로 1년에 순직하는 소방공무원의 숫자는 6명이 맞습니다. 하지만 순직의 본래 뜻이 '직무를 다하다가 목숨을 잃는' 일임을 생각하면, 즉 소방공무원 중에서 화재를 진압하고 환자를 이송하는 구급업무로 사망하는 숫자라고 생각하면 6명은 과소평가된 숫자입니다.

두 가지 이유 때문입니다. 첫째는 오랫동안, 소방공무원이 근무와 관련되어 사망할 경우 '공무상 사망'과 '순직'을 행정적으로 구분해서 사용했기 때문입니다. 위험업무로 분류된 일을 하다가 사망한 경우만을 순직이라고 불렀던 것입니다. 보다 현실적으로 말하면, '공무상 사망'과 '순직'은 유족 보상의 측면에서 금액의 차이가 2배가 넘기에, 소방공무원이 사망했을 때 '순직'으로 처리되는지 여부는 중요한 쟁점이었습니다.

혹시 말벌집을 제거하다가 사망했던 소방공무원의 이야기를 기억하시는지요? 2015년 9월, 고 이종태 소방관은 경남 산청군의 한 농가에서 말벌집을 제거해달라는 신고를 받고 출동했습니다. 동료가 말벌집을 제거하는 동안 주변 상황을 파악하는 업무를 맡았는데, 그 과정에서 말벌에 왼쪽 눈이 쏘여 과민성 쇼크로 사망했던 것입니다. 분명 근무 중 사고로 인해 사망했음에도 인사혁신처는 "말벌퇴치 작업은 위험직무가 아니어서 이 소방관의 사망은 순직이 아닌 '공무상 사망'으로 봐야 한다"라고 결정했습니다. 이후 소송에서 행정법원은 이종태 소방관의 죽음을 순직으로 인정해야 한다고 판결을 내리긴 했지만요. 이러한 일들을 겪으며 근무 중 사망을 순직으로 인정하지 않는 공무원연금공단에 대한 여론이 악화되자, 공단은 2016년 7월 시행된 〈공무원연금법〉 개정으로 용어를 변경합니다. 과거에 '공무상 사망'으로 지칭하던 경우를 '순직'으로, '순직'으로 분류되던 경우를 '위험직무순직'으로 용어를 바꾼 것이지요. 그러나 이러한 변화가 '위험직무'에 종사했는지에 따라 순직 여부를 구분하는 현실을 바꾸는 대신 용어만을 바꾸어 여론의 비난을 피하려는 것은 아닌지 걱정스럽습니다.

둘째로, '6명 순직'이라는 통계가 과소평가 되어 있다고 생각하는 이유는 그동안 소방공무원이 화재진압의 과정에서 들이 마시게 되는 수많은 유독물질들로 인해 발생할 수 있는 암을 비롯한 만성질환을 직업병으로 인정하지 않고 공상승인을 하지 않았기 때문입니다. 좀 더 구체적으로 이야기하면, 2016년 8월 국민안전처는 정책설명자료를 통해 암 투병 공무원이 최초로 '공상승인'을 받았다는 내용을 발표했습니다. 화재현장에서 유독물질의 영향을 직접적으로 받는 코와 인두 부분에 생긴 비인강암으로 투병 중인 소방공무원에게 공상으로 치료를 받을 수 있도록 한 것이지요.

이러한 변화는 바람직한 것이지만, 역으로 생각해보면 과거 소방공무원이 암에 걸렸을 경우 소송을 거치지 않고 공상으로 치료받은 경우는 매우 드물었다는 사실을 알려주기도 합니다. 그동안 암으로 사망했던 소방공무원은 '순직'이 되지 않는 것은 물론이고, '공무상 사망'으로도 계산되지 않았던 것이지요. 2016년 4월 혈액암으로 투병하며 공상을 인정받기 위해 소송을 진행하던 중 사망했던 이성찬 소방관의 경우 순직으로도 공무상 사망으로도 인정받지 못한 죽음이었습니다.

신뢰할 수 있는 통계 수치의 생산과 합리적 사회변화

이 글에서 언급한 세 개의 수치는 나름의 근거를 가지고 공무원연금공단에서 생산된 정보입니다. 하지만 평균수명 59.8세라는 정보는 언론의 잘못된 해석으로 인해 소방공무원의 평균수명을 실제보다 더 나쁘게, 매년 300명 부상과 6명 순직이라는 정보는 그 숫자에 포함되지 못한 이들에 대한 이해 부족으로 인해 소방공무원의 건강 상태를 실제보다 더 좋게 포장하는 결과를 낳고 있습니다. 왜곡의 방향은 다를지언정, 이 세 수치는 모두 현실을 정확히 반영하고 있지 못한 것입니다. 이러한 정보에 기초해서 실질적이고 효과적인 정책을 세운다는 것은 매우 어려운 일입니다.

연구를 하면서 생각보다 훨씬 열악한 환경에서 고군분투하는 소방공무원 분들을 만나 여러 이야기를 들으며, 국민의 안전을 책임지는 그들의 건강과 안전을 한국사회가 책임지지 않고 있다는 생각을 여러 번 했습니다. 소방공무원의 현실을 정확히 반영하는 통계수치가 생산되고 유통되어, 한국사회의 '공공재'인 그분들의 근무환경이 개선될 수 있었으면 합니다.

"그 기록은 무겁고 중요한 일이었습니다."

3. 끝과 시작, 슬픔이 길이 되려면

©김승섭

재난은 기록되어야 한다

'세월호 참사

생존 학생 실태조사'

를 하며

"선생님, 집회에서 안전한 사회 만들어야 한다고, 또다시 참사가 있어서는 안 된다고 말하고 다니지만요. 저 솔직히 그런 생각이 들어요. 지금부터 아무리 안전 사회를 만들면 뭐하나. 죽어버린 내 자식이 그 세상에서 살 수 없는데. 그럼 그게 무슨 소용인가."

세월호 참사로 아들을 잃은 한 어머님께서 제게 들려주신 이야기입니다. 눈물을 글썽거리면서 건네는 그 말을 들으며, 여러 생각들이 떠올랐습니다. 어느 여름날 광화문광장에 앉아 허공을 보며 눈물을 글썽이시던 한 아버님의 얼굴이 떠오르기도 했고, 2년이 지났는데 왜 사고가 났는지조차 밝혀내지 못했다며 죽은 자식에게 미안하다고 자책하던 한 어머님의 이야기가 귓가에 맴돌기도 했습니다. 그러다가, 어느 순간 제 자신에 대한 질문이 떠올랐습니다. 나는 왜 지금까지 세월호 참사를 잊지 못하고, 공부하고 연구하고 있는 것일까.

제게는 안전한 사회를 만드는 일이 중요합니다. 제 자식들이 살아가야 하는 한국사회에 또다시 재난이 터지는 것이 제게는 가장 두려운 일입니다. 어느 날 세월호가 아닌 다른 이름을 가진 여객선이 화물을 더 싣겠다고 배의 균형을 유지해주는 평형수를 빼고, 바다 한가운데서 침몰하는 일이 다시 벌어지는 것입니다. 선장과 선원은 승객을 놔두고 도망가고, 해경은 승객을 구하지 않는 상황이 다시 반복되는 것이지요. 그 배에 제가 사랑하는 이들이 타고 있는 상황이 저는 무섭습니다.

이제 지하철을 타고 가다가 갑자기 멈추고 어디에선가 연기가 날 때, 승무원의 '가만히 있으라'라는 지시를 따를 사람은 없을 것입니다. 모두들 강제로 문을 열고 밖으로 나갈 거예요. 그 지시를 따르면 어떻게 되는지 모두 잘 알고 있으니까요. 또다시 어디에선가 배가 침몰했을 때, 아무런 이득을 바라지 않고 물속으로 뛰어드는 민간잠수사는 이제 없을 거예요. 그렇게 자신의 생명을 내놓고 사람의 목숨을 구하면, 어떤 책임을 져야 하는지 모두 잘 알고 있으니까요. 세월호 참사 이후 지난 2년 동안 우리는 매일매일 그렇게 교육을 받았습니다. 한국사회는 재난 이후 매일매일 퇴보했습니다.

아이들은 살아남기 위해 할 수 있는 모든 일을 했다

4·16 세월호 참사 특별조사위원회(이하 '세월호특조위')는 그 무책임이라는 악순환의 고리를 끊고, 참사의 진실을 규명하기 위해 만들어진 조직입니다. 저는 2016년 1월부터 '생존 학생 실태조사'를 책임연구원으로 진행하면서, 세월호특조위가 활동하는 모습을 가까이서 지켜볼 수 있었습니다.

연구를 진행하며 가라앉는 배에서 울려 퍼졌던 '가만히 있으라'라는 지시에 대해 자주 생각했습니다. 어떤 사람들은 바보같이 착한 학생들이 그 말을 곧이곧대로 듣다가 죽었다고 한탄하지만, 그건 사실이 아닙니다.

> 다른 애들이 비명을 지르면서 허우적대는 거예요. 제 발밑에서 애들이 손을 허우적대는 게 다 느껴졌어요. 저는 손을 쓸 수 없으니까, 일단 제 발이라도 잡으라고 가만있었어요. 그러니까 애들이 발을 잡았어요. 계속 올라가고 있는데 애들이… 제 발을 놓쳤어요… 애들이 틈 사이로 와가지고 살려달라고. 소리 지르면서 손 뻗는 걸 다 봤고 다 느꼈고. (『다시 봄이 올 거예요』, 166쪽)

학생들은 침몰하는 배에서 함께 살아남기 위해 무엇이 최선인지를 고민하고 자신들이 할 수 있는 모든 것을 했습니다. 배와 관련해서는 선원들이 전문가니까 그들의 말을 믿었고, 무서움을 견디며 움직이지 않으려 애썼습니다. 침몰하는 배 안에서 가만히 있는다는 것은 얼마나 어렵고 힘든 일이었을까요. 선원들이 배에서 탈출하던 그 시각에 학생들은 서로 구명조끼를 찾아 입혀주고, 친구들이 밟고 올라갈 수 있도록 자신의 어깨를 내밀었습니다.

생각만으로 목이 메지만, '제 딸아이가 세월호를 탔다면 살아남을 수 있었을까'라는 질문을 해봅니다. 아닐 거예요. 아닐 겁니다. 저는 아이들에게 경험이 많은 어른들의 말씀을 귀 기울여 들어야 하고, 함께 살아가기 위해서는 공동체의 규칙을 지켜야 한다고 가르칩니다. 그 배에 탔던 아이들은 그 상식을 지켰다는 이유로 죽었습니다.

'생존 학생 실태조사' 연구를 진행하면서, 침몰하는 배에서 친구를 잃은 상처와 그 상처에 대해 함부로 말하는 이들의 따가운 시선을 견디며 지난 2년을 살아온 이들의 이야기를 듣고, 기록하는 작업을 했습니다.

인터뷰를 하다 보면 마음 깊은 곳에서 울컥울컥하는 것들이 계속 치밀어 올랐습니다. 해경으로부터 구조되지 못하고 탈출했던 학생들의 이야기를, 친한 친구를 모두 잃어버린 후 보내야 했던 시간에 대한 이야기를, 참사의 피해자이면서 목격자인 그들이 살아 돌아온 후 온갖 따가운 시선을 감당해야 했던 이야기를 듣고 있으면, 참기 힘들었습니다.

그러나 저는 그들을 친구가 아니라 연구자로서 만나고 있었고, 제게는 그 마음을 표현하는 게 허용되지 않았습니다. 울컥울

일시(사건)	부정적 반응	긍정적 반응
2014년 4월 16일 (세월호 참사)	"해경이나 그런 분들한테 도움받은 게 아예 없어요." "기자가 친구 가족이라고 거짓말하고 취재해서 방송에 냈어요."	
4월 16일~ (희생자 장례식)	"지금 생각하면 못 간 게 후회돼요. 장례식에 갔으면, 아 정말 친구가 하늘로 갔구나. 이런 생각을 할 텐데. 뭔가 한편으로는 그냥 아직까지 살아 있는 것같이 느껴지는데."	
4월 16일~30일 (고려대학교 안산병원 집중치료)	"편하게 있을 수 있고 안정을 취할 수 있는 장소가 병원이잖아요. 그게 안 된 거죠, 솔직히."	
4월 30일~ 6월 24일 (중소기업연수원 단체 프로그램)	"특별히 그날을 말하기 싫은 것을 자꾸 말하게 해서…." "나빴던 점은 심리 프로그램이 있다고 했잖아요. 오전에 아침 먹고 그거 하고, 점심 먹고 또 그거 하고, 저녁 먹고 또 몇 시간 있다가 더 하고."	"설명하지 않아도 되는 친구들과 함께 있는 것은 좋았어요." "(아름다운 배움 프로그램은) 굉장히 자유로웠어요. 하기 싫으면 안 해도 된다. 저희 의사가 반영되었던 점 때문에 반응도 되게 좋았고."
6월 25일~ (학교 복귀)	"주위 시선들이 걱정됐어요. 아무 생각 없이 웃고 그럴까 봐. '쟤네들 그냥 웃네' 막 이럴까 봐."	"어디 가서 우리가 이런 얘기를 하겠나. 진짜 이렇게 마음을 같이 나누면서 이런 얘기를 하겠나 어디 가서. (스쿨닥터 선생님을 만나는) 여기밖에 없겠다라는 생각이 들어서."
7월 8일~8월 15일 (세월호 도보 행진)		"생명을 잃은 친구들을 위해 뭔가 했다는 느낌이 들었어요."
2015년 1월 7일 (세월호 피해자 지원법 여야합의)	"(특별전형으로) 제가 욕먹는 건 상관 안 하는데 '친구 목숨 값으로 대학 가냐' 그런 말에 좀 화가 나더라고요.	
2016년 1월 12일 (단원고 졸업) ~2016년 6월	"저는 일단 지금도 어디 지역에 사냐고 물어보거나 어디 출신 학교냐 물어보면 진짜 조마조마하단 말이에요."	

표9. '생존 학생 실태조사'에서 드러난 당사자의 목소리[1]

컥 올라오는 감정을 꾹꾹 누르고, 머리를 차갑게 하고 귀를 계속 열고 준비한 질문을 말해야 했습니다. 저는 기록해야 했으니까요. 그 기록은 무겁고 중요한 일이었습니다.

참사를 연구하고 기록해야 하는 이유

세월호 참사를 우회하고는 우리의 다음 세대가 살아가야 할 안전한 대한민국은 불가능합니다. 이 문제는 진보와 보수가 대립할 영역이 아닙니다. 어떤 사회를 꿈꾸든, 그 사회 구성원이 살아남아야 가능한 것이니까요.

한국사회는 비극으로만 기억되는 기존 재난들과는 다른 이름으로 세월호 참사를 기억해야 합니다. 그러려면 국민의 소중한 세금으로 만들어진 세월호특조위가 최선을 다해 일할 수 있어야 하고, 그들이 밤낮으로 조사한 결과물을 제대로 검토하고 기록해야 합니다. 〈세월호 특별법〉이 발효되고 8개월이 지난 뒤에야 예산을 받고 직원을 뽑을 수 있었던 세월호특조위에서, 무엇도 이야기하지 않으려는 증인들을 대상으로 수사권과 기소권도 없이 두 차례 청문회를 진행했습니다. 그리고 부족한 예산을 아껴가며 유가족과 다른 피해자들의 목소리를 기록하는 실태조사를 했습니다. 세월호특조위 활동이 아니었다면 알 수 없었던 진실이 하나둘 세상에 드러났습니다.

세월호에 실린 화물 중 410톤은 제주해군기지로 가는 철근이었습니다. 참사가 발생하고 2년이 지나고 나서야 알게 된 사실이었습니다. 과적 때문에 침몰한 배이지만, 그 철근이 어떤 과정을 거쳐 배에 실리게 되었는지 우리는 아직 알지 못합니다. 참사를 반복하지 않기 위해서 제대로 조사하고 면밀하게 기록해야 하는 이야기가 너무나 많습니다. 그러나 세월호특조위는 결국 활동한 지 채 1년이 되지 않아 문을 닫아야 했습니다. 종합보고서조차 만들지 못한 상태로요.

한국사회에는 그동안 여러 참사가 있었습니다. 1994년 성수대교 붕괴사고, 1995년 삼풍백화점 붕괴사고, 1999년 씨랜드 화재 참사, 2003년 대구지하철 화재 참사, 그리고 2014년 세월호 참사까지요. 저는 세월호 생존 학생에 대한 연구를 시작하기 전, 한국에서 발생했던 여러 참사들에서 살아남은 이들에 대한 기록을 찾아봤습니다. 그런데 놀라울 만큼 기록이라 할 만한 게 없었어요. 간혹 발견되는 신문기사 말고는 그 참사로부터 살아남은 이들이 감당해야 했던 시간에 대해 알 길이 없었습니다.

아픔이 기록되지 않았으니 대책이 있을 리도 없었겠지요. 그 참사의 원인을 제공했던 국가는 그 아픔을 개개인에게 넘긴 채, 계속 정권이 바뀌며 시간이 흘러갔습니다. 세월호 참사마저 그렇게 보내고 나면, 우리에게 공동체라고 부르는 무엇인가가 영영 사라져버리지는 않을까 생각했습니다.

기록되지 않은 역사는 기억되지 않습니다. 그리고 기억되지 않은 참사는 반복되기 마련입니다. 세월호 참사까지 기록 없이 이렇게 지나간 사건으로 남겨둘 수는 없었습니다. 세월호 참사가 이 참사의 연쇄 고리를 끊었던 사건으로 기억되기를 간절히 바랍니다.

사회적 고통을 사회적으로 치유하려면

외상 후 스트레스 장애,
'설명 없는 치료'의
딜레마

최근 신문에서 '외상 후 스트레스 장애'라는 질병을 자주 접하게 됩니다. 가깝게는 세월호 유가족이나 쌍용자동차 해고노동자, 화재 진압 과정에서 동료 사망을 목격한 소방공무원이 외상 후 스트레스 장애를 앓고 있다고 합니다. 멀게는 굴곡진 한국 근현대사가 사람들에게 남긴 상처, 한국전쟁과 5·18 광주민주화 항쟁과 민주화운동 고문 피해자, 일본군 위안부 할머니의 몸과 건강에 대해 이야기할 때면, 어김없이 등장하는 단어가 바로 외상 후 스트레스 장애입니다.[1]

외상 후 스트레스 장애는 감당하기 어려운 비일상적 사건으로 인해 인간의 마음에, 더 구체적으로는 두뇌에 상처가 남아 생기는 질병입니다. 사람이 최소한의 존엄을 지키기 어려운 상황을 경험한 경우, 몸이 계속 각성되어 쉽게 깜짝 놀라는 과민반응을 보이고Hyperalertness, 충격적인 사건을 마음속에서 계속 다시 경험하게 되며Re-experience, 감정적으로 마비되는Avoidance 증상을 보일 때가 있습니다. 그럴 때 외상 후 스트레스 장애 진단을 받게 됩니다. 어떤 충격적이고 중대한 사건이 터질 때마다, 신문과 뉴스에서 피해자들의 외상 후 스트레스 장애를 치료하기 위한 센터를 만들거나 의료 지원이 필요하다는 이야기가 들려옵니다. 그러나 막상 외상 후 스트레스 장애가 역사적으로 어떻게 생겨났는지, 치료는 무엇이고 그 사회적 의미는 무엇인지 논의할 기회는 흔치 않았습니다.

외상 후 스트레스 장애의 탄생: 전쟁과 홀로코스트

시작은 1914년 제1차 세계대전으로 거슬러 올라갑니다.[2] 전쟁에 참여했던 영국 젊은이들이 우울증, 불안 증세를 보이자 그 원인과 치료를 고민하던 의사들은 아마도 이 증세가 그들이 전쟁에서 사용했던 포탄과 관련이 있을 거라 추측합니다. 그래서 '포탄 충격Shell Shock'이라는 개념을 만들어, 참전했던 젊은이들을 치료하는 데 사용하기 시작합니다. 당시에는 충격적인 경험으로 인한 심리적 트라우마가 사람을 아프게 할 거라고 생각하지 못했던 것이지요.

1918년, 제1차 세계대전이 끝나자 '포탄 충격'에 대한 관심도 시들해졌습니다. 그러다가 제2차 세계대전이 발발하면서 관련 증상에 대한 논의가 다시 시작됩니다. 참전했던 군인들이 공통적으로 분노 조절을 하지 못하고, 항상 흥분 상태로 있으며, 작은 자극에도 예민하게 반응하는 모습을 보이자, 그들의 상태를 설명하기 위해 다양한 진단명이 만들어집니다. 교전피로Combat fatigue, 일반스트레스반응Gross Stress Reaction, 전쟁신경증Traumatic war neurosis 등이 그 이름입니다.

한편 제2차 세계대전을 거치며 전쟁에 참가하는 것보다 더 충격적인 사건을 경험한 사람들이 생겨납니다. 단지 유대인, 슬라브족, 집시, 동성애자라는 이유로 1,000만 명 넘는 사람을 학살했던 홀로코스트를 겪고, 지옥 같은 집단수용소에서 생존한 사람들이 바로 그들입니다. 인간으로서 존엄을 지킬 수 없는 환경에서, 아내와 남편이, 자식과 부모가 차례대로 가스실에서 학살되는 것을 무력하게 지켜봐야 했던 사람들이 사회로 돌아오기 시작한 것이지요.[34] 그러나 어떤 사회도 수용소에서 보낸 시간들이 그들 몸에 남긴 상처를 해석하고 치료할 준비가 되어 있지는 않았습니다.

제2차 세계대전이 끝난 후, 미국을 중심으로 전 세계 정신과 의사들이 표준화된 정신과 진단명이 필요하다는 데 의견을 모으고, 미국정신과협회American Psychiatric Association는 1952년 최초로 '정신과 진단 매뉴얼'을 출판합니다. 이것이 바로 오늘날까지 사용되고 있는 정신과 진단 매뉴얼인 DSMDiagnostic and Statistical Manual of Mental Disorder의 첫 번째 버전, DSM-I입니다. 참전 군인들을 진료했던 미국, 유럽, 이스라엘의 정신과 의사들은 군인들에게 모두 같은 증상을 발견합니다. DSM-I에는 참전 군인이나 홀로코스트 생존자들을 염두에 둔 일반스트레스반응이라는 진단명이 포함됩니다.[5]

외상 후 스트레스 장애의 탄생: DSM-III에서 첫 명명

1968년 DSM의 두 번째 버전, DSM-II가 발간될 때 일반스트레스반응이라는 진단명은 아무런 설명도 없이 사라집니다. 두 차례의 세계대전이 끝나고 평화로운 시기가 계속되면서, 미국과 유럽에서는 참전 군인이나 홀로코스트에 대한 관심이 시들해졌기 때문이지요. 1965년 베트남 전쟁이 본격적으로 시작되었지만, 당시까지 미국은 자신들의 압도적인 승리를 의심치 않았습니다. 미국의 입장에서는 '평화로운' 시대였지요. 베트남전에 대해 국제적으로 반전 여론이 조성되고 베트콩이 전쟁의 승기를 잡게 만든 구정 대공세the Tet Offensive가 있었던 1968년 초에는 DSM-II의 내용이 이미 확정되어 출판 준비가 끝난 시기였으니까요.

이후 베트남에서 미국이 패배하고, 참전 군인들이 돌아오면서 그들이 겪은 상처에 대한 관심이 다시 커지기 시작합니다. 더

불어 1960년대에 진행된 세계적인 반전운동과 전쟁 혐오의 분위기로, 군인들이 전쟁에서 겪는 트라우마에 대한 관심도 높아졌습니다. 전쟁이 인간의 몸과 마음을 어떻게 황폐하게 만들고 파괴하는지에 대해 알지 못한 채 젊은이들을 전쟁터로 파견한 미국사회에 사람들은 분노했습니다.

이러한 사회적 분위기 속에서, 1980년 DSM의 세 번째 버전, DSM-Ⅲ가 출판될 때 수많은 논쟁이 일어납니다. DSM-Ⅰ에 포함되었던 '일반스트레스반응'을 다시 포함할 것인가, 아니면 베트남전 참전 군인만을 대상으로 하는 베트남참전 신드롬Post-Vietnam Syndrome이라는 진단명을 새로 만들 것인가, 어떤 증상이 필수적으로 진단에 포함되어야 하는가, 전쟁이나 홀로코스트뿐만이 아니라 어린 시절의 성폭행 경험과 같은 트라우마로 인한 상처도 같은 진단명을 갖는 것이 옳은가에 대해 논쟁이 진행됩니다.

이와 같은 논쟁 속에서 DSM-Ⅲ는 홀로코스트 생존자들과 참전 군인들의 증상을 기반으로 외상 후 스트레스 장애라는 진단명을 최초로 내놓습니다.[6] 그리고 기다렸다는 듯이 수많은 의사들은 임상에서, 연구자들은 본인의 연구에서 적극적으로 이 개념을 사용하기 시작합니다. 그 이후, 여러 수정을 거쳐 오늘날 우리가 알고 있는 진단명 외상 후 스트레스 장애가 1994년, DSM-Ⅳ에서 완성됩니다.

외상 후 스트레스 장애와 치료

의학 분야에서는 외상 후 스트레스 장애와 관련해 다양한 측면에서 비판적인 논의가 진행 중입니다.[7] 그중에서도 저는 치료 측면에서 이 진단명에 대한 논의를 소개하고자 합니다. 결국 우리가 원인을 파악하고 진단하는 것은 그 질병을 치료하기 위함이니까요. 얼핏 당연한 것처럼 보이는 이 말은 현실에서 매우 큰 힘을 발휘합니다. 예를 들어, 환자의 질병을 당뇨병으로 진단하면 의사는 혈중 당 농도를 감소시키는 약을 몸에 투여하지요. 고혈압에는 혈관을 확장시켜 혈압을 낮추는 약을, 결핵에는 결핵균을 죽일 수 있는 항생제를 투여합니다. 이렇듯 원인을 파악하는 행위는 이미 그 안에 해결책을 일정 부분 담고 있습니다.

외상 후 스트레스 장애 치료는 크게 두 가지로 나뉩니다. 첫째는 증상을 감소시킬 수 있도록 우울증이나 불안장애를 줄여주는 약물을 주기적으로 투여하는 것입니다. 둘째는 트라우마에 초점을 맞춘 인지행동 치료Trauma-focused cognitive behavioral therapy와 눈을 돌리는 운동을 이용한 '안구운동 민감소실 및 재처리 요법Eye Movement Desensitization and Reprocessing'입니다. 두 가지 치료법은 수많은 환자 치료를 통해서, 의학적으로 효과가 검증된 치료법입니다. 어떤 사람이 외상 후 스트레스 장애 진단을 받으면 그 사람은 이러한 의학적 치료를 받게 됩니다.

사회적 고통과 의학적 치료, 그 필요성과 한계

> 승아를 설득해서 아빠가 함께 정신과 상담을 받으러 다녔어요. 상담하면 선생님이 10분, 20분 정도 마인드 컨트롤을 해주는데, 처음에는 이게 치료 순서인가 보다 생각했죠. 근데 한 달이 가고 두 달이 돼도 똑같은 거예요. 우리한테 그렇게 마인드 컨트롤 해주고 괜찮냐고 질문을 던지면 위로가 되나? 처방해준 약을 먹으면 좀 괜찮아지나? 아닌 거예요. 진짜 아닌 거예요. 뭔가 편해지고 마음이 달라져야 하는데 와 닿지가 않더라고요. 동생 잃은 아이에게 약물을 주는 게 무슨 치료냐 싶고, 감기 예방접종 받으러 가는 기분이 드니까 더 가자고 못하겠더라고요. (『금요일엔 돌아오렴』, 79~80쪽)

트라우마에 대해 연구하는 사회학자들은 의학적인 치료방법이 지닌 한계를 지적합니다. 이들은 환자가 겪는 고통의 원인을 생물학적으로 파악할 때, 특히 구조적 폭력에 의한 외상 후 스트레스 장애를 그런 방식으로 분석했을 때 나타날 수 있는 부작용을 우려합니다. 약물 치료와 인지 치료로 그 장애를 치료할 수 있다는 생각은 "환자들이 경험한 고통을 초래한 폭력적인 사회 조건을 모호하게 만들고", "고통의 유발 경로를 흐릿하게 함으로써, '설명 없는 치료'의 딜레마"에 빠지게 된다는 지적입니다.[8]

트라우마에 대한 많은 연구는 인간의 몸에 상처를 남기는 과정에서 트라우마를 초래한 사건 자체만이 아니라 그 이후에 사건의 의미가 해석되고 재생산되는 사회적 환경이 외상을 구성하는 핵심요소라고 말합니다. 그 고통을 초래한 사회적 원인이 밝혀지지 않고, 자신이 겪는 고통의 의미를 이해할 수 없을 때 트라우마는 더욱 확대 재생산되는 것이지요.[9]

물론 외상 후 스트레스 장애를 겪는 이들에게 의학적인 치료와 도움은 필수적입니다. 덴마크에서 진행된 한 연구는 외상 후 스트레스 장애를 앓고 있을 경우 자살 위험이 5배 이상 증가한다고 보고합니다.[10] 괴로워하는 사람들이 위기의 순간을 버틸 수 있도록, 사회로 복귀할 수 있도록 돕는 과정에서 정신과 진료는 중요한 역할을 담당합니다.

고통의 원인을 함께 바라보기

그러나 정신과 치료의 필요성과 별개로, 앞서 지적된 바와 같이 트라우마를 경험한 개인의 상황을 외상 후 스트레스 장애라고 명명하는 것의 사회적 효과는 검토될 필요가 있습니다. 글 서두에서 이야기했듯이, 외상 후 스트레스 장애는 제2차 세계대전과 베트남전에 참전했던 이들을 대상으로 그들의 증상을 정리하며 만들어진 개념입니다. 전쟁이 끝나고 전쟁터에서 돌아온 이들에게 붙는 진단명이지요.

사회로 복귀한 참전 군인들과 달리 세월호 유가족들은 아직까지 전쟁터 한가운데에 있는 분들입니다. 세월호는 침몰한 지 몇 해가 지났지만, 그 사건의 의미가 사회적으로 해석되고 그 원인을 밝히고자 했던 과정은 계속되는 트라우마적 사건의 연속이었으니까요.

어젠다 세팅Agenda-setting, 한국어로는 '의제설정'이라고 부르는 개념이 있습니다. 신문이나 뉴스가 자주 특정한 주제를 특정한 방식으로 다루면, 대중의 의견도 그렇게 변화한다는 의미입니다. 언론에서 세월호 유가족 분들의 상처를 '외상 후 스트레스 장애'라고 부를 때, 저는 조심스럽습니다. 외상 후 스트레스와 관련된 의학적 치료는 분명히 중요하고 필요하지만, 한국사회의 온갖 모순들이 집약된 구조적 폭력에서 기인한 트라우마를, 개인적인 수준에서 진단하게 되고 그것이 개인적 수준의 치료'만'으로 충분하다고 생각하는 게 아닌가 우려스러울 때가 있습니다. 그것이 세월호를 '교통사고'라고, 운이 없었다고, 개인의 책임이었다고 말하는 입장과 과연 얼마만큼 다른가에 대해 고민하게 됩니다.

고통은 근본적으로 개인적인 것입니다. 타인의 고통을 나눈다는 것은 매우 어려운 일이라고 저는 생각합니다. 그러나 그 고통이 사회구조적 폭력에서 기인했을 때, 공동체는 그 고통의 원인을 해부하고 사회적 고통을 사회적으로 치유하기 위한 노력을 해야 합니다. "트라우마에 대한 사회적 인식 공유를 통해, 명

예회복-보상-처벌을 거쳐 사회관계 회복개선"으로 나아가는 사회적 치유작업이 함께 되어야 합니다.[11]

그래서 기억해야 합니다. 5·18 광주민주화 항쟁 사망자의 유가족이, 77일 옥쇄파업에 참여했던 쌍용자동차 해고노동자가, 세월호 유가족이 외상 후 스트레스 장애 진단을 받고 아프고 괴로워한다고 해서, 그러한 진단과 의학적 치료만으로 그들의 상처 입은 몸이 겪는 고통을 이해해서는 안 된다는 것을요. '빨갱이' 낙인으로 인해 오랜 기간 죽음에 대해 말할 수조차 없었던 그 사회적 낙인이, 회계조작에 따른 폭력적인 정리해고가, 풀리지 않는 의문들로 가득 찬 가족의 죽음과 은폐된 진실이 그들의 고통을 이루는 핵심이니까요.

아이들은 살아남기 위해 최선을 다했다

—
이 글은 정환봉 《한겨레신문》 기자가 이 책의 필자인 김승섭 교수를 인터뷰하고, 쓴 기사입니다. 《한겨레21》의 연속 인터뷰 '세월호와 한국사회'의 첫 번째 기사로, 이후 기사부터는 김승섭 교수가 직접 세월호 참사 피해자 가족의 치유와 지원활동을 해온 이들을 인터뷰했습니다.

Q_ 피해자 조사와 연구는 언제 시작했나

A_ 2016년 1월부터다. 처음 안산에 갔을 때 '참사가 터지고 2년이 지났다. 그동안 뭐 하다가 이제 와서 무슨 조사냐'라는 이야기를 들었다. 2014년 고등학교 2학년이었던 생존 학생들이 고등학교를 졸업하고 대학에 진학하면서 삶의 다음 단계로 넘어가려는 중이었다. 그 중요한 때 그들에게 다시 고통스러운 기억을 떠올리도록 한 것이 부담스러웠다.

Q_ 그때 어떤 생각이 들었나

A_ 내가 단원고 학생이라면 인터뷰를 하고 싶을지 먼저 생각해봤다. 바로 대답이 나왔다. '아니다'. 너무 괴로웠다.

Q_ 2년이 훌쩍 지났어도 피해자의 아픔은 여전했나

A_ 한 생존 학생의 어머니는 아이가 너무 힘들어하는 것이 답답해서 혼자 저녁에 산책을 나갔다. 그때 멀리서도 알아차릴 정도의 흙빛 얼굴로 걸어가는 사람을 마주했다. '유가족이구나.' 모르는 사람이었지만 직감으로 알 수 있었다. 어머니는 그분을 스쳐 지나가는 동안 아무 말도 못하고 계속 울기만 했다고 말했다. 아픈 이야기가 셀 수 없다.

당사자의 목소리가 사라지기 전에

Q_ 그래도 조사해야겠다고 생각한 이유는

A_ 대구 지하철 참사 관련 보고서를 살펴봤다. 정부 차원에서 지원 기관이 자신들의 지원했던 실적을 자랑하는 내용만 있었다. 가장 중요한 당사자, 피해자와 목격자의 목소리가 없었다. 시간이 지나가면 당사자의 목소리가 사라지겠다고 생각했다.

Q_ 세월호를 생각하면 "가만히 있으라"라는 방송이 가장 먼저 떠오른다

A_ 학생들이 순진해서 가만히 있으라는 말을 '수동적'으로 따른 것이 아니다. 일반인이 아니라 항해 전문가인 선원이 가만히 있으라고 했다. 그 이야기를 듣고 학생들은 '내가 움직이면 구조가 늦어지고 상황이 안 좋아질 것'이라고 생각했다. 공동체를 안전하게 지키기 위해서 학생들은 선실 내 가구를 붙들고 '필사

적'으로 가만히 있었다. 하지만 결과는 참사로 이어졌다. 가까스로 살아남은 학생들은 해경을 만나 "저 뒤에 애들이 있어요"라고 말했다. 하지만 해경은 배 안으로 들어가지 않았다. 내가 위기에 처했을 때 국가는 도와주지 않았다. 학생들은 누구도 '구조'라는 말을 쓰지 않았다. 그것은 '탈출'이었다.

상처를 준 것은 국가만이 아니었다. 한 방송국 기자는 세월호 참사 당일 생존 학생에게 다가와 친구의 가족이라고 속이며 "어떻게 된 것이냐?"라고 물었다. 친구의 부모라고 생각해서 해줬던 이야기는 그대로 녹음돼 방송 전파를 탔다. 물에 빠진 휴대전화를 고쳐주겠다며 가져가 그 안에 있던 동영상을 허락 없이 방송에 낸 경우도 있었다.

참사 당일만이 아니었다. 언론이 앞다퉈 정확하지 않은 보상금액과 대학 특별전형 사실을 보도하면서 '단원고' 출신은 낙인이 되었다. '과도한 특혜'라는 수군거림은 피해자들의 옆구리에도 똬리를 틀었다. 생존 학생들의 부모는 주변에서 '운 좋게 (살아) 나와서 저렇게 혜택을 받는다'라는 말을 수시로 들어야 했다. 그 순간은 "진짜 막 살을 잡아 뜯는 느낌"으로 남았다.

여행을 떠나기 전에 유서를 남긴다

Q_ 탈출 이후에도 상처는 치유되지 못한 것 같다

A_ 피해자들에게 상처를 주는 메커니즘이 있다. 정부는 각종

지원 대책을 피해자와 상의하지 않고 언론에 알린다. 사람들은 그것을 부풀려서 주변에 퍼뜨린다. 심지어 이웃마저 세월호 피해 가족에게 '얼마 받냐'고 묻는다. 정작 피해자들이 지원받으려고 주민센터 등에 물어보면 해당 기관은 그 사실을 모른다. 담당자가 아니라는 이유로 다른 전화번호를 알려주고 그 번호로 전화를 걸어 '세월호 참사에서 생존한 단원고 몇 학년 몇 반 누구 엄마인데요.'로 시작하는 이야기를 하며 전화를 계속하다 보면, 돌고 돌아 처음에 전화를 걸었던 사람과 다시 통화를 하게 되곤 했다. 언론에는 수많은 지원을 받는 것처럼 발표되었지만, 그 지원 과정에서 어떻게 해야 실제로 피해 당사자에게 도움이 될지에 대한 고민이 부족했다. 정부와 언론, 지원기관, 지역사회 등이 모두 맞물려 있다.

Q_ 정부가 가장 큰 문제인가

A_ 단순하게 이야기할 수 없다. 박근혜 정부가 무능했고 컨트롤타워가 없었다는 것을 넘어서는 문제다. 책임지는 사람의 부재는 중요한 문제지만 그것만으로 참사 이후 나타난 문제점을 모두 설명할 수 없다. 성급하게 진행된 치유 프로그램, 지역사회의 편견, 학교에서의 부정적 경험. 민간과 공공 영역 곳곳에서 한국사회의 무능함이 드러났다.

Q_ 생존 학생을 대상으로 한 고대 안산병원(2주)과 중소기업연수원 (8주) 치유 프로그램은 도움이 됐나

A_ 트라우마는 삶 자체가 위기에 처했던 경험이다. 치유에는 시간이 걸릴 수밖에 없다. 그래서 재난 과정에서 트라우마를 겪은 환자를 치료할 때는 장기적으로 신뢰를 쌓으며 다가가야 한다. 폐렴 환자한테 항생제를 주입하는 방식으로는 트라우마가 사라지지 않는다. 하지만 치유 프로그램은 대부분 성급하게 진행됐다.

연수원 프로그램을 보면 오전에 '상실의 고통 치유'를 한다. 오후에 바로 '아픔에서 희망으로'라는 주제로 프로그램을 진행한다. 오전에 평생 잊지 못할 참사 경험을 이야기하고 오후에 그 아픔을 희망으로 승화하자고 하는 식이다. 아침, 점심, 저녁마다 프로그램이 반복되면서 학생들은 정말 힘들었다고 이야기한다.

너희들 고통을 증명하라고 말하는 사회

Q_ 생존 학생들의 상태는 어떠했나

A_ 한 생존 학생은 참사 이후 어디론가 여행을 떠나기 전에 유서를 남긴다. 또 다른 학생은 영화관이나 노래방에 들어가면 비상구부터 찾는다. 여느 10대들처럼 '까르르' 웃다가도 주변을 둘러본다. 웃어도 되나 두렵다. 큰 소리가 나면 다리가 떨리고 눈물이 나기도 한다. 두통과 강박, 우울증도 흔하다. 참사가 남

긴 후유증은 계속된다.

하지만 생존 학생들은 세월호 참사 때문이란 사실을 스스로 증명해야 치료받을 수 있었다. 삼성전자 반도체 노동자가 백혈병으로, 악성림프종으로 앓아 눕고 숨을 거둬도 산업재해라는 사실을 스스로 입증해야 하는 것과 다르지 않다. 부조리는 항상 연결되어 있다.

Q_ 피해자의 트라우마가 시간이 흐르면서 더 강화된 이유는 무엇인가

A_ 피해자를 동일한 집단으로 바라보는 것은 경계해야 한다. 개인마다 처한 환경이 다르고 살아온 역사가 다르기에 같은 참사를 겪은 뒤 서로 다른 이유로 상처받으며 시간을 견뎌냈다. 그래도 공통적으로 짚는 부분이 있다. 가장 기억해야 하는 점이 세월호 지원 대책에 포함된 대학 특별전형을 언론이 대대적으로 보도한 것이다.

특별전형이 문제가 아니라 정부와 언론의 태도가 문제였다. 관련 뉴스 기사에 '친구는 죽었는데 너는 좋은 대학 가서 좋겠다'라는 댓글이 달렸다. 그것이 가장 큰 충격으로 다가온 것 같다. 학생들은 그때부터 단원고 출신이 낙인이 되지 않을까 두려워했다. 한국사회가 재난 대응 과정에서 반드시 바뀌어야 하는 부분이라고 생각한다.

유가족의 경우에도 비슷했다. 보상이나 여타 지원 내용을 언론이 대대적으로 과장해 보도했고, 참사로 고통받는 피해자를 운 좋은 사람 취급했다. 정부와 언론이 국민과 피해자를 이간질했다.

얼마 전 일본의 재난 연구자 한 분을 만났다. 일본의 경우, 쓰나미 등 대형 재난을 겪은 지역에는 정부가 여러 지원을 수행하지만, 누구도 그 내용을 입에 올리지 않고 언론도 보도하지 않는다고 했다. 지원 내역을 국민과 공유하는 것이 당사자에게 도움되는 특수 상황이 아니라면 재난 당사자가 애도하고 치유에 집중하도록 사회가 침묵해야 한다. 그게 한 사회의 감수성이고 실력이다.

Q_ 지역사회 분위기는 어땠나

A_ 2014년 생존 학생들이 2학년 때 일이다. 학교에서 나오는데 한 지역 주민이 '단원고 3학년이니, 2학년이니?' 물었다. 2학년이라고 대답하니까 휴대전화로 사진을 찍으려 했다. 학생들이 구경거리가 된 셈이다. 평소 가깝게 지낸 이웃도 정부 지원을 '세월호 빽'이라고 했다. 아이가 살아서 왔는데도 지원을 받으니까 운 좋은 사람들이라 생각하는 것이다. 지역사회는 세월호 트라우마 치유 과정에서도, 악화하는 데도 중요한 역할을 해왔다.

Q_ 트라우마가 큰 만큼 의료 지원이 절실했을 것이다

A_ 한 생존 학생이 갑자기 몸 반쪽에 마비가 와서 걷지 못했다. 병원에 갔더니 세월호 사고 후유증과 관련 없다며 치료를 못 하

겠다고 했다. 세월호 사고 전에는 이런 적이 없었다고 말했지만 소용없었다. 결국 다른 병원에서 치료받을 수 있었다.

〈세월호 특별법〉과 시행령에는 2016년 3월 28일까지 "4·16 세월호 참사로 인하여 발생한 피해자의 신체적·정신적 질병"에 한하여 의료지원금을 지급한다고 규정되어 있기 때문이다. 일견 합리적으로 보이지만, 현실에서는 피해자가 이 질병이 참사로 인한 것이라는 증명을 해야 하는 부담을 갖게 된 것이다. 병원이 치료 뒤 의료지원금을 못 받을까 우려하기 때문이다.

이는 비단 세월호 참사 문제만은 아니다. 산업재해 노동자가 암이나 만성질환에 걸렸을 때 직업과의 인과관계를 법정에서 스스로 입증해야 하는 것과 같다. 소방관이 화재 진압 현장에서 유독가스를 들이마셔 암에 걸려도 공무 중 부상 처리를 받기 쉽지 않은 것과 같은 경험이다. 피해자 개인에게, 자원과 자본이 없는 사회적 약자에게 인과관계 증명의 부담을 떠넘기는 한국사회의 취약함이 세월호 참사에서 극적으로 드러나고 있다.

Q_ 희망적 사례는 없나

A_ 단원고에 상주하며 학생들의 심리 상담을 한 스쿨닥터(정신과 의사)와 '아름다운 배움'이라는 대학생 단체가 도움이 됐다. '아름다운 배움'은 멋진 프로그램을 짜 오거나 생존 학생들의 트라우마를 치유해야겠다는 강박을 갖지 않았다. 단지 생존 학생들과 함께 놀고 치킨과 피자를 먹으면서 오랫동안 친하게 지

냈다. 그러다 보니 학생들이 마음을 터놓기 시작했다. 고민 상담도 했다.

모두 공통점이 있다. 학생들을 채근하지 않고 오랫동안 신뢰를 쌓아왔으며 그들의 목소리에 귀 기울였다. 충분한 신뢰를 쌓기도 전에 '어떤 상처인지 입 밖으로 말해야 트라우마가 극복된다'며 일방적으로 프로그램을 진행하는 방식이 아니라, '네가 필요할 땐 언제나 곁에 있겠다'며 기다려주는 것이 가장 효과적이었다.

미소 짓지 말아야 하고 화내면 안 되고

"저분들(유가족) (살아 있는) 나나 내 친구들을 보면 피눈물이 날 거 같아요. 그래서 눈에 안 띄려고 하는데…. 솔직히 진짜 저 같아도 가슴이 뭉그러질 거 같아요." 생존 학생들은 살아남은 자의 죄책감을 느꼈다. 어쩌면 누구도 풀어줄 수 없는 감정이다. 다만 함께 품고 갈 수는 있는 일이다. 하지만 한국사회는 정확히 그 반대로 작동했다. 그들에게 '선량한 피해자'의 롤모델을 요구했다. 보이지 않는 우리가 피해자들을 가뒀다.

Q_ 피해자들을 보며 가장 안타까웠던 점은

A_ 생존 학생들의 군 입대 관련 병무청 설명회가 있었다. 나도 참관할 기회가 있었다. 그런데 병무청에서 일반 입대자와 똑같

은 프로그램을 진행했다. 세월호 생존 학생을 어떻게 배려하겠다는 이야기는 한마디도 없었다.

답답한 마음에 '부모님이 원하는 게 면제나 특혜를 달라는 게 아니잖아요. 트라우마는 짧은 시간 검사하는 것만으로 놓치는 게 있으니까 좀 더 주의를 기울여 정확하게 신체검사를 하도록 조치해달라는 말은 하실 수 있잖아요'라고 부모들에게 이야기했다. 돌아오는 답은 '경험상 내가 그 말을 하면 내일 언론에 나온다'였다. 그 정도 말도 특혜를 요구하는 것처럼 보도된다는 뜻이었다.

당사자와 가족의 목소리에 귀 기울이는 것이 제대로 지원하는 데 가장 중요할 텐데, 마치 거미줄에 얽혀 움직일 수 없는 상태 같았다. 정부 지원은 내용과 방식에 상관없이 항상 감사히 받아야 하고, 가끔 웃을 일이 생겨도 미소 짓지 말아야 하고, 화내면 안 되는 선량한 피해자 모습을 강요받고 있었다.

Q_ 참사 피해자 조사 과정에서 느낀 한국사회의 문제는 뭔가

A_ 어떤 재난에도 갈등은 존재한다. 살아온 역사와 삶의 조건이 다르기 때문에 피해자들도 각자 입장이 다르다. 모든 피해자가 끝까지 하나로 뭉치는 경우는 드물다. 세월호 참사에서도 생존 학생 가족과 유가족 간 갈등이 있다.

유가족들은 생존 학생을 볼 때마다 자신의 아이가 떠올라 슬프고 화날 때도 있다. 생존 학생 가족은 세월호 집회에서 사회자가 유가족만 소개하고, 앞자리에 먼저 앉히는 모습을 보고 소외감을 느낄 수 있다. 누가 옳고 그른 것이 아니다. 재난에서 나타나는 삶의 복잡성이다. 피해자와 일반 국민의 갈등도 당연히 존재한다.

갈등을 대하는 자세가 한 사회의 실력이다. 하지만 세월호 참사에서 정부는 갈등을 더 부추겼다. 유가족과 생존 학생 가족을 나누고, 피해자와 국민을 떼어냈다. 우리 사회 역시 그 골을 좁히지 못했다. 이 과정을 반복하면 안 된다.

제도가 존재를 부정할 때, 몸은 아프다

동성결혼 불인정과

성소수자 건강의 관계

간혹 이런 질문을 던져봅니다. '우리가 알고 있는 역사적인 사건들은 사람들의 삶을 어떻게 바꾸었을까'라고요. 예를 들어, 노예해방 이전과 이후에 흑인의 삶은 어떻게 달라졌을까요? 물론 '해방'이 선언된다고 해서, 하루아침에 삶이 바뀌지는 않았겠지요. 하지만 더 이상 법적으로 노예가 아닌 것은 분명 큰 변화였고, 거대한 변화의 가능성을 품고 있었을 것이라 생각합니다. 그리고 그 가능성의 씨앗이 오랜 시간을 거쳐 '혁명'에 버금갈 만한 변화를 꽃피운 것이지요.

2015년 6월 26일은 누군가에게는 '노예해방'만큼 중요하고 역사적인 날입니다. 미국 연방대법원이 대법관 9명 중 5명의 찬성으로 동성결혼Same-Sex Marriage이 합헌이라는 판결을 내렸고, 그 결과 미국 전역에서 동성결혼이 법적으로 허용되었습니다. 1960년대까지 동성애자들이 정신질환을 지닌 환자로 취급받았던 과거를 생각하면, 동성애자들끼리의 결혼을 법적으로 인정한다는 동성결혼 합헌 결정은 놀라운 변화입니다. 이제 미국에서 최소한 공식적으로는 동성애자에 대한 사회적 낙인과 차별이 허용되지 않는다는 것을 대법원이 확인해준 셈이니까요.

사회적 환경이 사람들의 건강에 끼치는 영향에 대해 연구하는 사회역학에서는 이런 질문을 던져봅니다. '동성결혼 합헌' 판정은 미국 성소수자들의 건강에 어떤 영향을 끼칠까요? 이 질문은 아직 동성결혼을 인정하지 않는 한국사회에 더 유용하게 다음과 같이 바꿔볼 수 있습니다. '동성결혼 불인정'이라는 제도적 차별은 성소수자의 건강에 어떠한 영향을 끼치는가?[12]

동성결혼 금지와 성소수자 건강에 대한 질문

이 질문에 답하기 위한 연구는 어떻게 설계하고 진행할 수 있을까요? 흡연과 폐암의 관계는, 흡연을 하는 사람과 아닌 사람을 추적·관찰하는 코호트cohort 연구를 통해 폐암 발생을 비교하면 그 답을 얻을 수 있습니다. 문제는 '동성결혼 불인정'이라는 제도적 차별은 개인적 수준의 위험인자가 아니라 공동체, 국가 수준의 위험인자라는 점입니다. 동성결혼을 제도적으로 인정하지 않을 때, 한 사회에서 살아가는 성소수자들은 같은 법의 적용을 받기 때문에, 차별을 받지 않는 비교집단을 같은 사회에서 찾기는 어렵습니다.

지난 10년간 그런 어려움을 다양한 방법으로 극복한 연구들이 미국의 여러 지역에서 진행되었습니다. 캘리포니아에서는 2008년 6월 16일, 동성결혼 법제화가 결정됩니다. 그러나 같은 해 11월 5일에 그 결정이 뒤집히고, 2013년까지 동성결혼이 금지되는 상황이 지속됩니다. 캘리포니아에 거주하는 동성애자 커플들은 2008년 6월부터 11월까지 5개월이라는 짧은 기간에만 법률혼을 할 수 있는 기회를 누렸던 것입니다. 그 결과, 캘리포니아에는 법률혼을 한 성소수자 커플과 법률혼을 하지 못한 성소수자 커플이 같은 지역에서 살게 되었습니다. 캘리포니아 대학교의 와이트Richard G. Wight 박사는 그 점에 주목했습니다.

와이트 박사와 동료들은 2009년 진행된 '캘리포니아 건강 인터뷰 연구California Health Interview Survey'를 분석하여, (1) 법률혼을 한 성소수자 커플, (2) 법률혼을 하지 못한 성소수자 커플, (3) 법률혼을 한 이성애자 커플의 정신건강을 비교하는 연구를 진행합니다.[3] 그 결과, 법률혼을 한 성소수자 커플은 법률혼을 한 이성애자 커플과 유사한 정신건강 상태를 보였고, 법률혼을 하지 못한 성소수자 커플과 비교했을 때 정신건강 상태가 통계적으로 유의하게 양호한 상태로 나타났습니다. 즉, 사회적으로 인정받는 법률혼을 한 성소수자들이 그렇지 못한 성소수자들에 비하여 더욱 건강한 것이지요.

그러나 이 논문은 단면연구를 분석했기에 피할 수 없는 약점을 지닙니다. 예를 들어, 캘리포니아에서 동성결혼이 허용되던 5개월이라는 짧은 기간에 법률혼을 적극적으로 시도한 성소수자 커플들이, 그렇지 못했던 커플에 비해서 원래부터 더 건강한 사람들이었을 가능성도 생각해볼 수 있습니다. 같은 결과에 대해 '원래 건강한 사람들이어서 5개월이라는 짧은 기간을 활용할 수 있었던 것이지, 법률혼을 한 성소수자여서 건강해진 것은 아니다'라고 주장할 수도 있다는 것이지요. 또, '동성결혼 불인정'이 성소수자들의 건강에 끼치는 영향을 분석하기 위해서는 '동성결혼 불인정'이 제도화되기 이전과 이후에 같은 사람의 건강 수준을 비교해야 하는데, 단면연구로는 그러한 분석이 불가능하기도 합니다. 이러한 약점을 보완한 연구가 이후에 이어집니다.

동성결혼 금지법이 성소수자 건강을 해친다

동성결혼 불인정이라는 사회적·제도적 차별이 성소수자에게 어떠한 영향을 끼치는가에 대한 연구는 하첸뷜러Mark Hatzenbuehler 등이 2010년 《미국공중보건학회지》에 출판한 논문에서 찾을 수 있습니다. 1996년에 미국연방의회가 결혼을 남성과 여성의 결합으로 정의하여 동성결혼을 부정하는 〈결혼보호법Defense of Marriage Act〉을 통과시킨 이후에, 동성결혼을 금지하고자 하는 사회적 움직임이 미국 전역에서 일어납니다. 그로 인해 2004년과 2005년에는 16개 주에서 투표를 통해 동성결혼을 적극적으로 금지하는 상황에 이릅니다.

하첸뷜러 교수와 하버드대학교, 콜롬비아대학교의 교수들은 미국 전역에서 '음주 관련 역학 연구National Epidemiologic Survey on Alcohol and Related Condition'의 1차 조사(2001/2002년)와 2차 조사(2004/2005년)가 진행되는 사이에 16개 주에서 동성결혼 금지가 공식화된 것에 착안했습니다. 같은 사람을 추적·조사하는 '패널 데이터'를 이용해서, 동성결혼 금지가 법제화된 16개 주에 거주하는 성소수자와 나머지 30개 주에 거주하는 성소수자들의 정신건강에 어떠한 영향을 끼쳤는지 살펴본 것이지요.[4]

물론 그 이전에 동성결혼이 미국에서 허용되었던 것은 아닙니다. 매사추세츠주가 미국에서 처음으로 동성결혼을 법적으로 허용한 것이 2004년이었으니까요. 1996년, 결혼을 남과 여의 결합으로만 규정하는 〈결혼보호법〉이 연방법으로 제정된 이후, 2001년부터 2005년 사이에 미국의 몇몇 주들은 동성결혼을 적극적으로 금지하는 법을 제정하기 위해 주민투표를 시행했습니다. 투표를 앞두고 캠페인 과정에서 성소수자들에 대한 흑색선전이 난무하고, 성소수자에 대한 부정적인 이미지를 담은 내용들이 텔레비전과 신문에 등장합니다. 그러한 시기를 지나 투표로 '동성결혼 금지'라는 적극적인 반대 법안이 제정되었어요.

연구자들은 그로 인한 건강 효과를 확인하고자 했던 것입니다.

그 결과, '동성결혼 금지' 법안을 통과시킨 주에 거주하는 성소수자들은 1차 조사에 비해 2차 조사에서 불안장애generalized anxiety disorder 유병률이 무려 4.2배나 증가했고, 정동장애any mood disorder 유병률은 1.67배 증가했습니다. 반면에 동성결혼을 금지하지 않은 주에 거주하는 성소수자들은 상대적으로 정신건강이 통계적으로 유의하게 악화되지 않았습니다. 불안장애는 1.54배 증가에 그쳤고, 정동장애는 오히려 감소했습니다. 즉, 동성결혼 금지 법안이 통과된 주에 거주하는 성소수자들의 경우에만 정신건강이 악화된 것입니다.

동성 관계 보호법 이후, 자신이 동성애자라고 밝히기 시작한 사람들

동성애에 대한 사회적 차별과 낙인으로 인해 사람들 앞에서 자신의 성적 지향을 밝히지 못하는 동성애자가 많습니다. 동성애 혐오에 대한 두려움으로 인해 커밍아웃을 하지 못하고 스스로를 숨긴 채 살아가는 것이지요. 동성애자의 인구 규모를 추정할 때, 설문조사에서 스스로를 동성애자라고 응답하는 사람들의 숫자를 온전히 신뢰하기 어려운 이유이기도 합니다. 이러한 상황은 과거 미국에서도 크게 다르지 않았습니다.

하버드 보건대학원의 브리타니 찰튼Brittany Charlton 박사 연구팀은 사회적 차별이 동성애자와 양성애자가 성적 지향을 드러내는 과정에 어떻게 영향을 미치는지에 대해 탐구했습니다.[5] 그녀는 동료들과 함께 2차 간호사 건강 연구Nurse Health Study Ⅱ를 분석했습니다. 2차 간호사 건강 연구는 1989년에 시작해서 2년에 한 번씩 미국 전역에 거주하는 여성 간호사 11만여 명의 건강 상태를 추적·관찰하는 조사입니다. 이 연구는 1995년과 2009년 두 차례 설문조사를 통해 참여자의 성적 지향을 측정하였는데, 찰튼 박사는 두 차례 조사에 모두 응답한 6만 9,790명의 데이터를 분석했습니다.

설문조사가 진행 중이던 1995년과 2009년 사이 미국에서는 중요한 변화가 이루어지고 있었습니다. 매사추세츠주를 비롯한 14개 주에서 동성결혼을 비롯하여 동성 파트너와의 관계를 법적으로 보호하는 제도를 만들었던 것입니다. 연구팀은 동성 관계를 보호하는 법을 제정한 지역과 그렇지 않은 지역의 사람들이 보고하는 성적 지향이 어떻게 변화하는지를 비교했습니다. 무엇보다도 1995년에는 이성애자라고 응답했지만 2009년에는 스스로를 동성애자 혹은 양성애자라고 응답한 사람들의 비율이 어느 정도인지를 파악하고자 했습니다.

연구 결과는 놀라웠습니다. 동성 관계를 보호하는 법을 제정한 지역의 경우, 1995년 설문에서 이성애자라고 응답했지만 2009년에는 스스로를 동성애자나 양성애자라고 응답한 사람의 비율이 그러한 법이 없는 지역에 비해 30퍼센트 높게 나타난 것입니다. 동성 관계를 법적으로 인정하는 사회적 변화와 함께, 과거 자신의 성적 지향을 숨기던 이들이 스스로의 존재를 드러내기 시작한 것이지요. 동성결혼 불인정과 같은 제도적인 차별이 한 개인의 삶과 자존감에 어떠한 영향을 미치는지를 잘 보여준 사례라고 할 수 있습니다.

2015년 6월 26일, 그 이전과 이후

성소수자들은 이성애자들에 비해 더 아픕니다.[6] 1966년부터 2005년까지 출판된 성소수자들의 정신건강에 대한 28편의 연구를 분석한 한 논문에서, 이성애자에 비해 성소수자의 자살 시도 유병률이 2.5배, 우울증이나 불안장애 유병률이 1.5배 높은 것으로 보고되었습니다.[7] 앞서 살펴본 세 편의 연구는 사회 제도적 차별로 인해 동성애자들이 스스로를 드러내지 못한 채 살아가고 그 과정에서 더 많이 아프다는 비극적인 사실을 보여줍니다.[8][9][10]

미국 대법원의 '동성결혼 합헌' 판정 이후에도 일상 곳곳에 스며든 차별적 제도가 시정되고, 사람들의 인식과 태도가 바뀌는 데에는 오랜 시간이 걸릴 것입니다. 그 과정에서 많은 성소수자들이 상처를 입고 또 견디며 살아가겠지요. 하지만 동성애를 질병으로 취급하던 시대를 지나 동성결혼 합헌 판정에 이르기까지 40여 년간의 싸움 덕분에, 다음 세대에는 더 많은 사람들이 자신의 존재를 부정하는 일 없이 살아갈 수 있으리라 생각합니다.

언젠가는 한국의 성소수자들도요.[11]

동성애를 향한 비과학적 혐오에 반대하며

동성애,

전환치료,

그리고 HIV/AIDS

'동성애는 죄악입니다. 만약 그들이 변하길 원한다면 사악한 삶으로부터 치료될 수 있습니다.' 이런 말들은 제 아들 바비가 동성애자라는 사실을 알았을 때 바비에게 해준 말이었습니다. 아들이 동성애자라고 말했을 때 제 세계는 무너졌습니다. 저는 아들을 치료하기 위해 모든 것을 다 했습니다. 8개월 전, 제 아들은 다리에서 뛰어내려 자살했습니다. 저는 게이와 레즈비언에 관한 지식이 없었다는 걸 깊이 후회합니다. 제가 듣고 배웠던 모든 것들이 편협한 생각과 비인간적인 모함이었습니다. 바비의 죽음은 그 부모가 가지고 있던 동성애에 대한 무지와 두려움 때문이었습니다. -영화 〈바비를 위한 기도〉 중

〈바비를 위한 기도〉는 실화를 소재로 한 영화입니다. 사회와 부모의 동성애 혐오로 자살했던 바비 그리피스Bobby Griffith라는 한 젊은 동성애자의 이야기에 바탕을 둔 영화이지요. 동성애는 질병이 아니고, 동성애자를 아프게 하는 것은 동성애 자체가 아니라 동성애 혐오를 조장하는 사회라는 과학적 상식에도 불구하고, 한국사회에는 동성애 혐오가 만연해 있습니다.

동성애와 관련된 사회적 이슈가 있을 때마다, '동성애는 질병'이고 '치료받으면 이성애자가 될 수 있다'라는 식의 폭력적인 구호를 심심치 않게 들을 수 있습니다. 의학계에서는 오래전 정리되어 더 이상 논쟁조차 되지 않는 내용이지만, 이러한 시대에 뒤떨어진 이야기들은 한국사회를 살아가는 성소수자들의 몸과 마음에 깊은 상처를 남깁니다. 이러한 비과학적인 혐오에 대한 제 대답은 다음과 같습니다.

학계의 오랜 상식, '동성애는 질병이 아니다'

1973년 미국정신의학회는 역사에 남을 만한 중요한 결정을 내립니다. 전 세계적으로 정신과 질환 진단에서 표준으로 사용되는 '정신질환 진단 및 통계 매뉴얼DSM'의 정신질환 목록에서 동성애를 삭제하기로 한 것입니다.[1] 그 결정과 함께 발표한 성명서에서 미국정신의학회는 이렇게 말합니다.

동성애가 그 자체로서 판단력, 안정성, 신뢰성, 또는 직업 능력에 결함이 있음을 의미하지 않는다. 미국정신의학회는 고용, 주택, 공공장소, 자격증 등에서 동성애자에 대해 행해지는 모든 공적 및 사적 차별을 개탄하며, 그러한 판단력, 능력, 신뢰성을 입증해야 하는 부담을 다른 사람들에 비해 동성애자에게 더 많이 지워서는 안 된다고 선언하는 결의안을 채택한다. 나아가, 지방, 주, 연방 수준에서 동성애자인 시민들이 다른 사람들과 동일하게 보호받도록 보장하는 민권법의 제정을 지지하고 촉구한다. 또한 미국정신의학회는 서로 합의한 성인들 사이에 사적으로 행해지는 성행위를 형사처벌하는 모든 법률을 철폐할 것을 지지하고 촉구한다.[2]

의학만이 아니라 사회학, 심리학을 포함한 여러 학제에서 성소수자에 대한 다양한 학문적 연구가 꾸준히 진행되면서, 오늘날 '동성애는 질병이 아니다'라는 주장이 학계에서는 상식이 됩니다. 현재 전 세계적으로 권위 있는 어떤 정신과 학회도, 어떤 정신과 교과서도 동성애를 질병으로 분류하거나 '동성애가 질병인지 여부에 대해 논쟁의 여지가 있다'라고 말하지 않습니다. 그럼에도 불구하고, 몇몇 반反동성애 운동단체들을 중심으로 이러한 학문적 결정의 신뢰성에 대한 문제제기가 이어지자, 미국정신의학회나 WHO 등을 비롯한 권위 있는 단체들은 자체적으로 성명서나 보고서를 수차례 발표하며 동성애는 질병이 아니라는 점을 명확히 해왔습니다. 그중 가장 최근에 발표된 것이 2016년 3월 발간된 세계정신의학회World Psychiatric Association의 성명서입니다. 그 성명서는 다음과 같습니다.

> 사회적 낙인과 차별을 영속시킨 불행한 역사에도 불구하고, 현대 의학이 동성을 대상으로 한 성적 지향과 행동을 병리화하는 것을 그만둔 지는 이미 수십 년이 지났다(APA, 1980). WHO는 동성을 대상으로 한 성적 지향을 인간 섹슈얼리티의 정상적인 형태로 인정하고 있다(WHO, 1992). 유엔인권이사회는 레즈비언, 게이, 바이섹슈얼, 트렌스젠더의 인권을 존중한다(2012). 두 주요 진단 및 분류체계(국제질병사인분류 ICD-10와 DSM-Ⅴ)에서는 동성에 대한 성적 지향, 끌림, 행동, 그리고 성별 정체성을 병리 현상이라고 보지 않는다.

너무나 당연하게도, 동성애는 정신병이 아닙니다

이처럼 '동성애가 질병이 아니다'라는 내용은 현재 세계적으로 더 이상 논쟁의 여지가 없는 상황입니다. 그럼에도 불구하고, 한국의 반동성애 운동진영이 이와 관련해서 그 신빙성에 문제를 제기하는 데에는 크게 두 가지 주장이 있습니다.

하나는 WHO의 질병 분류체계인 ICD-10에 동성애와 관련하여 '자아 이질적 성적 지향 F66.1Ego-dystonic sexual orientation'

이라는 진단명이 남아 있다는 것입니다. 그러나 이는 잘못된 해석입니다. 이 진단명은 이성애자이건 동성애자이건 자신의 성적 지향이 무엇인지는 알고 있지만, 그것을 긍정할 수 없어서 스스로ego 고통을 느끼는dystonic 경우를 말하는 진단명이니까요. 예를 들어, 스스로는 동성애자라고 확신하고 있지만, 동성애를 죄악시하는 문화를 가진 공동체에서 살아가는 동성애자는 자신을 부정해야 하는 고통을 받게 되고, 그로 말미암아 병원을 찾기도 합니다. 그 경우를 뜻하는 진단명인 것이지요. 이러한 진단명이 혹시라도 동성애를 질병으로 여기는 근거로 오용될 것을 우려하여, ICD-10에는 '자아 이질적 성적 지향'의 상위 항목인 F66(성적 발달 및 지향과 관련된 심리, 행동적 질환)에서 '성적 지향 자체는 질병이 아님'을 명시하고 있습니다.

또 다른 주장은 1977년 미국 정신과 의사들을 대상으로 이루어진 투표에서 참가자 중 반절이 넘는 69퍼센트가 '동성애가 정상적이라는 데 반대'한다고 투표했다는 점을 듭니다. 이 투표가 이루어진 1977년은 미국정신의학회가 동성애를 질병 목록에서 삭제한 지 불과 4년 뒤입니다. 즉, 1977년 설문조사에 참여한 정신과 전문의들은 대다수가 의과대학과 레지던트 수련과정에서 동성애가 질병 목록에서 빠진 DSM-Ⅱ의 6쇄나 그 이후 버전이 아니라, 동성애를 질병으로 다루던 그 이전 버전으로 정신질환 진단에 대해 배운 이들입니다. 따라서 이들 중 다수가 '동성애가 정상적인 것이 아니다'라고 대답한 것은 그 시대의 모습을 보여주는 일화일 뿐인 것이지요. 만약에 이러한 투표 결과가 2000년 이후에 학술적으로 권위 있는 정신과 의사들의 모임에서 나왔다면, 그것은 다른 의미를 가질 수 있습니다. 그러나 2000년대 이후에 미국정신의학회가 정신과 전문의들을 대상으로 '동성애가 질환인지 여부'에 대해 설문조사를 했다는 소식은 들은 바가 없습니다.

이미 수십 년 전 논쟁이 끝났고 모든 의학 교과서와 정신의학회가 공식적으로 입장을 표명한 내용에 설문은 필요치 않기 때문입니다.

선택해서 이성애자가 되지 않은 것처럼

'동성애가 질병이 아니다'라는 명제를 받아들이면, 동성애가 선천적인 것인지 혹은 후천적인 것인지에 대해 의학계가 더 이상 활발히 연구하지 않는 이유를 이해할 수 있습니다. 몇몇 연구들은 동성애의 원인을 유전자에서 찾으려고 시도했고, 또 어린 시절 특정한 경험을 했는지 여부가 동성애의 원인이 되는지를 검토하기도 했습니다. 그러나 이제 동성애가 질병이 아니라는 것이 학계의 상식이 되고, 동성애자를 비롯한 다양한 성소수자들을 동등한 권리를 가진 사회 구성원으로 인정하게 되면서, 질병이 아닌 동성애의 원인을 굳이 따져 물어야 하는 이유가 없어진 것이지요.

그럼에도 불구하고 동성애의 원인에 대한 몇몇 연구가 진행되고 논쟁이 되자 미국정신의학회는 2011년, "개인이 이성애, 양성애, 동성애의 성적 지향이 발달되는 정확한 이유에 관해 과학자들 간의 일치된 의견은 없음"을 명확히 밝혔습니다.[3] 더 나아가 "성적 지향에 영향을 미칠 수 있는 유전적, 호르몬상, 발달적 및 사회문화적 요인에 대한 많은 연구가 수행되어왔지만, 과학자들이 성적 지향이 특정 요인에 의해 결정된다고 결론지을 수 있는 연구 결과는 나타나지 않았다"라고 말합니다. 미국정신의학회는 "많은 이들이 선천적 요인과 후천적 요인 모두가 복합적인 영향을 미친다고 생각한다"라고 결론을 내리며, "대부분의 사람들은 자신의 성적 지향을 선택한다는 감각을 느끼지 않거나, 아주 약하게 경험한다"라는 점을 분명히 밝히고 있습니다.

즉, 동성애의 원인이 무엇인지는 알 수 없으나, 중요한 것은 동성애자들이 스스로 자신이 성적 지향을 선택한다는 감각을 거의 느끼지 못한다는 점입니다. 대다수의 경우 개인이 스스로 동성애자임을 인지하게 되는 10대에 이미 성적 지향은 선택의 영역이 아니게 됩니다. 대부분의 이성애자가 스스로의 성적 지향을 적극적으로 선택해서 이성애자가 되지 않은 것처럼 동성애자 역시 스스로 선택하여 동성애자가 되는 것은 아니라는 의미입니다.

동성애 전환치료가 존재한다는 착각

이처럼 선택의 영역이 아닌 성적 지향을, 강제적으로 외부의 힘을 빌려 바꾸고자 하는 시도가 역사적으로 오랫동안 있어왔습니다. 동성애자를 이성애자로 만들고자 하는 시도를 전환치료conversion therapy라고 부릅니다. 그러나 '동성애 전환치료'는 존재하지 않습니다.

동성애는 질병이 아니기에 치료가 필요하지 않다는 의학적 권고에도 불구하고, 다양한 형태의 '동성애 전환치료'가 근본주의 보수 기독교 집단을 중심으로 계속 행해졌고, 그 과정에서 그 효과와 안전성에 대한 우려가 지속적으로 제기되어왔습니다. 그러나 최근 들어 동성애 전환치료가 가능하다는 주장은 미국 근본주의 보수 기독교 집단에서조차 극단적인 주장으로 취급되고 있습니다. 이를 가장 명확하게 보여주는 사례는 엑소더스 인터내셔널Exodus International의 폐쇄조치입니다. 엑소더스 인터내셔널은 1976년 설립된 이후 미국과 캐나다에 250여 개 지부를, 기타 17개국에 150여 개 지부를 가지고 있던, 동성애 전환치료를 주도하는 가장 큰 규모의 탈동성애 운동ex-gay movement 단체였습니다. 하지만 2013년 6월 엑소더스 인터내셔널은 성소수자 커뮤니티에 그동안 자신들의 과오에 대해 사과하는 글을 발표하며 공식적으로 문을 닫습니다. 그 사과문에서 단체의 회장인 앨런 챔버스Alan Chambers는 엑소더스 인터내셔널의 활동이 동성애를 치료의 대상으로 여긴 무지로 인해 성소수자들에게 도움보다는 상처를 주었다는 사실을 고백했습니다.

미국심리학회는 이러한 문제에 적극적으로 대응하고, 의료진과 동성애자들에게 관련 가이드라인을 제시하기 위하여 2009년 「성적 지향에 대한 올바른 치료적 대응Appropriate Therapeutic Responses to Sexual Orientation」이라는 보고서를 출간합니다.[4] 이 보고서는 그동안 학술지에 영어로 출판된 동성애 전환치료 논문 83편을 체계적으로 검토하고 정리하여, 학회 차원에서 동성애 전환치료에 대한 결론을 내린 것입니다. 그 결론은 다음과 같습니다.

> 현재 효과가 입증된 동성애 전환치료는 존재하지 않으며, 성적 지향을 억지로 바꾸려는 치료는 치료대상자의 우울, 불안, 자살시도 등을 증가시킬 수 있어 그 치료가 오히려 동성애자의 정신건강을 악화시킬 수 있다.

이러한 입장은 미국심리학회만의 의견이 아니며, 다양한 보건·의료·심리·상담 전문가 단체에 의해서 반복적으로 천명되고 있습니다. 예를 들어, 미국의사협회는 "동성애가 그 자체로 정신장애mental disorder라고 가정하거나 환자가 자신의 동성애적 성적 지향을 바꾸어야 한다는 선험적 가정에 근거한 소위 '교정치료reparative therapy' 또는 '전환치료' 사용에 반대한다"라는 내용을 학회의 공식 정책으로 발표하기도 했습니다.[5]

동성애가 AIDS 주범이라는 비과학적 낙인

AIDS 환자가 처음 발견된 것은 1981년 6월이었습니다. 미국 로스앤젤레스의 몇몇 병원에서 5명의 남성 동성애자가 면역력이 정상인 일반인들은 쉽게 걸리지 않는 폐포자충폐렴 Pneumocystis carinii pneumonia 등에 감염되었다는 사실이 보고되었습니다. 그 5명은 공통적으로 T-림프구 숫자가 현저히 떨어져 면역력이 약화된 상태였습니다. 당시에는 원인인 바이러스의 존재를 몰랐으나 남성 동성애자들에게 흔한 감염병이라는 뜻으로 '동성애 질환'으로 불리기도 했습니다.

그로부터 2년 뒤인 1983년, 그 원인 바이러스인 HIV Human Immuno-deficiency Virus(인간면역결핍바이러스)가 발견되었습니다. 그리고 HIV 감염 이후에 질병이 진행되면 면역 세포인 CD4 양성 T-림프구가 파괴되어 환자의 면역력이 약화되기 때문에 여러 질병이 발생하게 된다는 점이 규명됩니다. 이와 관련해 HIV 감염 이후 질병의 진행에 따라 여러 증상이 나타나는 경우를 AIDS Acquired Immune Deficiency Syndrom(후천성면역결핍증)이라고 부르게 되었습니다.

의학적으로 발견된 첫 AIDS 환자는 1981년 미국의 동성애자였지만, 1970년대 후반에 케냐를 비롯한 중앙아프리카 국가에서 성매매 여성을 중심으로 HIV 감염이 널리 퍼지고 있었다는 사실이 이후에 알려졌습니다. 원인인 바이러스 규명과 함께, 이러한 사실들로 인해 자연히 HIV 감염을 동성애 질환으로 바라보는 시각은 의학적으로 근거를 잃게 되었지요. 동성 간 성관계를 가진다고 해서 HIV 바이러스가 생겨나는 것은 아니며, 파트너가 HIV에 감염되었을 경우 이성 간, 동성 간 성관계 모두에서 바이러스에 감염될 수 있기 때문입니다.[6]

HIV/AIDS와 관련하여 생겨난 동성애자에 대한 비과학적인 낙인이 사라지게 된 또 다른 결정적인 계기는 치료법의 개발입니다. HIV 감염은 몇 년 이내로 사망하게 되는 치명적인 질병이 아니라, 질병 발생 이후에도 수십 년을 더 살 수 있는 관리 가능한 만성질환으로 바뀐 것이지요.[7]

지난 30년간 HIV/AIDS에 대한 연구와 치료법 개발은 비약적으로 발전해왔습니다. 특히 1995년 다양한 약제를 병용하여 효과적으로 바이러스를 억제하고 내성을 방지하는 칵테일 요법이 도입되면서 획기적인 변화가 일어납니다. 이러한 치료로 인해 HIV 감염인의 질병 진행 속도를 현저히 낮출 수 있게 되었고, AIDS 관련 질환이 발병한 경우에도 환자의 건강 상태를 개선할 수 있게 되었습니다.

학자들은 이러한 치료로 HIV에 감염된 사람들의 평균수명이 어떻게 변화하는가를 검증했습니다. 2008년 의학저널《랜싯》에 발표된 영국, 미국, 캐나다 등에서 진행된 국제협력 연구는, 20세를 기준으로 했을 때 HIV에 감염된 이들이 치료를 받을 경우 환자의 상태에 따라 평균 32~50년을 더 산다고 발표했습니다.[8] 보다 최근에 발표된 연구는 20세의 HIV 감염인이 적절한 치료를 받고 있다면 70대 초반까지, 즉 감염되고도 평균적으로 50년을 더 살 수 있다고 보고합니다.[9]

이처럼 HIV 감염은 치료약의 개발로 인해 관리 가능한 만성질환이며, 그 원인이 이성애자와 동성애자가 모두 감염될 수 있는 바이러스 질환이라는 사실에도 불구하고 여전히 HIV/AIDS와 관련해서 동성애자들에 대한 사회적 낙인을 퍼뜨리는 이들이 있습니다.

특히 이성애자에 비해 동성애자의 HIV/AIDS의 유병률이 높다는 것을 근거로, 동성애가 그 원인이라는 이야기를 하곤 하지요. 그러나 HIV/AIDS를 예방하고 관리하는 측면에서 동성애를 그 원인이라고 말하는 것은 비과학적인 발언입니다.

낙인과 차별이 만드는, 질병 권하는 사회

한 사회에서 특정 질병의 발생을 줄이고 그로 인한 사망을 줄이기 위해서는 그 질병의 위험요인이 무엇인지를 이해하고 사회적으로 개입해야 합니다. 그런데 위험요인 중에는 바꿀 수 있는 것과 바꿀 수 없는 것이 있습니다. 예를 들면, 50세 이상의 고연령과 흡연은 대장암의 대표적인 위험요인입니다. 병원에서 대장암을 진단하고 치료하는 의사의 입장에서는 고연령과 흡연은 모두 대장암 발생 위험을 높이는 위험요인입니다. 그러나 대장암을 예방하기 위해서 무엇을 해야 하는가라는 질문을 던졌을 때, 고연령과 흡연은 서로 다르게 취급되어야 합니다. 공중 보건의 관점에서는 대장암을 예방하고자 흡연율을 낮추기 위한 사회적 프로그램을 기획하고 실행할 수 있습니다. 하지만 나이에 대해서는 그런 시도를 할 수 없습니다. 나이를 바꿀 수는 없기 때문입니다. 그렇기에 노년층의 사람들을 대상으로 적극적인 검진을 시행하면서 대장암을 조기에 발견해 치료하거나 흡연과 같이 바꿀 수 있는 다른 위험요소들에 개입해야 하겠지요. 나이가 많은 것이 위험요인이라고 사람의 나이를 낮추는 프로그램을 기획할 수는 없으니까요.

한국사회에서 HIV/AIDS를 보다 효과적으로 예방하고 관리하기 위한 정책도 같은 관점에서 기획하고 집행되어야 합니다. HIV/AIDS 예방과 관리에 있어, 동성애라는 성적 지향은 흡연과 같이 개입해서 바꿀 수 있는 위험요인이 아니라 연령, 인종, 성별과 같은 사회인구학적 인자입니다. 그러므로 한국 남성 동성애자의 HIV/AIDS 유병률이 높다면 '동성애가 HIV/AIDS의 원인'이라는 비과학적인 낙인을 강화하는 것이 아니라 '50세 이상 고연령층의 대장암 발생을 줄이기 위해서 무엇을 해야 하는가?'를 묻는 것처럼 '남성 동성애자의 HIV/AIDS 발생을 줄이기 위해서 무엇을 해야 하는가?'라는 질문을 던지고 그 질문에 답하기 위한 효과적인 전략을 수립해야 합니다. 그것은 동성애가 질병이 아니기에 치료받을 필요가 없으며, 동성애자를 한 사회의 구성원으로 인정하고 존중해야 한다는 의학적·법적 상식을 바탕으로 하는 것입니다.

동성애가 HIV/AIDS의 원인이라는 비난은 앞서 말한 이유로 공중보건학적인 관점에서 옳지 않으며, 한국사회에서 HIV/AIDS의 발생을 효과적으로 줄이고 관리하는 데 어떠한 해결책도 제시하지 않습니다. 예를 들어, 2013년 기준으로 강원도의 모성 사망비는 서울에 비해 4배 이상 높았습니다. 이 문제를 두고 우리는 어떻게 해야 강원도에 거주하는 임산부들에게 산부인과 의료접근성을 증진시킬 수 있을지에 대해 질문하지, 어떻게 해야 강원도에 살고 있는 임산부들을 서울로 이사하게 만들지에 대해 고민하지는 않습니다. 또 다른 예로, 대학원 학생들의 우울증 유병률이 대기업에 취업한 비슷한 또래보다 높다고 했을 때, 우리는 어떻게 해야 학생들의 연구환경을 개선할 것인가에 대해 질문하지, 그들에게 학업을 그만두고 취업을 하라고 요구하지는 않습니다. 같은 맥락에서 남성 동성애자의 HIV/AIDS 유병률이 높은 것으로 나타났을 때, 우리는 성적 지향을 비난하거나 비과학적이고 폭력적인 전환치료를 권할 수 없습니다. 어떤 요인들로 인해 동성애자 집단에서 유병률이 높아졌는지에 대해 질문하고 어떻게 해야 그들이 건강하게 살 수 있는지를 고민해야 합니다. 그들을 위해 윤리적이고 효과적인 개입 지점을 찾아내야 하는 것입니다.

지난 30여 년 동안 이러한 상식에 근거해서 세계적으로 수많은 학자들이 다양한 학제에서 HIV/AIDS의 예방과 치료를 연구해왔습니다. 성관계 시 콘돔 사용은 바이러스가 전파되는 것을 매우 효과적으로 막아준다는 것과, HIV에 감염되었을 경우 항바이러스 치료가 AIDS로 진행되는 것을 효과적으로 막거나 늦출 수 있다는 것은 의학적 사실입니다. 또한 최근에는 HIV에 감염된 사람이 항바이러스 치료를 적극적으로 받을 경우, 성관계 시 콘돔을 사용하지 않더라도 파트너에게 바이러스가 전파되지 않는다는 연구 결과가 축적되고 있습니다. 2016년《미국의사협회지The Journal of the American Medical Association》에 출판된 로저Rodger AJ 박사 팀은 항바이러스 치료를 적극적으로 받고 있는 HIV 감염인을 1.3년 동안 추적·관찰하였습니다. 연구 결과, 콘돔을 사용하지 않고 성관계를 갖는 이성애자 커플과 동성애자 커플 모두 비감염인 파트너에게 바이러스를 전파하지 않는 것으로 보고되었습니다.[10] 향후 보다 큰 규모의 추적· 관찰이 필요하겠지만, 이러한 연구들은 콘돔과 항바이러스 치료가 동성애자뿐만 아니라 모든 인구집단에서 효과적으로 HIV 감염을 막을 수 있는 주요한 방법임을 보여줍니다.

이러한 사실들을 무시한 채 동성애를 HIV/AIDS의 원인으로 낙인을 찍으면 어떤 일이 일어날까요? 기존 연구들은 동성애에 대한 혐오에 기초해 동성애와 HIV 감염을 연관 짓는 것은 HIV/AIDS의 예방과 치료에 큰 장벽이 되었고, 오히려 그 유병률을 높이는 원인으로 작용한다고 밝히고 있습니다. 사회적 낙인이 만연한 사회에서는 동성애자를 비롯해 HIV에 감염될 위험이 높은 집단이 콘돔 사용 등과 같은 적절한 예방 수단에 접근하거나 정기적인 검진을 통해 건강을 유지하는 것이 아니라, 오히려 스스로의 존재를 숨기고 음지에서 행동하게 됩니다. 즉, 동성애가 HIV/AIDS의 원인이라고 주장하는 사람들로 인해서, 동성애자는 HIV에 감염될 위험이 높아지고 HIV에 감염된 이후에도 적절한 치료를 받지 못할 가능성이 높아집니다.[11]

전 세계 115개국 3,340명의 남성 동성애자를 대상으로 진행한 연구에 따르면, 동성애를 처벌하거나 성적 낙인sexual stigma이 높은 나라에 거주하는 사람은 콘돔과 윤활젤을 사용하는 경우가 매우 낮고, HIV 검사에 대한 접근성이 떨어지는 것으로 나타났습니다.[12] 또한 UN의 보고서에 따르면, 비슷한 사회문화적 맥락을 가진 아프리카와 캐리비안해 지역 국가들 중에서도 동성애를 처벌하는 국가는 처벌하지 않는 국가보다 HIV/AIDS 유병률이 높게 나타났습니다.[13] 즉, 현실에서는 동성애가 HIV/AIDS의 원인인 것이 아니라 동성애 혐오와 차별이 HIV/AIDS 유병률을 증가시키는 원인인 것입니다.

한국사회는 과학적 사실 위에서 논쟁을 시작해야 합니다

한국사회는 동성애와 HIV/AIDS 모두에 대해 비과학적인 혐오와 두려움을 가지고 있습니다. 2010년부터 2014년까지 시행된 세계가치조사World Values Survey에 따르면, 한국은 동성애와

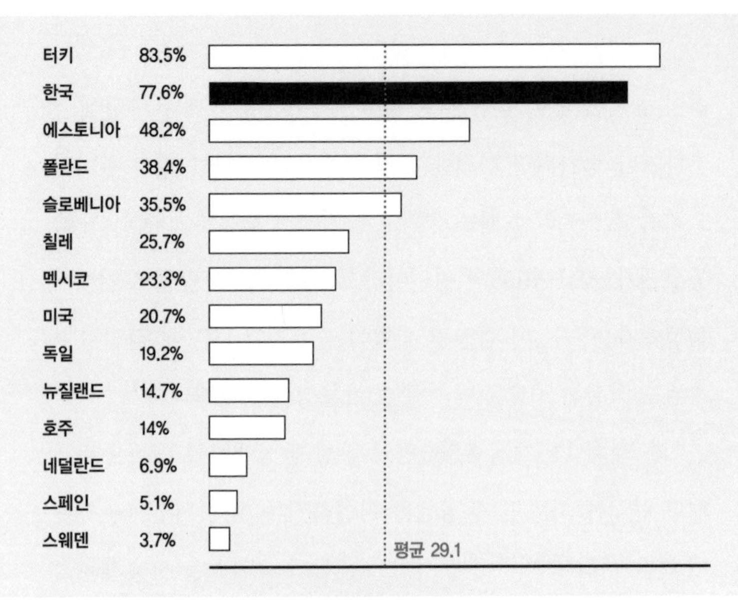

그림12. OECD 14개국 중 동성애자를 이웃으로 받아들이고 싶지 않다고 응답한 사람의 비율(제6차 세계가치조사, 2010~2014)

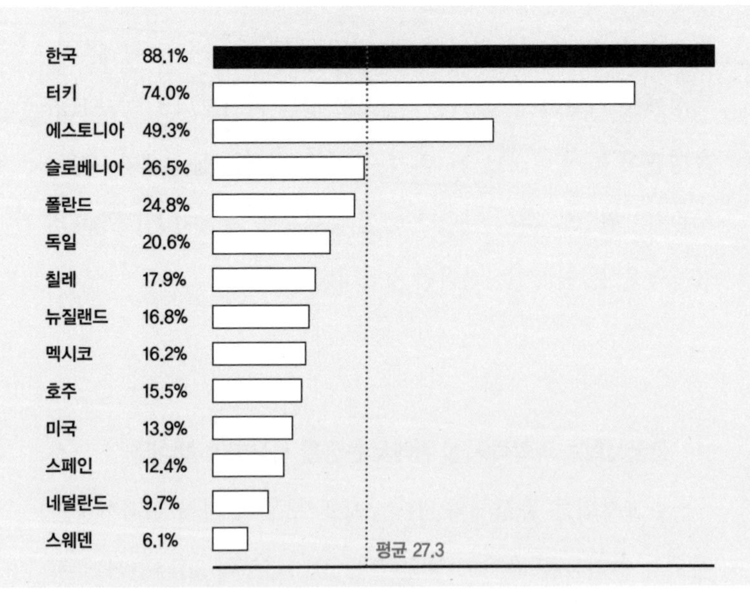

그림13. OECD 14개국 중 AIDS 환자를 이웃으로 받아들이고 싶지 않다고 응답한 사람의 비율(제6차 세계가치조사, 2010~2014)

AIDS 환자에 대한 거부감이 매우 높은 나라입니다. 한국은 동성애에 대해 OECD 국가 중 가장 낮은 수용도를 보이는 국가 중 하나입니다.(그림12) AIDS 환자에 대한 편견은 더욱 심합니다. AIDS 환자를 이웃으로 받아들이지 않겠다고 말하는 사람의 비율은 88.1퍼센트로 미국의 6배, 스웨덴의 14배가 넘습니다.(그림13)

저는 동성애와 HIV/AIDS에 대한 이와 같은 거부감이 상당 부분 보건학적 무지에서 비롯한다고 생각합니다. 동성애가 치료받을 질병이 아니라 마땅히 존중받아야 하는 성적 지향이고 HIV 감염은 바이러스가 원인이며 관리 가능한 만성질환이라는 과학적 사실 위에서 한국사회는 논의를 시작해야 합니다.

이제는 동성애와 HIV/AIDS에 대한 비과학적인 낙인과 혐오로부터 벗어나, 동성애자를 한국사회의 구성원으로 그 존재를 인정하고 그들의 건강을 증진시키기 위해 한국사회가 무엇을 해야 하는지를 고민해야 할 때입니다.

쏟아지는 비를 멈추게 할 수 없다면,
함께 그 비를 맞아야 한다

—

2017년 5월 24일, 육군보통군사법원은 동성애자 군인 A 대위에게 유죄를 선고했습니다. 사적 공간에서 업무와 관련 없는 합의된 상대와 맺은 성관계 때문이었습니다. 동성 간 성관계를 금지하는 〈군형법〉 제92조의 6에 근거한 선고였습니다. 이날, 서울 광화문 세종문화회관 앞에서는 A 대위 유죄 판결을 규탄하는 긴급 집회가 열렸습니다. 이 글은 이날 집회에서 김승섭 교수가 발언한 내용을 지면으로 옮겨온 것입니다.

저는 얼마 전 한국 성소수자 자살에 대한 데이터를 분석하다 깜짝 놀랐어요. 한국은 10세부터 39세까지 사망 원인 1위가 자살인, OECD 국가 중 자살률이 가장 높은 나라거든요. 그런데 성소수자의 자살 시도 비율이 그런 한국의 일반인들보다도 9배가 높은 거예요.

혹시 2014년 표준국어대사전에서 '사랑'의 정의가 바뀐 것 아시나요? 본래 사랑은 한 존재가 다른 존재를 그리워하고 좋아하는 마음이잖아요. 그런데 국립국어원은 그 앞에 '남녀 간'이라는 단서를 붙여서, 동성 간의 사랑을 사회적으로 지워버렸어요. 또 동성애자에게서 유병률이 높다는 것을 근거로 동성애가 HIV/AIDS의 원인이라는, 국제 학계에서는 받아들이지 않는 비과학적이고 비윤리적인 주장이 여기저기서 등장하고요. 동성애에 낙인을 찍는 게 아니라, 어떻게 해야 동성애자들이 더 안전하고 건강하게 성생활을 할 수 있을지 질문하고 답해야 해요. 그런데 한국사회는 동성애자에게 이 사회에서 사라지거나 '질병의 원인'이 되라고 강요하고 있어요.

저는 미국에서 박사과정 학생으로 공부하며, 게이 교수님의 프로젝트에서 일을 하기도 하고 레즈비언 교수님의 수업을 듣기도 했습니다. 그분들로부터 참 많이 배웠어요. 그런데 그분들이 한국에서 태어났다면, 자신들이 좋아하는 연구에 몰두해서 오늘날과 같은 업적을 낼 수 있었을까요? 아마도 아니었을 거예요. 자신의 존재를 부정하는 한국사회와 매일매일 싸우며 버티다가 소진되어버리지 않았을까요?

지난 겨울, 이 광화문광장에서 촛불을 들고 많은 사람들이 모여 정권교체를 이뤄냈잖아요. 새로 출범한 정부에 많은 사람들이 환호하고 있지요. 그런데 이 축제 속에서 성소수자들은 점점 더 고립되고 있습니다. 저는 본래 대학에서 학생을 가르치고 연구를 하는 사람인데, 오늘 A 대위 유죄판결 이야기를 듣고 뭐라도 해야 할 것 같아 집회에 나왔다가 이 자리에 서게 됐어요.

당장 군대 안에 있는 동성애자들이 걱정입니다. 영외에서 상호 합의하에 업무와 무관한 사람과 성관계를 맺었는데, 상대방이 동성이라는 이유만으로 징역 6개월을 선고받았어요. 모든 조건이 똑같을 때, 상대가 이성이면 처벌받지 않습니다. 지금 국방의 의무를 수행하고 있는 동성애자들은 얼마나 두려울까요. 도대체 그들이 무엇을 잘못한 걸까요.

무엇보다도 저는 10대 성소수자들이 걱정돼요. 10대 때는 학교와 집에서 맺고 있는 관계를 이 세상의 전부인 것처럼 생각하고, 그 관계에서 내 존재가 부정당하면 모든 걸 잃어버린 느낌을 받잖아요. 그 너머에 다른 세상이 있다는 것을 알기 어려우니까요. 2014년 인권위 연구에서 중·고등학교 교사 100명을 상대로 조사했는데, 그중 39명이 '동성애는 자라나는 학생들에게 부정적인 영향을 미친다'라고 답했어요.[1] 그 교실에 앉아 있었을 10대 성소수자들은 어떤 마음이었을까요. 얼마나 자주 스스로를 학대하고 부정해야 했을까요? 이제 그들 중 절반은 고등학교를 졸업하면 국방의 의무를 수행하기 위해 군대에 가야 하는데, 이번 판결은 그들에게 어떤 의미로 다가갈까요?

마지막으로 이 순간에도 힘들어하고 있을 10대 성소수자에게 꼭 전하고 싶은 말이 있어요. 동성애는 질병이 아니고 치료가 필요한 건 여러분이 아니라 이 사회라고. 인간의 가치는 동성애자인지 이성애자인지에 따라 결정되는 게 아니라, 얼마만큼 상대를 진실하게 사랑하고 더 나은 사람이 되고자 노력할 수 있는지에 따라 결정되는 것이라고요.

아무리 우아한 이론을 가져와도 혐오는 혐오이고, 어떤 낙인을 갖다 붙여도 사랑은 사랑이에요. 그래서 여러분이 혐오로 스스로의 존재를 확인하는 저들보다 더 나은 사람이 될 수 있다고 분명 그럴 거라고 저는 믿어요.

혐오의 비가 쏟아지는데, 이 비를 멈추게 할 길이 지금은 보이지 않아요. 기득권의 한 사람으로서 미안합니다. 제가 공부를 하면서 또 신영복 선생님의 책을 읽으면서 작게라도 배운 게 있다면, 쏟아지는 비를 멈추게 할 수 없을 때는 함께 비를 맞아야 한다는 거였어요. 피하지 않고 함께 있을게요. 감사합니다.

©김승섭

“쏟아지는 비를
멈추게 할 수 없을 때는
함께 비를 맞아야
한다는 거였어요.
피하지 않고 함께 있을게요.”

수술대 앞에서 망설이는 트랜스젠더를 변호하며

비수술 트랜스젠더의

현역 입영처분 인권위원회 진정

2015년 초 공익인권변호사모임인 '희망을 만드는 법'의 한 가람 변호사로부터 메일을 받았습니다. 생물학적 남성으로 태어났지만 스스로를 여성이라고 정체화하는 MTFMale to Female 트랜스젠더 A 씨의 군입대 관련 인권위원회 진정에서 전문가 자문을 요청하는 글이었습니다. A 씨는 정신과에서 성주체성장애Gender Identity Disorder 진단을 받고 꾸준히 여성호르몬 요법을 시행해왔습니다. 하지만 2012년 징병신체검사를 받은 후, 병무청으로부터 고환적출수술 같은 성전환 수술을 받지 않으면 병역 면제가 안 된다는 통보를 받습니다. 2013년 A 씨는 어쩔 수 없이 고환적출수술을 받게 됩니다. 이 글은 국가인권위에 제가 제출한 전문가 소견서입니다.

이 글에서는 두 가지를 말하고자 합니다. 첫째, 의학적으로 트랜스젠더는 어떻게 규정되고, 트랜스젠더로 규정하는 데 있어서 고환적출수술이나 성기 성형수술 등과 같은 비가역적 외과적 시술이 과연 필수적인가 하는 점입니다. 둘째, 한국에서 MTF 트랜스젠더의 성별정정 허가 신청 시, 여성성기 성형수술을 필수요건으로 정한 것이 어떤 위험성을 가지고 있는지 말하고자 합니다.[1 2]

외과 시술이 없다면 트랜스젠더가 아닌가?

성소수자와 관련하여 정신과적 진단은 지금까지 크게 두 번의 변화를 겪었습니다. 첫 번째는, 1973년 미국정신과협회가 동성애자라는 성정체성이 일상생활을 하는 데 지장을 주지 않는다는 판단하에 정신질환 진단 매뉴얼인 DSM-Ⅱ에서 동성애를 진단명에서 제외하기로 결정한 것입니다. 정신과적 질환으로서 '동성애'는 공식적으로 사라지게 된 것이지요.[3 4 5]

두 번째는, 2013년 DSM-V가 발간될 때, 트랜스젠더 정체성에 대한 정신과적 진단명이었던 성주체성장애Gender Identity Disorder가 성별 위화감Gender Dysphoria으로 바뀐 것입니다.[6] 첫 번째 변화가 게이나 레즈비언과 같은 동성애자에 대한 것이었다면, 두 번째 변화는 트랜스젠더에 대한 것입니다.

트랜스젠더는 스스로 정체화하거나 표현하고 행동하는 성별이 태어날 때 부여된 성별과 일치하지 않는 사람들을 지칭합니다. 트랜스젠더의 정체성을 기존에는 장애disorder로 표현했으나, 이제는 위화감dysphoria으로 표현한 것입니다. DSM-V에서 성별위화감 진단은 부여된 성별과 스스로 생각하는 성별 사이의 차이를 6개월 이상 경험하면서, 이러한 차이로 인해 임상적으로 심각한 고통을 받거나 사회적 및 직업적, 기타 기능적 저하를 경험하는 경우에 받는 것으로 진단 기준이 변화합니다.

이는 출생 시 법적인 성별과 스스로가 생각하는 성별이 다른 경우 그 자체로 정신질환이 되는 것이 아니고, 그로 인해 삶에서 받는 고통과 어려움이 이 차이를 정신장애로 만든다는 점을 명확히 한 결정입니다.[78] 좀 더 나아가 이러한 변화는 호르몬 투여와 같은 내과적 치료와 고환적출수술 등의 외과적 시술을 받지 않은 상태에서도 스스로 트랜스젠더라고 본인의 성별 정체성을 표현하는 사람들이 있다는 점을 공식적으로 인정한 것입니다. 이러한 변화는 특히 최근 성소수자들에 대한 의학 전문가들의 의견과도 일치합니다.[9] 비가역적 외과적 시술이 트랜스젠더를 판단하는 기준이 되어서는 안 된다는 것입니다. 한 인간이 트랜스젠더인가 여부는 의학적 조치가 아니라, 상담기록을 포함하여 그 사람이 살아온 삶을 총체적으로 검토하는 데서 결정되어야 합니다.

트랜스젠더는 왜 수술대 앞에서 망설일 수밖에 없는가

성별정정 신청 과정에서 성기 성형수술과 같은 비가역적 외과 시술을 국가기관이 '강요'하는 것은 어떠한 부작용이 있을까요? 질문에 앞서 한국에서 트랜스젠더가 고환적출수술이나 여성성기 성형수술을 하지 않는 이유를 살펴볼 필요가 있습니다. 현재 한국에서 성기 성형수술을 가로막는 장벽은 크게 세 가지로 생각할 수 있습니다.

첫째는 경제적 문제입니다. 한국은 현재 이러한 성기 성형수술을 국민건강보험으로 보장해주지 못하고 있기에 1,000만 원이 넘는 수술비용은 전적으로 개인이 부담하게 됩니다. 특히, 가족으로부터 적극적인 지지를 받기 어렵고, 트랜스젠더에 대한 차별로 인해 구직이 어려운 다수의 트랜스젠더들에게 수술비용은 큰 부담입니다. 이러한 상황에서 트랜스젠더들은 비공식적인 의료 서비스를 찾기도 합니다. 《미국공중보건학회지》에 2013년 출판된 한 논문을 소개해드리겠습니다. 캐나다 온타리오에 거주하는 433명의 트랜스젠더를 대상으로 한 연구입니다. 건강보험의 지원이 부족해 의사의 처방 없이 호르몬제를 투여한 경험이 있거나 스스로 고환적출 등을 시도한 경험이 있는 사람이 전체 응답자의 25퍼센트를 차지했습니다.[10] 캐나다는 병역의무로 인한 외과적 수술의 '강요'가 없다는 점을 고려할 필요가 있습니다. 한국에서는 외과적 수술이 트랜스젠더임을 증명하기 위한 주요한 근거가 되고 있고, 트랜스젠더에 대한 건강보험이나 재정적 지원도 부재한 상황이기 때문에 더욱 심각한 부작용을 낳을 수 있다고 생각합니다.

둘째는 부정적인 사회적 인식의 문제입니다. 1981년부터 현재까지 약 100여 국을 대상으로 진행된 세계가치조사에 따르면, 한국은 동성애자에게 가장 비우호적인 나라에 속합니다. 한국에서 많은 트랜스젠더는 본인을 있는 그대로 받아들이지 않는 적대적인 사회환경 속에서 살아갑니다. 미국 버지니아에서 387명의 트랜스젠더를 대상으로 한 연구는 응답자의 41퍼센트가 성폭행을 당한 경험이 있으며, 56퍼센트가 신체적으로 공격을 당한 적이 있다고 말하고 있습니다.[11] 한국의 경우 체계적인 데이터가 부족하지만, 그보다 더 적대적인 사회환경 속에서 심각한 차별을 경험하며 살아가고 있으리라 생각됩니다. 최근 행해진 '한국 LGBTI 커뮤니티 사회적 욕구조사'에 따르면 무작위 대중에게 정체성을 드러낸 트랜스젠더 12명 중 8명이 차별과 폭력을 경험했다고 보고했습니다.[12] 이처럼 트랜스젠더에게 적대적인 한국의 상황으로 인해, 트랜스젠더들은 호르몬치료, 성확정수술 등의 트랜지션transition 전 과정에서 가족과의 관계를 비롯한 다양한 사회적 요소를 고려해야 합니다. 트랜스젠더 본인이 수술을 원하더라도, 성소수자에게 적대적인 한국사회에서 수술로 인한 자식의 외형적 변화와 그로 인한 사회적 시선을 부모가 감당하기 어려운 경우가 흔합니다. 이러한 상황을 감안할 때, 고환적출수술, 성기 성형수술 등과 같은 신체적 변화를 동반하는 비가역적 수술이 성별정정을 위한 필요조건이 될 경우, 트랜스젠더들은 성별정정 과정에서 가족이나 친구들과의 관계가 단절되고 그들이 사회적 긴장 속에서 지켜오던 삶이 파괴되는 결과를 낳을 수 있습니다.

셋째로, 성기 성형수술을 비롯한 트랜지션 수술에 필요한 기술을 가진 의료진의 부재입니다.[13][14] 한국의 경우, 의과대학에서 성소수자 진료를 교육하고 있지 않습니다. 또한 비뇨기과, 산부인과, 성형외과에서도 성기 성형수술을 가르치고 있지 않습니다. 특히, 고환적출수술, 성기 성형수술 등 성확정수술 전후로 필요한 호르몬 치료 역시 대학병원의 수련기관에서 트레이닝 과정에 포함되어 있지 않습니다. 따라서 트랜스젠더들은 한국에서 성기 성형수술을 하고자 하여도 적절한 의료서비스를 받을 수 없습니다. 그로 인해, 태국 등으로 떠나 원정 수술을 받고 오는 상황이며 그 경우에도 한국에 돌아온 이후 생겨나는 수술 후유증이나 합병증에 대한 적절한 관리를 받지 못하고 있습니다.

성기 성형수술을 포함한 외과적 수술을 국가가 개개인의 성별정정을 위한 필수요소로 요구하는 것은 의학적으로 옳지 않을 뿐더러, 건강보험이 적용되지 않는 경제적 상황, 성소수자들에게 적대적인 사회적 여건, 그리고 적절한 서비스를 제공할 의료진의 부재를 고려할 때 적절치 않은 일이라 여겨집니다.

트랜스젠더 건강 연구를 시작하며

2016년 9월 서울고등법원은 트랜스젠더의 성전환 수술 유무로 현역 입영처분을 하는 것은 부당하다는 판결을 내립니다. 한가람 변호사가 또 다른 트랜스젠더 B 씨와 함께 진행한 소송에서 내린 판결입니다. 저는 판결문에서 트랜스젠더가 호르몬 치료나 성전환 수술을 하는 과정이 한국사회에서 가지는 의미에 대해 서술한 다음과 같은 부분이 특히 인상적이었습니다.

> 성주체성장애에 대한 우리 사회의 인식을 고려할 때 성주체성장애 환자의 성별 정체성이 가족 내부에서 인정을 받거나 사회적으로 수용되기가 상당히 어렵고, 호르몬 요법을 지속적으로 시행하는 경우 이로 인한 외양의 변화로 인하여 기존의 신분증을 이용하거나 공중화장실을 사용하는 것이 어려워지는 등 일상생활에서 곤란을 겪을 수 있으며, 이에 더하여 생물학적 성을 바탕으로 형성하여왔던 기존의 인간관계를 반대의 성을 바탕으로 재조정하는 과정에서의 어려움도 겪을 수 있다.

저는 이 재판에 전문가 소견서를 제출하기 위해 기존 연구를 검토하며 한국사회에서 트랜스젠더 건강에 대한 연구가 부재하다는 사실을 확인했습니다. 그분들의 삶에 대해 말할 수 있는 자료 자체가 없었던 것이지요. 트랜스젠더 당사자의 목소리를 담아내는 연구가 절실했습니다.

그런 고민 속에서, 연구실의 손인서 박사님, 박사과정 이혜민, 이호림 학생 등과 함께 「한국 트랜스젠더 의료접근성에 대한 시론」, 「트랜스젠더의 의료적 트랜지션과 의료서비스 이용」 논문을 출판했습니다.[15 16] 2017년에는 크라우드 펀딩을 통해 모집한 연구비를 활용해 트랜스젠더 285명이 참여한 '한국 트랜스젠더 건강 연구'를 진행했습니다. 한국에서 진행된 트랜스젠더 건강 연구로는 최대 규모입니다. 수집한 데이터를 통해 세상에 학술적 언어로 존재하지 않던 트랜스젠더의 삶과 건강에 대한 이야기들을 단단한 숫자로 하나씩 내놓도록 하겠습니다.

한국을 떠나면 당신도 소수자입니다

부끄러움을 모르는

우리 사회 인종차별

19대 국회에서 새누리당 비례대표였던 이자스민 전 의원의 인터뷰 기사에는 언제나 악플이 달렸습니다. 그 악플에는 항상 많은 '좋아요'가 함께했습니다. 정치인 기사에 달리는 악플이 새로울 것은 없습니다. 하지만 인터뷰 내용은 상식적 수준을 벗어나지 않고 그마저도 대부분 그녀 삶에 대한 이야기인데도, 사람들은 좌우를 막론하고 경쟁하듯 악플을 달았습니다.

그 악플은 한국에서 가장 거대한 종교가 단일민족 신화에 기초한 민족주의이고, 그 종교의 교인이 될 수 없는 이들은 내내 한국 사람이면서 동시에 한국 사람이 아닌 경계인으로 살아가야 한다고 말하는 듯합니다. 귀화한 지 20년이 넘는 한국 사람에게 '너희 나라로 돌아가라'고 말하고 그 말에 적극적인 동의를 표현하는 이들은 자신의 행위가 지닌 의미를 알고 있을까요?

이 글에서는 두 편의 연구를 소개하고자 합니다. 하나는 차별이 왜 우리를 아프게 하는지에 대한 것이고, 또 하나는 차별이 어떻게 우리를 길들이는지에 대한 이야기입니다.

물리적 폭력과 사회적 따돌림은 같은 고통

미국 캘리포니아주립대학교의 나오미 아이젠버거Naomi Eisenberger 박사는 2003년, 《사이언스》에 실험 논문 한 편을 발표합니다.[1] 작은 방에 실험 대상자가 한 명 들어가면, 그 앞에 컴퓨터가 놓입니다. 컴퓨터에는 세 명이 삼각형으로 서서 공을 주고받는 게임 프로그램이 설치돼 있고, 공을 나머지 두 사람 중 누구에게 전달할지 선택할 수 있습니다. 실험 대상자는 모르고 있지만, 나머지 둘은 실제 사람이 아니라 컴퓨터 프로그램인 것이지요.

실험을 시작하고 처음 몇 분 동안 세 명은 사이좋게 순서대로 공을 주고받습니다. 그러다가 어느 순간 실험자에게 공이 전달되지 않습니다. 실험 대상자를 제외한 나머지 두 사람은 계속 서로 공을 주고받고 있습니다. 컴퓨터상에서 함께 게임을 하던 두 사람이 아무 설명 없이, 한 사람을 게임에서 배제한 것이지요.

아이젠버거 박사 연구팀은 게임이 시작된 시점부터 실험자의 뇌를 'fMRI(기능적 자기공명영상)' 기계를 이용해 촬영합니다. fMRI는 뇌의 어느 지점에 혈류가 모이는지, 그래서 뇌의 어떤 부위가 어떻게 활성화되는지 파악할 수 있는 기계입니다. 실험 대상인 사람에게 공이 오지 않기 시작했을 때, 게임 동료인 줄 알았던 이들이 자신을 그 관계에서 배제했을 때, 피해자의 뇌가 어떻게 변하는지 확인했던 것이지요.

실험 결과는 명확했습니다. 컴퓨터상으로 진행되는 따돌림으로 인해 뇌 전두엽의 전대상피질Anterior Cingulate Cortex 부위가 활성화됐습니다. 인간이 물리적으로 통증을 경험하면, 즉 누군가가 나를 때려 아픔을 느끼면 활성화되는 뇌의 영역에 혈류가 모인 것입니다. 우리 뇌가 물리적 폭력과 사회적 따돌림을 같은 뇌 부위에서 인식하고 있었던 것이지요.

이 연구는 소수자에 대한 차별적 발언이 그들을 물리적으로 폭행하는 것과 다르지 않다는 점을 말해줍니다. 그들이 일상적으로 모욕과 차별을 경험하고 부당하게 공동체에서 배제될 때, 피해자의 뇌에서 어떤 변화가 일어나는지를 보여주었습니다. 모욕과 차별은 사람을 아프게 합니다.

제인 엘리엇의 실험, '차별을 몸으로 겪으면'

1968년 4월 4일, 미국의 흑인 인권운동가 마틴 루터 킹

Martin Luther King 목사가 살해되었습니다. 미국사회는 충격에 휩싸였지만, 백인만 거주하는 아이오와의 작은 시골 마을 리치빌은 너무도 조용했습니다. 초등학교 선생님이던 제인 엘리엇Jane Elliott은 자신이 담임을 맡은 3학년 학생들에게 이 비극적인 죽음을 어떻게 전달할지 고민했습니다.

초등학교 3학년인 백인 아이들 28명이 모인 교실에서 아이들에게 물었습니다.

"얘들아, 흑인이 된다는 것은 어떤 느낌일까? 그건 아마 경험해보지 않으면 알 수 없을 거야. 한번 경험해보지 않을래?"

선생님의 다정한 권유에 아이들은 당연히 "예"라고 답했지요. 엘리엇 선생님은 칠판에 피부색을 구성하는 색소인 '멜라닌Melanin'을 적습니다. 그리고 아이들에게 말했어요.

"멜라닌이라는 색소가 몸에 있는데, 이 멜라닌이 눈, 머리카락, 피부의 색을 결정하는 거예요. 그런데 실은 이 색소가 더 많은 사람이 더 똑똑하고 현명한 사람이에요. 여러분의 눈을 보면 갈색과 파란색, 두 가지 색의 눈동자가 있지요. 갈색 눈을 가진 사람이 멜라닌 색소가 더 많은 거예요. 더 똑똑하고 더 우월한 사람인 거지요."

엘리엇은 눈에 띄도록 파란 눈을 가진 아이들의 목에 작은 목도리를 감아줍니다. 그리고 '우월한' 갈색 눈을 가진 아이들에게만 몇몇 특권을 부여합니다. 그들만 운동장에 새로 만들어진 정글짐을 이용할 수 있게 하고, 쉬는 시간을 5분 더 사용할 수 있게 했습니다. 갈색 눈을 가진 아이들은 교실의 앞자리에, 파란 눈을 가진 아이들은 교실의 맨 뒷자리로 밀려났습니다. 그리고 갈색 눈을 가진 아이들은 파란 눈을 가진 아이들과 놀면 안 된다는 규칙도 생겼습니다.

이와 같은 규칙 몇 가지가 시행되고 며칠이 지나지 않아 아이들은 빠르게 변화했습니다. 한 번도 산수 문제를 어려워하지 않던 파란 눈의 여자아이가 간단한 더하기 빼기 문제를 틀리기 시작했고, 갈색 눈을 가진 아이들은 쉬는 시간에 얼마 전까지 친구였던 파란 눈을 가진 아이를 둘러싸고 말합니다.

"너는 열등한 아이니까 우리에게 사과해야 해."

발랄하고 당당했던, 실험 이전이라면 다른 아이들에게 주눅들 리 없었던 그 아이는 놀랍게도 자신이 잘못했다고 사과합니다. 일주일이 채 지나기 전에, 파란 눈의 아이들은 수업 시간에 자기 의견을 말하길 주저하며 매사에 소극적인 아이로 변했고, 갈색 눈의 아이들은 그렇게 변한 파란 눈의 아이들을 무시하기 시작했습니다.

인종차별이 인간의 삶을 어떻게 바꾸는지를 무서울 만큼 명확히 보여준 이 실험은 미국 전역에서 화제가 되었습니다. 실험을 다룬 다큐멘터리가 〈나누어진 교실A Class Divided〉이라는 이름으로 제작되었고, 관련 내용이 여러 공중파 텔레비전에서 다뤄졌습니다. 1992년, 제인 엘리엇은 〈오프라 윈프리 쇼〉에 출연해서 청중을 대상으로 같은 실험을 진행하기도 했습니다.

그와 동시에 제인 엘리엇은 윤리적 비난에 시달립니다. 열 살밖에 안 된 순진한 아이들에게 어떻게 그토록 가혹한 실험을 했느냐는 것이지요. 제인 엘리엇은 단호하게 답했습니다.

"당신이 백인 아이의 그 연약한 자아가 몇 시간 동안 경험하는 차별에 대해 걱정한다면, 평생 그런 환경에서 살아야 하는 흑인 아이에 대해서는 왜 그리 침묵하느냐?"

그 실험은 거기서 끝나지 않았습니다. 실험이 시작되고 일주일이 지나서, 엘리엇 선생님은 말했습니다.

"얘들아, 선생님이 확인해보니까 우월한 사람들은 갈색 눈이 아니라 파란 눈을 가지고 있었어요. 규칙을 바꾸도록 하자."

두 집단의 위치는 역전되고 갈색 눈을 가진 아이들에게 부여됐던 특권이 고스란히 파란 눈의 아이들에게 전달된 것입니다.

그런데 신기한 현상이 나타납니다. 한 번 피해자의 경험을 가진 파란 눈의 아이들은 '우월한' 집단이 되어서도 '열등한' 갈색 눈의 아이들에게 훨씬 더 너그러웠습니다. 제인 엘리엇은 그 경험 속에서 이 실험이 중요한 교육이 될 수 있음을 깨닫습니다. 차별받는 소수자가 되어본 경험이 있는 사람들은 자신에게 주어진 특권에 대해 더욱 조심할 줄 알았던 것입니다. 그는 차별받는다는 것이 무엇인지 몸으로 경험하는 것이 주는 교훈에 주목하고 이 실험을 노동자, 교사 등 다양한 집단에서 교육 프로그램으로 시행합니다.

인종마다 다르게 차별하는 한국인

사람들은 흔히 한국의 인종차별이 2000년대 이후, 결혼이민에 따른 다문화 가족의 증가에 따라 사회적 이슈가 된 것이라 생각합니다. 그러나 한국에는 오래전부터 뿌리 깊은 인종차별이 있었습니다. 박경태 교수의 책 『소수자와 한국사회』는 한국사회에서 오래전부터 혼혈인이 어떤 존재로 취급됐는지 충실히 묘사하고 있습니다.

피부색으로 인해 한국인 사회에 편입될 수 없었던 한 혼혈인이 자신의 검은 피부를 바꾸기 위해 "어렸을 때 우유를 무척이나 좋아했다. 그 이유는 어린 마음에 우유를 계속해서 마시면 피부가 하얗게 된다고 믿었던 거다"라고 하는 말이나, 혼혈인 중 75퍼센트가 넘는 이들이 학교에서 놀림을 받았다는 통계를 보면 한국에서 오랫동안 질기게 이어져온 잔인한 인종차별을 확인하게 됩니다. 인종차별은 있어왔지만, 다만 한국사회가 그 문제를 무시하고 숨겼을 뿐입니다.

지난 20년간 한국에 체류하는 이민자 수는 급격히 늘어났습니다. 그중 가장 큰 비중은 국제결혼을 통한 이민자입니다. 1990년 기준으로 전체 결혼의 1퍼센트(4,710건)에 불과했던 국제결혼이 2005년 13.5퍼센트(4만 2,356건)로 급격히 증가했으며, 2013년에는 다소 줄어들었어도 여전히 전체 결혼의 8퍼센트(2만 5,963건)를 차지하고 있습니다.(그림14)

하지만 이민자에 대한 차별은 여전합니다. 저는 연구실의

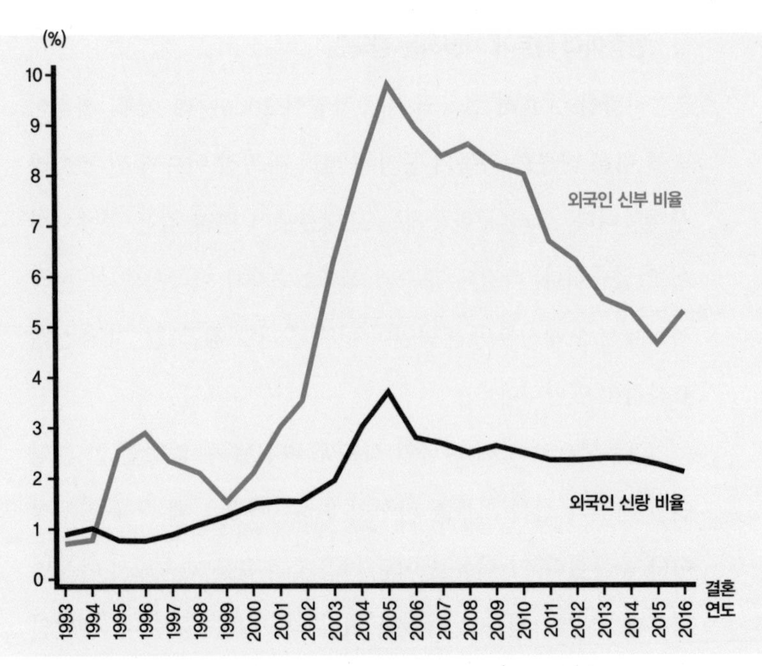

그림14. 한국에서 결혼한 외국인 신부·신랑 비율 변화 추이(1993~2016)[2]

석사과정 김유균 학생과 2012년도에 실시된 '다문화가족 실태 조사'를 이용해 결혼이민자들이 겪는 차별이 건강 상태와 어떠한 연관성이 있는지 검토하는 연구를 진행한 적이 있습니다.[3] 결혼이민자 1만 4,485명이 참여한 설문조사 데이터를 분석했을 때, 결혼이민자 중 28.9퍼센트가 직장이나 일터에서 차별을 경험한 적이 있고, 26퍼센트가 상점이나 음식점에서 차별을 경험한 적이 있다고 합니다.

그러나 이 숫자들은 중요한 사실을 가리고 있습니다. '과연 한국인들은 다른 인종을 동등하게 차별하는가?'에 대한 질문입니다. 데이터를 출신 국가별로 나눠 살펴보면 그렇지 않다는 것을 알 수 있습니다. 직장이나 일터에서 차별을 경험했던 이는 서구권 출신 남성에서는 27.8퍼센트에 불과하지만, 베트남·중국·필리핀 등 비서구권 남성 결혼이민자는 41.6퍼센트가 차별을 경험했습니다. 또한 서구권 출신 여성 중에서는 11.1퍼센트가 상점이나 음식점에서 차별을 경험했다고 답했으나, 비서구권 출신 여성은 같은 질문에 대해 26.1퍼센트가 차별을 경험했다고 답했습니다. 한국사회는 비서구권 출신 결혼이민자에게 더 잔혹한 나라인 것이지요.

세계가치조사라는 설문조사가 있습니다. 전 세계 국가에 같은 질문을 주기적으로 물어보는 것인데요. '다른 인종의 사람이 이웃으로 오는 것을 받아들일 수 있는가?'라는 질문에, 한국은 응답자 중 34.1퍼센트가 '받아들일 수 없다'라고 답했습니다.(그림15) 2010년부터 2014년까지 시행된 설문에 참여한 OECD 14개 국가 중 가장 높은 수치입니다.[4]

스웨덴에서는 '받아들일 수 없다'라고 응답한 이들이 2.8퍼센트로 한국의 12분의 1 수준이며, 미국에선 '다른 인종을 이웃으로 받아들일 수 없다'라는 응답자가 5.6퍼센트로 한국의 6분의 1에 불과했습니다. 진보적 복지국가인 스웨덴에 대해서는 모르겠지만, 미국 유학 경험에 비춰보면 미국인 중 5.6퍼센트가 '다른 인종을 이웃으로 받아들일 수 없다'라고 말한 것은 진실

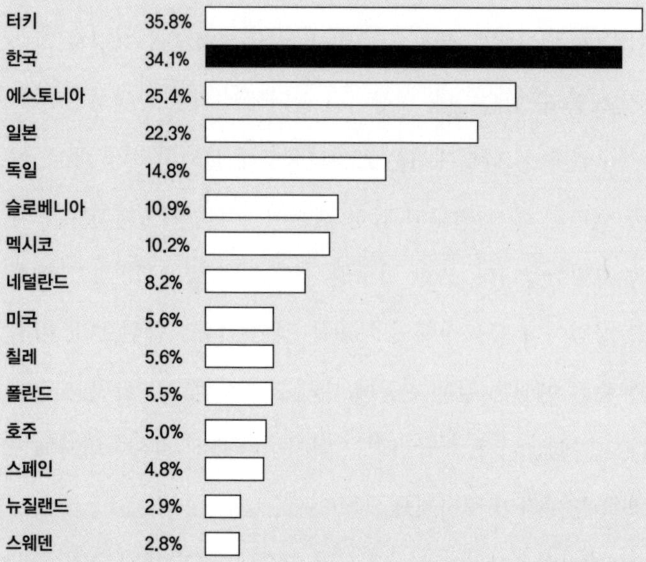

터키	35.8%
한국	34.1%
에스토니아	25.4%
일본	22.3%
독일	14.8%
슬로베니아	10.9%
멕시코	10.2%
네덜란드	8.2%
미국	5.6%
칠레	5.6%
폴란드	5.5%
호주	5.0%
스페인	4.8%
뉴질랜드	2.9%
스웨덴	2.8%

그림15. OECD 14개국 중 다른 인종과 이웃에 살고 싶지 않다고 응답한 비율(제6차 세계가치조사, 2010~2014)[4]

이라 생각하지 않습니다. 실제로는 더 높을 거예요. 다만 미국인은 적어도 설문조사를 진행하는 누군가가 그런 질문을 했을 때, 자신의 답변이 인종차별적이지는 않을까 조심하는 최소한의 교양을, 한국인에 비해 좀 더 가지고 있다고 생각합니다. 물론 그 교양은 피와 눈물로 얼룩진 흑인민권운동을 통해 미국사회가 습득한 것이겠지요.

한국사회의 구성원이 된 이민자에게 최소한의 예의를 지킬 줄 모르는 사람들의 이야기를 듣고 있으면, 과연 한국사회가 세계화 시대에 구성원으로서 자격이 있는지 되묻게 됩니다. 인터넷과 일상에서 인종차별적 발언을 서슴지 않는 이들은 자신들 역시, 한반도만 벗어나면 소수 인종이라는 사실을 잊고 있는 것은 아닌지 생각해볼 일입니다.

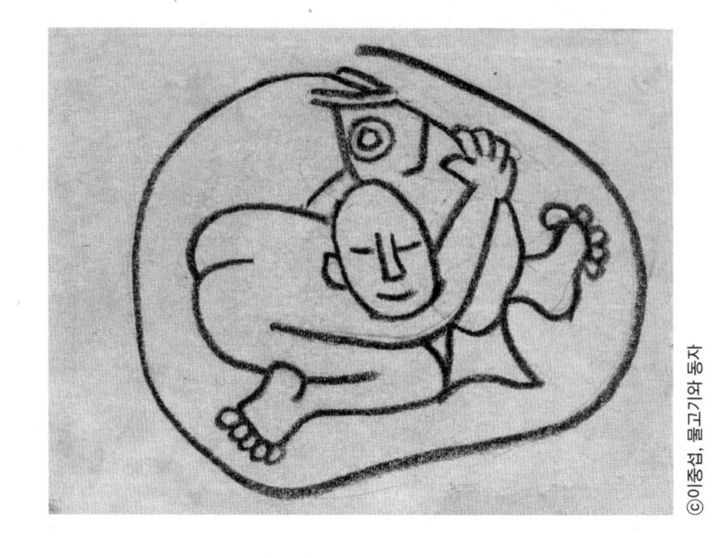

ⓒ이중섭, 물고기와 동자

"공동체의 수준은

한 사회에서 모든 혜택의 사각지대에 놓인

취약한 사람들을 어떻게 대하느냐에 따라

결정되는 것이라고요."

교도소 의사로 일한다는 것

'재소자 건강 연구'를 하며

의과대학 본과 2학년 때의 일입니다. 재소자들이 교도소에서 어떻게 지내는지, 건강 상태는 어떠한지 알아보는 연구를 진행 중이라며 친구가 도움을 청해왔습니다. 제가 도움이 필요할 때면 만사 제치고 달려오던 친구의 부탁인지라 의과대학 수업을 며칠 빠지는 것은 문제가 아니었어요. 그렇게 국가인권위원회의 재소자 건강에 대한 연구를 함께 하게 되었습니다.[1] 그런데 그 연구에서 제가 맞닥뜨린 상황은 막연하게 생각했던 것보다 훨씬 더 복잡하고 어려운 것이었습니다.

'당신들이 뭘 알아?'

복도 끝에 서 있는 교도관이 "일동, 정좌"라고 크게 외치고 나면 그제야 재소자들이 구금된 감방 복도를 지나갈 수 있었습니다. 감방에서는 재소자들이 '양반다리'에 두 손을 무릎 위에 올리고 눈을 부릅뜨고 있었습니다. 작은 창문을 통해 감방을 보다가 간혹 재소자들과 눈을 마주치면 그렇게 민망하고 어색했습니다. 그들에게는 하루 중 대부분을 보내는 생활공간인데, 외부인이 갑작스레 찾아와서 그 초라한 살림살이를 구경하는 것처럼 느껴질까 봐 조심스러웠습니다. 2.5평의 비좁은 공간에 정자세로 앉아 있는 6명의 남자가 저에게 이렇게 말하는 것 같았습니다.

'거기서 본다고 당신들이 뭘 알아?'

교도소 의무과에서 만난 의무과장은 우리에게 열변을 토했습니다. 얼마나 자신이 힘든지 아느냐고, 아까 만난 재소자들 대부분이 살인과 같은 중범죄로 들어온 사람이라고, 그들이 걸핏하면 교도소 법을 교묘하게 이용해 자신을 협박하고 걸핏하면 소송을 건다고, 얼굴에 대놓고 침을 뱉는 사람들을 상대하는 게 어떤 일인지 아느냐고요.

그 이야기들을 듣다가, 인간적 고통은 있으시겠지만 인권 측면에서는 재소자들의 권리가 생각되어야 하는 것 아니냐고 조심스레 말을 꺼냈습니다. 그때 옆에 앉아 있던 의무과 교도관이 그 말을 듣더니 자리에서 일어섰습니다. 잠시 정적이 흐르고 그분이 목에 핏대를 세우고 소리쳤습니다.

"재소자들의 인권만 있고, 교도관들의 인권은 없다는 말입니까!"

문을 닫고 나가는 교도관의 뒷모습이 우리에게 말하는 것 같았습니다.

'당신들이 뭘 알아?'

서울로 올라오는 기차 안에서 마음이 복잡했습니다. 0.75평 독방에서 지낸다는 양심수 이야기를 들으며 생각했던 교도소와는 많이 달랐습니다. 교도소의 수용시설은 말할 수 없이 열악했지만, 교도관들의 근무환경도 열악했습니다. 재소자들은 어떤 환경에서 복역해야 하고, 또 그들에게는 얼마만큼의 의료서비스가 제공되어야 하는 걸까요. 죗값을 치르기 위해 들어와 있는 그들의 인권 보호는 어디까지이며, 밤낮없이 일하는 교도관의 근무환경은 어떻게 바뀌어야 할까요.

어디서부터 시작해야 하는지 알 수 없었지만, 한 가지 분명한 건 있었습니다. 교도관도 재소자도 외부에서 온 연구자를 신뢰하지 않는다는 것이었어요. 잠깐 왔다 가는 사람이 무슨 조사를 하느냐는 질문에 저는 답을 가지고 있지 못했으니까요. 몇 년 뒤 의대를 졸업하고, 공중보건의사로 충남 논산훈련소에서 4주간의 훈련을 마치고 근무지를 선택할 때, 저는 교도소 근무를 선택했습니다.

제가 근무한 곳은 만 23세 이하 재소자가 있는 소년교도소와 재판을 앞둔 성인 재소자가 머무는 구치소였어요. 교도소에서 의사로 일한다는 건 생각보다 훨씬 더 복잡한 일이었습니다. 저는 군복무를 대신해 공중보건의사로 일하는 것뿐인데, 그곳에서 의사란 사회 밑바닥으로 떨어진 사람들을 안전한 위치에서 관찰하면서 동시에 그들에게 무언가를 베풀고 있다는 환상까지 충족시킬 수 있는 그런 묘한 자리였습니다. 어떤 이들은 자기 일을 아무리 열심히 해도 자기 몸 하나 건사하기도 어려운 조건에서 살아가지만, 그곳에서 저와 같이 어떤 식으로든 혜택을 입은 몇몇은 주어진 일을 하는 것만으로도 누군가를 돕는 선한 행동이 되기도 했습니다.

"마음이 아직도 열여섯 살입니다"

스물두 살이나 되었을까요. 이미 다른 전과가 있었지만, 이번에는 가게에서 과일상자를 훔치다가 잡혀온 재소자였습니다. 아침에 의무과에 왔는데, 가슴에 한 줄로 길게 2도 화상이 나 있었습니다. 나머지는 문제가 없는데, 특정 부위에만 수포가 이렇게 크게 생기는 화상은 배운 적이 없었습니다. "아니, 도대체 무슨 일이 있었던 거예요?"라고 묻는데, 그는 "모르겠습니다. 그냥 자고 일어나니 그렇습니다"라고만 답했습니다.

아무리 생각해도 이상해서 저보다 재소자 진료 경험이 많은 의무과장님에게 상의드렸더니 그 친구를 데리고 방에 들어

가서 이런저런 이야기를 나눴습니다. 교도소는 겨울철 난방이 제대로 되지 않습니다. 그 재소자는 감방이 너무 추워 몰래 반입한 1.5리터 페트병에 뜨거운 물을 채워서 밤새 안고 잠을 잤던 것입니다. 교도소 규칙에 어긋나는 일이니까, 들키지 않도록 페트병을 옷 속에 숨기고 밤새 꼭 품고 있었던 거예요. 맨살에 그 뜨거운 물을 품고 잤으니 화상을 입는 것도 놀라운 일이 아니었지요.

아프지 않은데도 의무과에 오는 재소자들도 있었습니다. 갑갑하니까 잠시라도 바깥공기를 쐬려고 산책 삼아 오는 경우가 종종 있었지요. 그러다가 막상 내가 "어디가 아파요?"라고 물으면, 미처 대답을 준비 못 해 머쓱해 웃는 이들도 있었습니다. 그럴 때면, 나도 그냥 같이 웃으며 소화제를 처방해주곤 했어요.

좀 다른 경우도 있었습니다. 아프기는 아픈데 정확히 모르는 경우였지요. "배가 언제부터 아팠어요?"라고 물었는데, 그 재소자는 한참을 생각하더니 답을 못 했습니다. 질문에 답하지 못하는 모습을 보면서 처음에는 그저 이상하다 생각했어요. 나중에 알고 보니 주먹 좀 쓰는 조직 출신 재소자의 약을 대신 타러 온 것이었어요.

교도소 안에는 전혀 다른 유형의 '범죄자'들도 있었습니다. 양심적 병역거부로 들어온 '여호와의 증인' 신자들이었습니다. 총을 들지 않겠다는 종교적 이유 하나로 수백 명의 신자가 징역을 살고 있었습니다. 그들은 살상과 관련된 훈련만 아니라면 그

보다 더 길고 힘든 대체복무를 감당할 준비가 되어 있었습니다. 어떤 '특별한' 이들은 그 장벽을 원정출산이나 병역면제로 가볍게 넘기도 하던데, 20대 초반의 젊은이는 묵묵히 그 징역살이를 감당하고 있었습니다.

의무과에서 간병일을 돕던 재소자도 여호와의 증인 신자였습니다. 어느 날, 매일같이 허리가 아프다고 의무과에서 약을 타가던 한 재소자가 자신이 원하는 다른 약을 주지 않겠다는 제 말에 돌변했습니다. 책상을 주먹으로 치고 제게 큰 소리로 욕을 했습니다. 착잡한 마음으로 그날 오전 진료를 마치고 창문을 바라보며 서 있었습니다. 그때 간병일을 돕는 재소자가 제게 다가오더니 이야기했습니다.

"선생님, 그 녀석들 열여섯 살에 교도소 들어와서 마음이 아직도 열여섯 살입니다. 사회생활도 하고 사람도 만나야 변하는데, 그 아이들은 나이를 먹지 않습니다."

그렇구나. 그렇게 생각해야 하는 거였구나.

재소자는 일반인만큼 건강할까
: 대한민국 전 구치소 전수조사로 비교한 재소자 건강 연구

성인 구치소에서의 진료는 더 어려웠습니다. 차마 글로 적을 수 없는 수준의 폭행을 견디다 못해 남편을 살해한 여성 재소자나 오랫동안 군복무를 하다가 퇴직한 뒤 사기 사건에 얽혀 교도소에 온 남성 재소자를 진료할 때면, 마음이 복잡했습니다. 죄와 벌이라는 게 무엇이고, 그 판단은 누가 해야 하는지 제 경험으로는 판단하기가 참 어려웠습니다.

일하면서 예전 인권위 조사 때 교도관이 말했던 것과 같은 협박을 당하기도 했습니다. 이미 여러 중범죄를 저지르고 복역하다 새로 저지른 사건이 발견되어 재판을 받기 위해 구치소에 온 한 재소자가 있었습니다. 그 재소자는 교도소 시스템을 잘 알고 있었습니다. 자신이 원하는 것을 쟁취하기 위해 협박할 때도 절대로 욕하지 않고 눈을 똑바로 쳐다보며 차분하게 말했어요. 욕을 하면 처벌을 받으니까요. 욕이 전혀 섞이지 않은 표준어로 이렇게 사람을 협박하고 모욕할 수 있다는 사실을 그때 처음으로 알았습니다. 협박을 통해 그가 얻으려는 것들은 사회에 나가면 아무것도 아닌 사소한 것들이었지만 그런 식으로 자신의 힘을 과시하는 게 교도소에서 통한다는 걸 보여주기 싫었습니다. 재소자의 요구사항을 거부하며 버텼고, 그렇게 버티는 과정이 제게는 큰 스트레스였어요.

교도소 근무를 마치고, 재소자들의 정신건강 연구로 석사과정 학위논문을 썼습니다. 지금 돌이켜보면 부족한 점이 많은 논문이지만, 제 나름대로 데이터를 분석하고 기존 문헌들을 검토하며 새로운 여러 사실을 알아갔습니다. 외국에서는 생각보다 많은 연구가 이미 진행되어 있었습니다. 재소자들은 일반인에 비해 결핵이나 B형 간염 등의 유병률이 높고 정신건강이 나빴습니다. 놀랐던 것은 교도관들 역시 일반인에 비해 건강이 좋지 않았다는 점이었어요. 야간근무를 비롯한 열악한 근무환경으로 불안이나 우울장애 발생이 일반인에 비해 월등히 높았습니다.

석사학위 논문을 쓰고 10여 년이 지나고, 비로소 한국 재소자의 건강에 대해 좀 더 나은 연구를 진행할 수 있었습니다. 국가인권위원회 용역연구 '2016 구금시설 건강권 실태조사'에 공동연구원으로 참여하며 얻은 행정 데이터를 이용해 연구실 석사과정 윤서현 학생, 한림대 주영수 교수님과 함께 진행한 연구에서 국내 최초로 대한민국 52개 구금시설에 있는 재소자 전체인 5만 7,541명과 한국의료패널 연구에 참여한 일반 인구집단의 질병 유병률을 비교한 것입니다.[23] 그 결과 결핵·간염과 같은 감염성 질환은 물론이고 당뇨·고혈압과 같은 만성질환, 우울증·조현병을 포함한 정신질환, 치아·잇몸 등의 치과질환까지 대부분의 질환들에서 재소자 집단의 유병률이 일반 인구집단에 비하여 대체로 2배 이상, 골절의 경우에는 300배까지도 유의하게 높은 것으로 나타났습니다. 대한민국에서 재소자의 건강 수준이 동일한 성별, 연령대의 일반 인구집단에 비해 현저히 나쁘다는 결과입니다.

재소자의 인권도 존중해야 하느냐는 질문

재소자 건강에 관한 제 석사 학위논문을 국내외에서 발표할 때마다, 사람들은 같은 질문을 제게 했습니다. 다른 취약계층도 많은데, 왜 하필 죄짓고 교도소에 있는 재소자냐고요. 저는 그 물음에 이렇게 답했습니다. 자유를 빼앗기고 감금생활을 하면서 죗값을 치르는 것이지 아플 때 방치당하는 것까지 징역살이에 포함될 이유는 없다고요. 또 어느 사회에서나 죄를 짓는 사람의 대다수는 사회에 있을 때도 충분한 교육을 받지 못하고 제대로 된 직장을 얻지 못해 의료서비스로부터도 소외된 약자들이기도 하니, 교도소에서라도 그들을 치료해주면 좋지 않겠느냐고요.

그럴 때면, 누군가 반문하기도 합니다. 가벼운 생계형 범죄를 저지른 사람이야 그렇다고 쳐도 성폭행이나 살인으로 들어온 이들에게도 그런 치료를 해주는 게 맞느냐고, 그들의 인권도 존중해야 하는 것이냐고 물었습니다.

그런 질문을 들을 때면, 어찌 답할지 몰라 망설이다가 작은 목소리로 답하곤 했습니다. 인권이 무엇인지는 잘 모르지만, 공동체의 수준은 한 사회에서 모든 혜택의 사각지대에 놓인 취약한 사람들을 어떻게 대하느냐에 따라 결정되는 것이라고요.

조심스럽지만, 지금도 그렇게 생각합니다.

"개개인이 무장을 해서

스스로를 지키는 방식은

결코 해결책이 될 수 없습니다.

사회적 원인을 가진 문제를

해결하기 위해서는

사회적 해결책이 필요하니까요."

4. 우리는 연결될수록 건강한 존재들

ⓒ이응노, 군상

연결될수록 오래 사는가

스스로를 지킬 수 있다면, 우리는 안전해질까

위험사회에서 함께 생존하려면

당신의 공동체는 안녕하신지요

우리 이기심을 뛰어넘는 삶을 살아요

연결될수록 오래 사는가

사회적 관계망과 건강 연구의 역사

우리는 사회적 관계 속에서 존재합니다. 가족은 물론이고 친구, 이웃, 직장 동료까지 수많은 사람들과 만나고 교류하며 함께 살아가지요. 이러한 사회적 관계망Social Network으로 인해 우리의 삶은 타인의 삶과 연결되어 있고 상호 간에 영향을 주고받습니다.

사회역학자들은 이러한 사회적 관계망이 건강에 어떤 영향을 주는지에 대해 오래전부터 주목해왔습니다. 내가 맺고 있는 사회적 관계가 내 건강과 수명에 영향을 줄 수 있다는 생각이 이제 학계에서 상식으로 받아들여지고 있지만, 이 질문이 학계에 처음 등장했던 1960년대에는 그렇지 않았습니다. 지난 50여 년 동안 이어져온 혁신적인 여러 연구들로 인해 사회적 관계망과 건강에 대한 가설이 과학자들 사이에서 시민권을 얻고 대중적 이해와 지지를 얻게 된 것이지요. 이 글에서는 그 과정에서 주요한 기여를 했던 네 편의 연구를 소개하고자 합니다.

1964년으로 거슬러 올라가 레너드 사임Leonard Syme 교수의 이야기부터 시작해보도록 하지요. 그는 사회적 관계망에 대한 연구를 직접 주도하지는 않았지만, 이후 얘기할 세 편의 연구가 진행되는 데 필요한 발판을 마련한 사람이니까요.

1964년 레너드 사임의 연구
: 익숙한 동네를 떠나 낯선 곳에 적응해야 했던 사람들의 건강

"이런 연구 결과로 뭘 하라는 건가? 사람들에게 이사를 가고 직장을 바꾸라는 거야? 자네는 사람들의 시선을 콜레스테롤, 혈압, 흡연, 이런 정말 중요한 것들에서 다른 곳으로 돌리고 있어. 부끄러운 줄 알고 이제 그만하게나."[1]

1960년대 미국심장학회에서 레너드 사임이 발표한 논문을 보고 그를 찾아온 심장질환 분야 전문가가 했던 평가입니다. 모욕적인 코멘트입니다. 그의 논문은 '문화적 이동성Cultural Mobility'이 심장병의 원인이 될 수 있다는 내용을 담고 있었습니다. 1964년 《만성질환 저널Journal of Chronic Disease》에 출판한 논문에서, 그는 익숙한 동네를 떠나 낯선 곳에 적응해야 했던 사람들, 특히 시골에서 농부로 일하다가 도시로 나와 사무직에 종사했던 사람들에게서 흡연과 같은 다른 위험요인을 통제하고도 심장병이 높게 나타난다는 결과를 보고했습니다.[2]

2017년에 출판되었다면, 질병의 사회적 원인에 대한 연구로 데이터와 통계적 방법론만 적절하다면 어렵지 않게 인정받았을 내용입니다. 하지만 1964년에는 달랐습니다. 당시에는, 뒤에서 더 설명하겠지만 '프레이밍햄 심장연구Framingham Heart Study'라는 연구프로젝트 등을 통해서 흡연, 고혈압, 콜레스테롤 같은 심장질환의 위험요인이 하나씩 밝혀지던 때입니다.[3] 항생제 개발 덕분에 폐렴과 결핵 같은 질병을 치료할 수 있게 되었고, 여러 획기적인 연구들로 인해 인간 몸에 대한 생물학적 이해가 인류 역사상 유례없이 빠르게 깊어지던 시기입니다. 생의학적biomedicine 관점에 기초한 의학 연구가 본격적으로 꽃피던 시기였지요.

그런 시대에 개별 연구의 타당성을 논하기 이전에, '문화적 이동성'이 심장병의 위험요인이라고 보고한 연구의 결론은 물론이고, 그런 관점 자체도 받아들여질 리 없었습니다. 그러나 레너드 사임은 이 연구를 계속 발전시켜나갑니다. 1968년 캘리포니아대학교 버클리캠퍼스 보건대학원의 교수가 된 그는 같은 대학 루얼 스톨룬Reuel Stallones 교수와 일본인 이민자에 대한 연구를 시작합니다. 일본에 있는 일본인, 하와이로 이주한 일본인, 캘리포니아로 이주한 일본인, 이렇게 세 집단의 심장병 발생을 비교한 것입니다. 캘리포니아의 일본인은 본토의 일본인보다 3배, 하와이의 일본인은 2배가량 높은 심장병 발생을 보였습니다.(그림16) 식이, 흡연, 혈압, 콜레스테롤 요인을 통제하더라도 이 차이는 설명되지 않았습니다. 유전자나 식습관으로는 도저히 설명할 수 없는 심장병 발생의 차이가 나타난 것이지요.

그는 이 연구를 영국에서 온 의사 출신의 박사과정 학생과 함께 출판합니다.[4] 이 학생은 훗날 영국 공무원의 건강에 대한 '화이트홀Whitehall 연구'를 진행한, 전 세계에서 가장 유명한 보건학자 중 한 명인 마이클 마멋입니다. 레너드 사임은 이 연구에서 심장병 발생의 차이는 일본인이 서양식 문화Western Cultural Ways를 얼마만큼 수용했는가에 따라 달라진다고 말합니다. 캘리

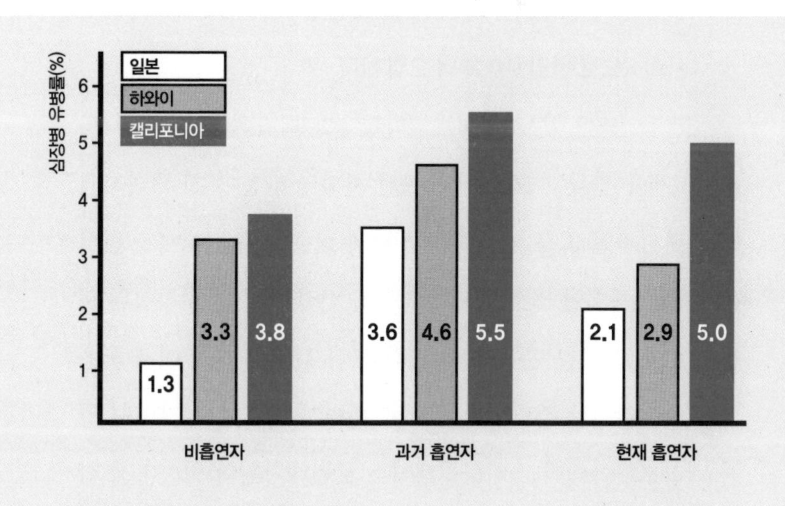

그림16. 흡연 상태에 따른 일본, 하와이, 캘리포니아에 거주하는 일본인의 심장병 유병률 비교[4]

포니아에 살더라도 전통생활 양식을 고수한 일본인들은 일본에 사는 일본인들과 비교했을 때, 심장병 발생에서 차이가 없다는 결과를 덧붙이면서요.

레너드 사임은 여기서 멈추지 않고 한 걸음 더 나아갑니다. 그렇다면 '심장병 발생의 차이를 만들어내는 서양식 문화와 일본 전통문화는 어떻게 다르고, 그 구체적인 차이는 무엇인가?'라는 질문을 하고, 그에 대한 답을 구하고자 일본으로 찾아가 인터뷰를 진행하고 다양한 책을 읽습니다. 그 과정에서 얻은 아이디어가 그의 또 다른 박사과정 학생을 통해 사회역학의 역사에서 가장 중요한 연구 중 하나로 이어집니다.

1979년 리사 버크먼, 최초의 코호트 연구
: 사회적으로 연결될수록 더 오래 산다

그 주인공은 훗날 하버드대학교 보건대학원에서 사회역학 프로그램을 만들고 2000년 출판된 사회역학 분야 첫 교과서의 공동 편집자인 리사 버크먼Lisa Berkman 교수입니다. 레너드 사임은 자신의 제자인 리사 버크먼 교수가 편집한 그 첫 교과서의 서문을 쓰지요. 그 서문은 40여 년간 그가 걸었던 길이 이제 꽃을 피웠음을 알리는 장면이기도 합니다. 리사 버크먼은 1975년 당시 캘리포니아대학교 버클리캠퍼스 보건대학원의 박사과정 학생이었습니다. 그녀는 사회적 관계망이 인간 몸에 어떤 영향을 끼치는지에 관심을 가지고 있었습니다.

마침 그때 일본에 갔던 레너드 사임 교수가 버클리로 돌아옵니다. 그는 일본으로 건너가 일본인들을 인터뷰했습니다. 미국인과 일본인의 문화적 생활양식은 어떻게 다른지 알아보려 한 것이지요. 일본인들은 '미국 사람들은 개인주의적이고 외롭잖아요'라고 답했습니다. '미국인은 외롭다'라는 말을 이해할 수 없던 레너드 사임 교수는 그게 무슨 뜻인지 반복해서 물습니다. '미국인들은 거리에서도 항상 혼자 걷잖아요'라는 대답에는, 그런 행동과 외롭다는 게 무슨 상관인지 되묻기도 했습니다.[5] '고독사'라는 단어가 낯설지 않은 오늘날의 일본과는 대조되는, 1970년대 일본인의 집단주의적 사고양식을 보여줍니다.

인터뷰를 마치고 외로움이나 사회적 관계에 대한 고민을 안고 미국으로 돌아온 레너드 사임 교수는 리사 버크먼과 함께 캘리포니아의 앨러미다 카운티Alameda County에서 1960년대부터 진행되어온 코호트 데이터를 분석합니다.

리사 버크먼은 사회적 관계망을 정량적으로 측정할 수 있는 도구를 개발합니다. '버크먼-사임 사회적 관계망 지표The Berkman-Syme Network Index'라고 이름 붙은 이 측정도구는 결혼 상태, 친구나 친척 관계를 나타내는 사회성, 교회에 다니는지, 지역사회에서 다른 조직 활동을 하는지 등을 측정해 '사회적 연결Social Connection'의 정도를 등급화하고 그에 따라 사망률의 차이를 비교합니다. 그 결과 나이에 따라 차이가 있지만, 사회적 관

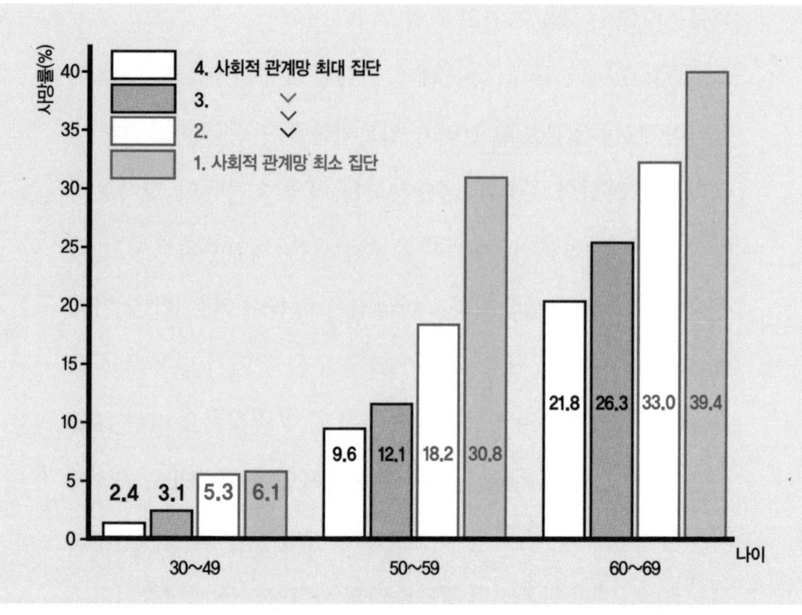

그림17. 사회적 관계망의 정도에 따른 사망률 차이[5]

계망에 따라 1.8배에서 2.7배가량 사망률에서 차이가 있다는 게 밝혀집니다.(그림17) 더 많이 연결되어 있을수록, 더 오래 산다는 결과입니다.[6]

이 연구는 대표성을 담보할 수 있도록 앨러미다 카운티에 거주하는 사람 중, 무작위 추출로 6,928명의 성인을 선정해 7년 동안 추적·관찰합니다. 연구 결과를 담은 논문은 1979년, 《미국역학회지American Journal of Epidemiology》에 출판되었습니다.[7] 당시 기준으로 가장 높은 수준의 내적 타당성을 지닌 역학 연구입니다. 이 연구는 사회적 관계망으로 측정한 사회적 연결 정도가 사망률에 영향을 끼친다는 연구 결과를 최초로 내놓습니다. 이러한 관점을 불편해했던 일부 임상 의사들조차도 이 연구를 부정하기는 어려웠습니다. 이 논문 이후, 수많은 후속 역학 연구들이 이어졌고, 연구 결과를 다른 인구집단에서 재현하고 발전시켜 나가게 됩니다.[8][9][10]

1997년 셸던 코헨, 최초의 실험 연구
: 사회적 관계망은 인간의 몸을 어떻게 변화시키나

사회적 관계망이 다양한 질병을 유발할 수 있다는 관찰 연구의 결과가 쌓이던 1990년대 후반, 역사에 남는 또 다른 형태의 연구가 등장합니다. 그 주인공은 카네기멜론대학교 심리학과의 셸던 코헨Sheldon Cohen 교수입니다.

그는 1980년대에 이미 사회적 환경이 인간의 몸에 생물학적으로 어떻게 영향을 끼치는지에 대한 훌륭한 연구를 여러 차례 수행했습니다. 예를 들어 비행기 소음이 어린이들의 생리적 인지적 상태에 어떤 영향을 주는지를 검토하기도 했고요.[11]

코헨 교수는 사회적 관계망이 어떻게 인간의 몸을 변화시키는지에 대한 실험 연구가 필요하다고 생각했습니다. 그때까지 관련 분야 연구자조차도 막연하게 사회적 관계망이 적은 사람들이 사회적 지지도 받지 못하고 또 면역 능력이 떨어져 몸이 약해지는 것이라고 생각하고 있었으니까요.

코헨 교수는 이 문제에 정면으로 도전하기 위해 방법론적으로 치밀하고 철저한 실험을 기획하고 진행합니다. 피츠버그에 거주하는 건강한 사람들을 실험 대상으로 모집합니다. 그들 모두에게 사전검사를 시행해서, 면역 능력이 떨어질 수 있는 다른 이유가 있는 사람들, 예를 들어 HIV에 감염된 경우나 임신한 여성을 제외합니다.

그렇게 찾아낸 건강한 사람들을 대상으로 한 달여 뒤에 병원에서 피 검사를 통해 면역 세포와 항체를 측정하고, 설문지를 통해 실험 참여자들의 성격을 측정합니다. 또한 콧물 배양 검사를 통해 그들이 리노바이러스Rhinovirus에 감염되었거나 지난 30일 동안 상기도 감염 증상이 있었다고 보고한 사람들을 실험에서 제외합니다. 그렇게 선발한 실험 참여자들에게 감기 증상을 유발할 수 있는 리노바이러스를 콧속에 낮은 농도로 투여하고서 그들의 상태를 5일 동안 관찰하며 감기에 걸렸는지 여부를 여러 생체지표로 측정합니다. 이 모든 과정에서 외부 활동의 영향을 차단하기 위해, 실험에 참여한 276명은 일주일가량 개별적으로 수용되어 격리된 상태로 지냅니다.

이런 조건에서 코헨 교수는 사전에 설문지로 측정한 사회적 관계망의 수준을 보며, 감기 발생의 차이를 연구합니다. 논문 제목에서 '사회적 관계Social ties'라고 지칭한 부분은 가족, 친구, 종교집단 등 다양한 12개 집단과의 관계를 측정하고, 그 결과로 만들어진 사회적 관계망의 다양성Social Network Diversity에 대한 점수로 측정된 것입니다. 물론 사전에 당사자의 동의를 받았고 카네기멜론대학교 연구윤리 심의위원회의 허가를 받았지만, 저는 지금도 이 과감한 실험이 놀랍습니다.

연구 결과는 1997년, 《미국의사협회지》에 「사회적 관계와 감기 취약성Social Ties and Susceptibility to the Common Cold」이라는 제목의 논문으로 출판됩니다.[12] 같은 조건에서 바이러스에 노출되었을 때, 다양한 사회적 관계를 더 많이 가지고 있는 사람일수록 점액이 덜 만들어지고 코에 있는 섬모가 더 활발히 활동하고 바이러스를 외부에 덜 유포시킨다는 결과를, 즉 감기에 덜 걸린다는 실험 연구가 출판된 것입니다.

잠재적 교란인자인 흡연, 수면 부족, 음주, 비타민C 섭취, 교감신경계 호르몬, 내성적인 성격을 모두 측정하였지만 그것들로는 이 연구 결과에서 드러난 사회적 관계망과 감기의 관계성을 설명할 수 없었습니다. 연구는 사회적 이슈가 됩니다. 1997년 7월, 《뉴욕 타임스》는 〈사회적 관계가 감기 위험을 줄인다Social Ties Reduce Risk of a Cold〉라는 제목으로 기사를 내보내고,[13] 이 연구에 대한 여러 학자들의 찬사를 보도합니다.

2007년, 크리스타키스와 파울러
: 모든 인간은 관계망 속에 있다

지난 20년을 거치며, 의학·보건학 연구는 급격히 변화했습니다. 인간 몸에 대한 생물학적 이해는 비약적으로 발달했고, 인간의 몸과 질병에 대한 유례없이 광범위하고 장기적인 데이터가 축적되기 시작했습니다. 통계학을 비롯한 다양한 학제의 발전은 과거에는 검토할 수 없었던 가설을 검토하고 그것을 대중에게 표현할 수 있는 효과적인 도구를 제공했습니다.

그런 자료를 연구에 활용하여 사회적 관계망과 건강에 대한 새로운 연구가 등장합니다. 니컬러스 크리스타키스Nicholas A. Christakis 교수와 제임스 파울러James Fowler 교수가 2007년 출판한 논문입니다.[14] 사회적 관계망에 대한 연구로《뉴잉글랜드 의학 저널》에 최초로 출판된 이 논문은 과거에는 진행하기 어려운 연구였습니다. 1만 2,067명을 1971년부터 2003년까지 32년 동안 지속적으로 추적·관찰한 결과를 분석하고 있기 때문입니다.

세계적으로도 흔치 않은 이 데이터는 앞서 언급했던 '프레이밍햄 심장연구' 때문에 가능했습니다. 그 연구는 제2차 세계대전 이후, 루스벨트 대통령의 죽음을 계기로 시작된 것입니다. 그가 미국 대통령이던 시기에 심장병, 뇌졸중을 비롯한 심혈관계 질환에 대한 의학적 이해는 지금과는 전혀 다른 수준이었습니다. 대통령의 혈압이 188/105mmHg로 나타났을 때에도, 주치의는 그 나이의 사람들에게는 이런 혈압이 정상범주라고 진단하며 아무런 문제가 없다고 답하던 시기였으니까요. 결국 루스벨트 대통령은 1945년 뇌혈관이 터져 사망합니다. 그의 사망 당시에 혈압은 300/190mmHg였습니다.[15]

루스벨트 대통령 이후 취임한 트루먼 대통령은 심혈관계 질환에 적극적으로 대응하기로 합니다. 그 결과 매사추세츠주의 프레이밍햄 지역에 5,000여 명의 연구 참여자를 꾸준히 추적·관찰하는 연구를 시작합니다. 그리고 이후에는 그들의 자손은 물론이고 그들의 자손의 자손까지 포함해 추적·관찰하는 연구를 현재까지 60년 넘게 진행하고 있습니다.[16]

'프레이밍햄 심장연구'에서는 1971년부터 연구 참여자에게 가까운 사람이 누구인지를 조사해왔습니다. 친한 주변인을 통해 연구 참여를 독려하기 위해 3년에 한 번씩 조사되었기에, 실제 심장병의 원인을 찾는 연구에서는 한 번도 사용한 적이 없는 자료입니다. 크리스타키스 교수와 파울러 교수는 이 자료를 이용해서 5,124명의 사회적 관계망 지도를 그려냅니다. 일촌에 해당하는 부모, 남편/아내, 형제/자매, 아이들에 대한 자료는 원래 조사에 포함되어 있으니, 수집된 가까운 친구에 대한 자료를 함께 이용해서 정리한 것입니다. 그렇게 사회적 관계망 지도를 그리고 나니, 3만 8,000여 개의 사회적 관계망이 그려졌습니다.

그 자료를 이용해 연구팀은 비만이 사회적 관계망의 영향을 받는지에 대해 연구합니다. 연구 결과, 친구가 비만이 되었을 경우 연구 참여자가 비만이 될 가능성은 57퍼센트가 증가합니다. 형제/자매 중 한 명이 비만이 되었을 경우, 연구 참여자가 비만이 될 가능성은 그렇지 않은 경우에 비해 40퍼센트가 증가했습니다. 가장 큰 영향은 상대방을 서로 가까운 친구로 인지하는

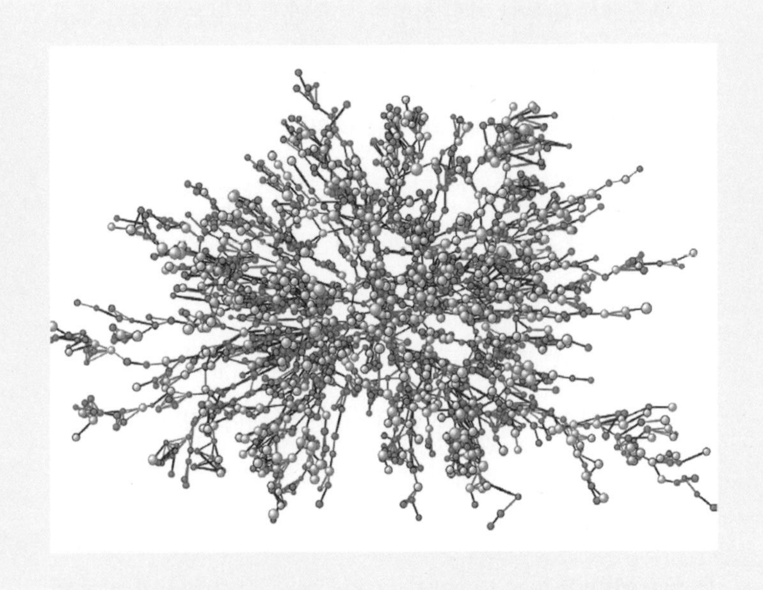

그림18. 프레이밍햄 심장연구 데이터로 분석한 사회적 관계 속 비만의 분포[17]

관계에서 나타났습니다. 그 관계에서는 한 명이 비만이 될 경우, 나머지 한 명도 비만이 될 가능성이 150퍼센트 넘게 증가했습니다. 그리고 이러한 영향을 주고받을 때에 중요한 것은 물리적 거리가 아니라, 당사자가 인지하는 사회적 관계라는 점입니다. 연구자들은 이런 내용을 〈그림18〉에서 보는 것처럼 표현해냅니다. 비만 상태의 변화를 그래픽으로 보여준 것입니다. 점처럼 보이는 작은 원 하나하나가 한 사람을 뜻합니다. 원은 두 가지 색으로 되어 있는데, 각각은 비만인 사람과 비만이 아닌 사람을 가리킵니다. 원과 원 사이의 선은 두 사람을 연결하는 사회적 관계가 있다는 뜻입니다.

이 연구는 거대한 자료 분석, 직관적인 그래픽, 그리고 결과가 지닌 함의 때문에 세계적으로 화제가 됩니다. 연구자들은 논문에서 우리 모두가 사회적 관계망 속에 놓여 있고, 그 속에서 이토록 지대한 영향을 주고받는다면, 이런 점을 감안한 새로운 형태의 개입 정책도 가능하지 않겠냐는 제안을 합니다. 사회적 관계망 속에서 비만에 대한 영향을 주고받는다면 다른 것들, 예를 들어 금연이나 혹은 더 나아가 행복감도 서로 영향을 주고받으며 전파될 수 있지 않겠냐는 이야기입니다.[18]

논쟁이 될 만한 연구였던 만큼, 논문이 출판되고 여러 지점에서 비판하는 이들이 생겨납니다. 그중 유의미한 내용은 크게 두 가지라고 생각합니다. 첫째로, 이 연구에서 실제 분석에 포함된 사회적 관계망의 대부분은 '선택'할 수 있는 친구보다도 부모, 형제, 자녀 등의 일촌 관계인 사람들이었다는 점입니다. '개개인에게 선택의 여지가 없는 관계로 인한 영향력을 논한다면, 보건학적으로 비만을 줄이기 위한 정책을 기획하고 실행하는 과정에서 이 연구의 함의는 무엇인가?'라는 질문이 생겨나는 것이지요. 물론 정책적 개입의 핵심내용은 사회적 관계를 끊고 맺으라고 요구하거나 날씬한 사람들과 가까이 지내야 한다는 일방적이고 폭력적인 관점에서 나올 수 없습니다. 다만, 연구에서 드러난 이러한 관계망과 그 영향력을 고려한 개입정책이 설계돼야 한다는 것이겠지요.

또 다른 비판은 비만 등에 영향을 줄 수 있는 지역사회 수준의 요인들에 대한 고려가 충분치 않은 상황에서 개개인을 사회적 관계망 속에서 독립적인 존재로 인식하고 분석했다는 내용입니다.[19] 사회적 관계망에서 가까운 이들이 공유하는 지역사회 수준의 환경, 예를 들어 패스트푸드 식당의 개수부터 교육환경, 보안, 실업률, 불평등 등에 대한 고려가 부족했다는 점이 지적됩니다. 이런 두 가지 사항을 고려하면, 비만을 전염된다고 표현했던 저자들의 관점이 가질 수 있는 문제점이 드러나기도 합니다.

더욱 중요해지는 사회적 관계망과 건강

사회적 관계망과 건강에 대한 연구의 발판을 만든 1964년의 레너드 사임과 이 분야에서 핵심적인 논문을 출판한 1979년의 리사 버크먼, 1997년의 셸던 코헨, 2007년의 니컬러스 크리스타키스와 제임스 파울러 연구의 역사에 대해 살펴봤습니다.

제가 선정한 이 논문들 이외에도 보건학 분야에서 사회적 관계망과 관련되어 중요한 연구들이 많습니다. 특히 HIV와 같은 감염성 질환이 전파되는 과정을 어떻게 총체적으로 이해하고 효과적으로 개입할 것인가를 연구하는 과정에서 사회적 관계망을 적극 활용한 '네트워크 역학Network Epidemiology'은 2000년 이후로 다양한 통계적 기법과 함께 새로운 연구 결과를 내놓고 있습니다.[20 21]

이 분야의 연구는 계속 진화하고 있습니다. 사회적 관계망의 어떤 요소들이 인간 몸에 어떻게 영향을 끼치는지에 대한 여러 설명이 등장하고, 사회적 관계망과 유사한 사회자본Social Capital 같은 개념은 어떻게 같고 또 어떻게 다른지에 대한 논의가 계속되고 있습니다.[22] 그리고 그러한 관계망을 활용해서 사람들이 좀 더 건강하게 살 수 있는 길을 계속 모색하고 있습니다.[23] 오늘날 오프라인은 물론이고 페이스북이나 트위터를 포함한 온라인에서의 사회적 관계망이 우리 삶에 끼치는 영향력은 점점 커져가고 있으니까요.[24] 그 영향력은 때로는 긍정적이고 때로는 부정적이기도 합니다. 주변인들의 영향을 많이 받는 청소년집단에서 발생하는 '인터넷 왕따Cyber-bullying' 같은 행동들은 정신건강을 악화하는 주요한 원인이기도 하고요.[25]

한국사회가 양극화하는 가운데 사회적 관계망도 역시 양극화하고 있습니다. 관계망에서 좋은 자원들이 특정 집단에 집중되는 경향이 점점 더 심화되고 있으니까요. 이러한 상황을 정확히 진단하는 것을 넘어 이를 어떻게 극복해나갈지를 보여주는 연구가 향후에 진행되리라 기대해봅니다.

스스로를 지킬 수 있다면, 우리는 안전해질까

총기 규제,

공동체는 어디까지

책임져야 하는가

미국 대학에서 일하던 때, 한 친구와 총기 소유에 대해 대화를 나눈 적이 있습니다. 텍사스에서 태어나고 자란 그는 개인이 자유롭게 총기를 소유할 수 있어야 한다고 말하며 놀라운 주장을 했습니다. 나를 위협하는 다른 사람으로부터 스스로를 지킬 수 있기 때문에 모든 사람이 총기를 가지고 있어야 한다는 것이었습니다. 자기는 동네 마트에 가면 총기를 살 수 있는 환경에서 자랐고, 항상 집 안에 총기가 있었다고요. 그 이야기를 듣고 저는 당황했습니다. 미국에서 유학을 하며 한국보다 넉넉한 그 나라의 많은 것이 신기하고 부러웠지만 총기 휴대를 허용하는 것은 전혀 그렇지 않았거든요. 한국에 잘 알려진 2007년 재미 한국인 조승희의 버지니아 공대 총기난사 사건이나, 2012년 코네티컷 샌디훅의 초등학교 총기난사 사건, 2016년 오리건대학교 총기난사 사건까지, 미국에서는 민간인이 총기를 이용하여 무고한 시민들을 학살하는 사건이 계속 발생하고 있습니다. 미국 질병관리본부 보고에 따르면 2004년부터 2013년까지 10년간 총기사건으로 사망한 사람이 31만 명이 넘습니다. 매년 3만 명이 넘는 사람이 총기사고로 죽어가고 있는 것입니다.

제 친구의 주장은 국민이 총기를 소유하면 모든 개인이 자신을 지킬 수 있으니까 총기에 의한 사망이 줄어든다는 것이었습니다. 저는 나중에 이것이 미국총기협회National Rifle Association가 총기사건이 터질 때마다 하는 주장이자, 실제로 많은 사람이 총기 소유를 옹호하는 중요한 근거라는 점을 알게 되었습니다.

그런데 과연 그럴까요?

총기로 무장하면 우리는 안전해질 수 있을까 : 30개월의 열정적인 연구

이 질문은 '같은 상황에 처했을 때, 총기를 가지고 있지 않은 사람에 비해 총기를 가지고 있는 사람이 더 안전하다'라는 주장으로 풀어 쓸 수 있습니다. 이것은 검토 가능한 연구 가설이지만, 연구자로서 이 주제를 탐구하는 것은 실은 매우 긴장되는 일입니다. 작은 실수라도 찾아내 연구에 흠집을 내려고 하는 미국

총기협회를 비롯해서, 거대한 집단들의 이해관계가 연구 결과에 얽혀 있기 때문입니다.

연구의 측면에서도 '위기의 순간에 총을 가지고 있지 않았기 때문에 총기사고로 죽는다'라는 주장은 엄밀하게 검토하기 어려운 가설입니다. 사람을 무작위로 골라서 총기를 배분하고 또 그들이 타인으로부터 생명을 위협받는 조작 실험을 할 수는 없으니까요. 그렇다면 어쩔 수 없이 관찰 연구를 해야 하는데, 총기사고와 관련된 여러 요소를 적절히 통제한다는 것은 매우 어려운 일입니다.

그래서 기존 연구자들은 이 가설을 직접 검토하는 대신, 우회 전략을 택했습니다. 예를 들어 과거에 총기를 구입한 적이 있는지,[1 2] 집에 총기가 있는지[3 4] 여부에 따라 총기사고 발생이 어떻게 달라지는지를 검토했습니다. 총기를 구입한 적이 있는 사람이, 집에 총기를 가지고 있는 사람이 총기사고로 죽을 위험이 더 높다는 결과였습니다. 그러나 이와 같은 연구는 미국총기협회가 주장하는 '사고의 순간에 총기를 가지고 있었으면 안전했을 것이다'라는 주장을 반박하기에는 부족합니다.

2009년 이 문제에 정면으로 도전한 연구가 《미국공중보건학회지》에 출판되었습니다.[5] 펜실베이니아대학교의 브라나 Charles C. Branas 박사 연구팀이 진행한 연구입니다. 이들은 환자-대조군 연구Case-control study 방법을 채택해, 필라델피아 경찰국의 협조를 받아 2003년 10월 15일부터 2006년 4월 16일까지 총기사고로 다치거나 사망한 사람을 확인했습니다. 총기사고가 모두 터진 다음에 행정자료로 한꺼번에 확인한 것이 아니라, 2년 6개월 동안 꾸준히 사건이 발생할 때마다 경찰의 협조를 얻어 사고를 검토한 것입니다.

그 결과 필라델피아에서는 총 3,485건의 총기사고가 발생했고, 하루 평균 4.77건의 총기사고가 발생한 것으로 집계되었습니다. 총기사건의 피해자 중 총기 소유가 법적으로 금지된 21세 미만인 경우 등을 제외하고, 사망자를 포함한 피해자 중 연구집단을 무작위로 추출했습니다. 그리고 경찰, 응급구조원, 법의학자 등을 통해 총기사고의 상황과 관련된 주요한 정보를 수집했습니다. 물론 그 피해자들이 사건 발생의 순간에 총기를 소유하고 있었는지도 확인했습니다.

문제는 적절한 비교집단을 고르는 일이었습니다. 환자-대조군 연구에서 연구의 질을 결정하는 가장 중요한 기준은 적절한 대조군control을 찾는 일입니다. 연구진이 2년 6개월 동안 해낸 일은 놀랍습니다. 이들은 총기사고가 발생하면, 사고일을 기준으로 4일 이내에 피해자와 같은 연령대의 대조군을 찾아내 인터뷰를 진행했습니다. 물론 많은 이들이 인터뷰를 거절했습니다. 하지만 연구자들은 대조군을 찾아낼 때까지 작업을 계속했습니다.

그렇게 찾아낸 대조군에 속한 사람에게서 피해자의 총기사건이 발생한 시간대에 그 대조군의 상태를 확인했습니다. 연령,

성별, 인종, 머물던 지역, 직업, 그리고 당연히 그 시간에 총기와 얼마만큼 가까이 있었는지를 확인하는 인터뷰를 진행했습니다. 그 작업을 2년 6개월 동안 총기사고가 날 때마다 꾸준히 진행한 것입니다. 그 결과, 피해자 집단 677명, 그에 대한 대조군 집단 684명을 찾아내 비교할 수 있었습니다.

연구 결과는 명확했습니다. 사고 당시에 총기를 소유한 사람이 그렇지 않은 사람에 비해, 총기사고를 경험할 위험이 4.66배 높은 것으로 나타났습니다. 하지만 이 연구 결과에 대해 누군가는 이런 말을 할 수 있을 겁니다. 총기를 가지고 있더라도, 총기를 사용할 수 없는 급박한 상황이라면 총기를 가지고 있는 게 의미가 없지 않느냐고요. 아무리 총기를 가지고 있어도 급박한 상황에는 도움이 안 되는 것 아니냐는 주장입니다.

그래서 이 연구팀은 총기를 사용할 여지가 있는 상황에서 다치거나 사망한 이들에 대해 또다시 분석을 진행합니다. 그러자 총기사고의 위험은 오히려 증가합니다. 위험한 상황에서 총기를 사용할 여지가 있었을 경우, 총기사고가 발생할 위험이 5.45배 높은 것입니다. 총기가 있다는 이유로 자신의 대응 능력을 과대평가하고, 총이 없었다면 피했을 위험한 상황에 처하는 경우가 많아지는 것입니다. 연구 결과는 '총으로 무장하면 총을 가진 범죄자로부터 스스로를 지킬 수 있다'라는 미국총기협회의 주장이 결코 해결책이 될 수 없다는 점을 보여줍니다.

왜 시카고와 잉글랜드, 웨일스의 살인범죄자 수는 다른 걸까

미국에서 2005년부터 2015년까지 총기사고로 사망한 사람의 숫자가 30만 명이 넘습니다. 매년 3만 명이 넘는 사람이 총기사고로 사망하는 것입니다. 총기사고로 사람이 죽는 가장 흔한 형태는 자살이지만, 타살 역시 적지 않습니다. 2014년 한 해 동안 미국에서 타인에 의해 총기사고로 살해된 사람의 숫자는 1만 1,008명입니다.

런던 정치경제대학교의 헬레나 크로닌Helena Cronin 박사는 1991년 출간한 책에서 총기를 이용한 살인에 중요한 통찰을 보여주는 그래프를 소개합니다. 〈그림19〉는 미국 시카고와 잉글랜드, 웨일스의 살인 범죄자의 성별 연령별 분포를 보여줍니다.[6]

두 그래프 모두에서 가로축은 살인 범죄자의 나이를 보여주고, 세로축은 나이별로 한 해 동안 인구 100만 명당 살인 범죄자의 숫자를 보여주고 있습니다. 상단의 그래프는 미국 시카고의 살인 범죄자에 대한, 하단의 그래프는 잉글랜드와 웨일스의 살인 범죄자에 대한 정보를 보여주고 있지요. 이 둘은 겹쳐놓으면 하나로 포개질 것 같이 유사한 분포를 보이고 있습니다. 범죄자의 대부분은 남성이고, 그 숫자는 10대 초반부터 증가하기 시작해서 25세 전후의 범죄자가 가장 많고 나이가 증가함에 따라 점차 그 숫자가 감소합니다.

그러나 이 두 그래프는 실은 전혀 다른 내용을 담고 있습니다. 세로축의 단위가 다르기 때문입니다. 시카고에서는 25세가

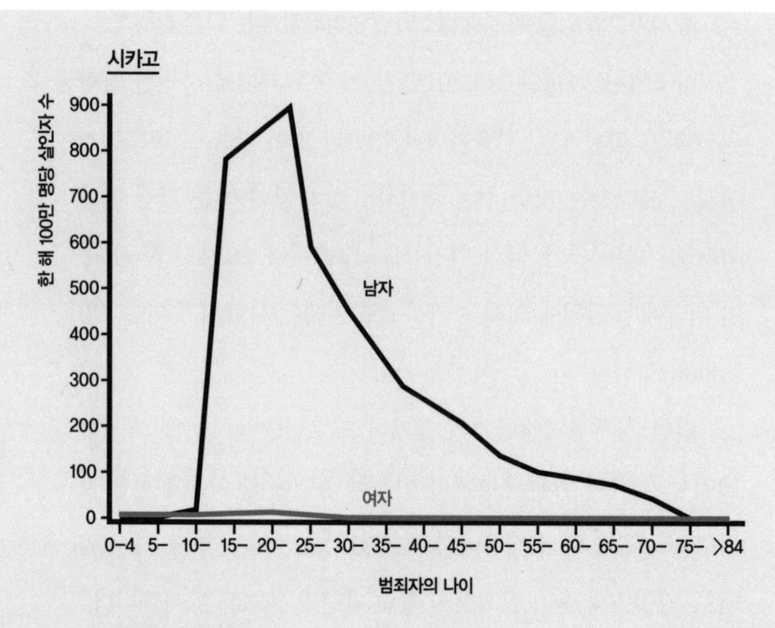

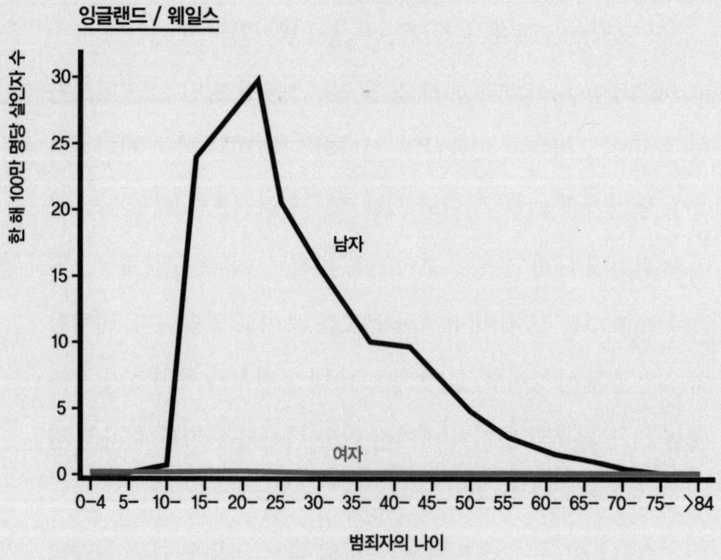

그림19. 시카고와 잉글랜드/웨일스의 연령별 살인범죄자 수[6]

량의 살인범죄자가 인구 100만 명당 800명이 넘지만, 잉글랜드와 웨일스에서는 100만 명당 30명이 채 되지 않습니다. 20배가 넘는 차이입니다. 시카고에 사는 젊은이는 잉글랜드/웨일스에 사는 사람에 비해 살인범죄자가 될 가능성이 20배 이상 높은 겁니다. 두 사회 모두에서 '살인'이라는 범죄는 매년 일어나고, 살인범죄자의 성별, 나이별 분포도 비슷합니다. 하지만 가장 중요한 질문인 얼마나 많은 사람들이 살인범죄자가 되는가에 대해 답할 때, 그 둘은 전혀 다른 사회입니다.

살인 피해자의 측면에서도 두 지역을 비교해보겠습니다. 2016년 한 해 동안 시카고에서는 살인사건으로 762명이 죽었는데, 대부분이 총기사고였습니다.[7] 그러나 2016년 발표된 자료에 따르면 지난 한 해 동안 잉글랜드와 웨일스에서 살인으로 사망한 사람의 총 숫자는 571명입니다.[8] 잉글랜드/웨일스의 인구 규모가 시카고보다 20배가량 크다는 점을 감안하면, 시카고에서 타인에 의해 살해될 확률은 잉글랜드/웨일스에 비해 20배 이상 높은 것입니다.

시카고에 거주하는 사람은 잉글랜드/웨일스의 젊은이에 비해 살인범죄자가 될 확률도, 살해될 확률도 20배가량 차이가 납니다. 이 거대한 차이는 어디에서 발생하는 걸까요? 여러 이유가 있겠지만, 총기 규제는 중요한 요소입니다. 미국과 영국은 둘 다 개인의 총기 소유가 허용되지만, 규제의 정도는 매우 다르니까요. 영국에서는 1920년대부터 개인이 총기를 소유하려면 지역경찰이 발급하는 증명서가 필요했습니다. 이후에도 총기를 소유하기 위한 자격은 점점 엄격해졌고, 1969년부터는 '자기 방어'의 목적으로는 총기 소유가 허가되지 않았습니다. 특히 1987년에 영국 헝거포드 지역에서 27세의 마이클 라이언이 총기를 난사해 본인의 모친을 포함한 16명을 살해한 사건 이후, 반자동 총기의 소유를 막는 등 총기 규제를 더욱 강화했습니다. 미국은 상황이 많이 다릅니다. 주마다 차이는 있지만 본인이 성인이고 그 지역 주민이라는 것을 증명하는 신분증만 보여주면 마트에서도 총기를 구입할 수 있으니까요.

시카고에서 살인사건으로 사망한 762명의 죽음에서 공동체의 책임은 얼마만큼일까요? 살인사건 하나하나는 개별적인 배경과 상황이 있을 것입니다. 그러나 한 걸음 물러서서 바라보면 시카고는 잉글랜드와 웨일스에 비해 '살인'을 방관 혹은 조장하는 공동체입니다.

개인에게 짐을 떠넘기지 않는 해결책이 필요하다

물론 미국이 오늘날처럼 총기 소유를 허용하게 된 데에는 나름의 역사가 있습니다. 하지만 한국이나 영국에 비해 시카고에 거주하는 젊은이가 훨씬 높은 확률로 살인자가 되고, 또 그만큼 높은 확률로 누군가는 죽게 된다면, 그 공동체는 책임을 피할 수 없습니다. 미국총기협회가 말하듯 개개인이 무장을 해서 스스로를 지키는 방식은 결코 해결책이 될 수 없습니다. 사회적 원인을 가진 문제를 해결하기 위해서는 사회적 해결책이 필요하니까요.

위험사회에서 함께 생존하려면

가습기 살균제 사망사건,

규제를 위한

충분한 증거를 묻다

해마다 겨울이 지나갈 즈음에 대학병원 응급실에는 어떤 약을 써도 듣지 않는 폐질환 환자들이 찾아왔고, 이들 중 몇몇은 머지않아 사망했습니다. 호흡곤란을 겪는 환자의 상태를 살펴보면 폐 조직이 점차 섬유화되어 굳어가는 간질성 폐질환의 일종이었는데, 그 원인이 명확하지 않았습니다.

2011년 4월 서울 시내 한 대학병원에 같은 증상을 보이는 20~30대 산모 7명이 입원했고, 그중 4명이 사망하는 사건이 발생합니다. 잇따라 영유아들이 비슷한 증상으로 사망하고 나서야 역학조사가 시행되었습니다. 같은 해 11월 질병관리본부는 조사 결과 이들을 사망에 이르게 한 원인이 가습기 살균제라고

발표했습니다.[1] 이후 수차례 진행된 역학 연구들은 질병관리본부의 발표가 사실임을 확인해주었습니다.[2]

'가습기 당번'이나 '가습기 메이트'와 같은 이름으로 판매되던 제품들이었습니다. 겨울철에 주로 사용하는 가습기의 청결을 유지하기 위한 것이었지요. '살균 99.9%! 안심하고 쓰세요'라고 광고하던 그 살균제가 실은 이들을 죽음에 이르게 한 주범이었던 겁니다.

가습기 살균제가 처음 한국에서 판매된 시기는 1994년입니다. 세계 최초로 한국에서 판매된 이 제품에는 살균을 위한 폴리헥사메틸렌 구아니딘 등의 화학물질이 포함되어 있었습니다. 외국에서 이 물질들은 세정·살균제 용도로 물건을 씻거나 닦아내는 데 사용되고 있었기에, 당시에는 호흡기로 흡입했을 때 나타날 수 있는 부작용에 대해서 알려진 바가 없었습니다. 더군다나 가습기 살균제가 공산품으로 분류되어 〈품질경영 및 공산품 안전관리법〉의 적용을 받게 되면서, 그 안전성에 대한 검토는 충분히 이루어지지 않았습니다.

'살균 99.9%' 광고하던 제품이 사람을 죽였다

이미 가습기 살균제 사용으로 인한 사망자 수는 150명이 넘습니다. 그러나 짐작할 수 있듯이, 이것은 공개적으로 드러난 최소한의 숫자일 뿐입니다. 1994년부터 판매된 가습기 살균제의 사용자는 800만 명이 넘는 것으로 알려져 있습니다. 역학조사로 그 유해성이 밝혀지기 전 '원인 미상 폐질환'이라는 이름으로 사망한 사람들의 수가 얼마였을지는 아무도 모릅니다. 그리고 훨씬 더 많은 사람들이 사망에는 이르지 않았지만 망가진 폐로 인해 아파하고 고생했을 것입니다.

가습기 살균제로 인한 피해 사건들이 조명되면서, 유족들은 이런 위험한 제품을 제조한 회사와 이를 제대로 규제하지 못한 정부기관을 상대로 소송을 제기했습니다. 그러나 돌아온 것은 연이은 패소였습니다.

2015년 2월. 재판부는 "〈공산품안전법〉에 의하면 그 당시 가습기 살균제 제조업자에게 스스로 안전을 확인해 신고하도록 강제할 근거가 없었고, 그 밖에 살균제의 성분이나 유해성을 확인할 의무나 제도적 수단이 없었다"라며 정부기관에 법적 책임이 없다고 선고했습니다. 기업의 제품은 당시 정부 규정에 따라 제조했으니 법을 어기지 않았으며, 정부는 그 유해성을 확인할 제도를 가지고 있지 못했으니 책임이 없다는 주장이었습니다.

우리는 시장에서 물건을 구입할 때, 설명서에 나온 대로 제품을 사용하면 아무런 문제가 없을 것이라고 생각합니다. 시장에 나오기까지 그 제품이 통과해야 하는 규제가 우리를 지켜줄 것이라고 믿기 때문입니다. 스스로의 건강을 지키고자, 특히 하루 종일 집에 머무는 경우가 많은 임산부들이 자신과 태아를 위해 가습기 살균제를 사용했습니다. 그러나 이들은 그 시스템을 믿고 따랐다는 이유로 사망한 겁니다.

이 비극을 두고 정부기관은 당시 규제로는 가습기 살균제의 유해성을 확인할 수 있는 제도가 없었고, 당시 과학기술 수준으로는 가습기 살균제의 결함을 알 수 없었다고 말합니다. 그렇다면 이들의 죽음에는 누구도 책임이 없는 것일까요?

규제를 위한 충분한 증거란 무엇인가

매년 수십 종의 새로 개발된 화학물질이 쏟아져 나오고, 이를 공장에서 제품 생산에 사용하고 있습니다. 그렇다면 한국사회는 그 공장에서 일하는 노동자나 제품을 사용하는 소비자의 안전을 지키기 위해, 위험물질을 어떻게 다루어야 할까요?

많은 경우 우리는 이러한 화학물질이 어떤 독성을 가지고 있는지 충분히 알지 못합니다. 그래서 우리는 수십 년 전 석면을, 벤젠을, 카드뮴을 위험하다는 생각 없이 사용했습니다. 이제는 석면이 폐암과 악성 중피종을, 벤젠이 혈액암을, 카드뮴이 이타이이타이병을 일으킨다는 사실을 알고 있습니다. 노동자들만의 문제가 아닙니다. 20세기 초 핵폭탄이 처음 개발되었을 때는, 방사선 노출의 위험성을 모르던 상황에서 사막에서 진행되는 핵실험을 멀리서 지켜보는 관광 프로그램이 진행되기도 했으니까요.

우리가 석면과 방사선 노출이 위험하다는 사실을 알게 된 것은 그로 인해 많은 사람들이 병들고 죽었기 때문입니다. 그렇다면 새로이 개발·사용되는 여러 물질들이 위험하다는 것을 알고 이를 규제하기 위해서 또 다른 '충분한 숫자의 피해자'가 나타나 통계적으로 유의미한 결과를 보여줘야 하는 걸까요? 가습기 살균제 사건처럼 도저히 무시할 수 없을 만큼 많은 수의 사람이 죽게 될 때까지 그 위험을 용인하고 지내야 하는 걸까요? 과학기술의 진보에 따라 삶이 급변하는 오늘날, 우리는 과거와 동일한 패러다임으로 안전하게 살아남을 수 있을까요?

미국 매사추세츠주립대학교의 데이비드 크리벨David Kriebel 교수는 2009년 「충분한 증거란 무엇인가: 원인-결과에 대한 논의How Much Evidence is Enough-Conventions of Causal Inference」라는 제목의 논문을 출판했습니다. 이 논문에서 크리벨 교수는 '건강을 다루는 분야에서 규제를 위한 충분한 증거란 무엇인가?'라는 질문을 던집니다.[3]

고고학에서는 단 한 개의 사례 보고만으로도 상대적으로 충분한 근거가 됩니다. 몇 년 전, 한국인이 참여한 한 연구팀에서 수컷 육식공룡이 짝짓기를 위해 구애하던 흔적이 담긴 화석을 세계 최초로 발견했을 때, 그 사례가 하나라는 이유로 신빙성이 의심받지는 않았거든요. 그러나 고고학과 달리, 분자생물학에서는 엄격하게 통제된 환경에서 실험을 통해 밝히지 않으면 그 결과는 신뢰받지 못합니다.

사전 예방은 필수적 선택

다시 가습기 살균제 사례를 생각해봅시다. 한 명의 피해자가 나왔다고 살균제에 문제가 있다고 주장하는 것은 비합리적일 수 있습니다. 그렇다고 위험성이 있을 수 있는 살균제를 통제된 환경에서 인간에게 투여해 위험성의 근거를 찾는 것은 비윤리적 처사입니다. 앞서 이야기한 것처럼 충분한 숫자의 피해자가 나와 규제를 위한 신뢰할 수 있는 근거가 만들어지기를 기다리는 것은 더 이상 대안이 될 수 없습니다. 그럼 우리는 어떻게 해야 할까요?

이것은 21세기 이 사회가 어떻게 살아남을 것인지에 대한 생존의 문제입니다. 크리벨 교수는 위험을 바라보는 사회의 패러다임을 바꾸어야 한다며 '사전주의 원칙'을 이야기합니다. 우리는 언제 올지 모르는 '충분한 근거'를 기다리는 대신, 이제 불확실성 속에서 행동해야 하기 때문입니다.

그 핵심 원칙 중 하나는 새로운 물질을 사용하고자 할 때 그것을 사용하려는 기업과 사람들이 그 유해성에 대한 데이터를 제시하고 사회를 설득하는 작업을 해야 한다는 것입니다. 또한 그로 인해 직접적으로 영향을 받는 대중이, 관련 의사결정 과정에 적극적으로 참여할 수 있어야 합니다.

이런 패러다임의 변화는 불가능한 목표나 이상이 아니라 많은 국가에서 실제로 집행되고 있습니다. 유럽연합은 2007년 6월 1일부로 화학물질에 대한 새로운 규제인 '리치REACH,

Registration, Evaluation, Authorization and Restriction of Chemicals'를 실시했습니다. 이 규제의 핵심은 독성 정보가 없는 화학물질의 사용 및 판매를 금지하고, 독성 확인을 위한 비용을 세금이 아닌 화학물질 사용으로 이득을 보는 기업이 지불케 하는 것입니다. 유럽연합이 이토록 강력한 규제를 실시하는 이유는 한 사회의 구성원들이 안전하게 살기 위한 필수적인 선택이기 때문입니다.

가습기 살균제 사건 이후 한국에서도 비슷한 고민이 진행되어 〈화학물질의 등록 및 평가 등에 관한 법률〉이 2013년 5월 22일 제정되었고, 2015년 1월 1일부터 시행되었습니다. 이 법은 화학물질 자료를 정리하고 기록하며, 아직 위험이 파악되지 않은 물질의 사용을 차단하라는 내용을 담고 있습니다.

그럼에도 불구하고 유럽연합의 '리치'와 비교했을 때 이 법이 과연 한국사회 구성원들의 안전을 얼마만큼 보장할 수 있을지는 확신하기 어렵습니다. 세계적으로 생식독성 물질이나 발암물질로 알려진 화학물질 등이 1차 등록 대상에서 빠져 있으며, 어린이 장난감이나 문구류 관련 제품은 정보 제공에서 제외되는 등 규제 대상 제품 목록이 한정되어 있기 때문입니다.

모두의 안전을 위해
포기해서는 안 될 '최소한의 규제'

2017년 8월부터 가습기 살균제 피해자 지원을 확대하기 위한 특별법이 시행된다고 합니다. 뒤늦게나마 국가가 자신의 책임을 인정하고 피해자들을 지원한다는 점은 참 다행입니다. 그러나 이것만으로는 충분치 않습니다. 우리에게 남아 있는 가장 중요한 질문은 과연 한국사회는 '제2의 가습기 살균제 참사를 막을 수 있는가?'입니다.

간혹 신문기사를 통해 '경제 활성화'를 명분으로 앞서 언급한 화학물질 규제를 느슨하게 만들기 위해 여러 단체가 적극적으로 움직이고 있다는 이야기를 접하곤 합니다. 현장의 상황을 구체적으로 반영하지 못한 법이 적절히 수정되는 것은 바람직한 일이지만, 그런 논의를 볼 때마다 한국사회에서 만병통치약처럼 통용되는 '경제 활성화'를 이유로 국민의 안전을 지키기 위한 최소한의 규제를 포기하는 것은 아닐지 두렵습니다. 국민의 생명을 담보로 진행되는 경제 활성화가 무슨 의미가 있을까요. '원인 미상 간질성 폐질환'이라는 낯설고 무력했던 진단명으로 사라져간 수많은 갓난아이와 임산부들의 죽음으로부터도 우리가 배우지 못한다면, 한국사회에서 이 참사는 또 다른 형태로 반복될 것입니다.

ⓒ오윤, 춘무인 추무의

"어떤 공동체에서 우리가 건강할 수 있는지에
대해 질문을 던집니다. 개인이 맞닥뜨린 위기에
함께 대응하는 공동체, 타인의 슬픔에 깊게 공감하고
행동하는 공동체의 힘이 얼마나 거대하고
또 중요한지에 대해서요. 당신에게도 그리고
저 자신에게도 묻고 싶습니다.
당신과 나, 우리의 공동체는 안녕하신지요?"

당신의 공동체는 안녕하신지요

로세토 마을에서만

심장병 사망률이

낮은 이유

우리는 왜 아프고 병이 들까요? 사람들이 흔히 이야기하듯, 가족력과 흡연과 음주와 잘못된 영양 섭취가 모든 질환의 원인일까요? 심장병을 생각해봅시다. 2015년 통계에 따르면, 한국 사람들의 사망 원인 중 두 번째로 흔한 질병이거든요.

심장병의 원인은 무엇일까요? 병원에서 만나는 의사들은 흔히 이야기합니다. 담배를 피우지 말고, 지방이 적은 음식을 먹고, 주기적으로 운동을 하라고요. 그래야 비만, 고혈압, 고콜레스테롤 혈증을 줄일 수 있고, 심장질환을 예방할 수 있다고요. 이는 현대 의학이 오랜 기간 연구를 통해 밝혀낸 위대한 성과입니다. 하지만 그것만으로 우리는 건강할 수 있을까요?

로세토에선 왜 심장병 발생이 이리 적은가

때는 1960년대, 미국 펜실베이니아의 로세토Roseto 마을입니다. 이 마을은 미국에 온 이탈리아 이민자들이 모인 공동체였습니다. 마을 주민들을 진료하던 의사들은 신기한 현상을 발견합니다. 로세토에서는 유달리 심장병으로 사망하는 사람들의 숫자가 적다는 점이었습니다. 로세토 사람들은 술과 담배를 즐겼고, 비만인 사람도 많았습니다. 의학적으로는 심장병 위험인자가 많은 지역에서, 실제 심장병 사망은 오히려 적게 발생한 것입니다.

정말로 로세토 마을에서 심장병 사망률이 통계적으로 유의하게 낮은지 의문을 품은 사람들이 연구를 시작합니다. 로세토 마을과 인근 지역의 심장병 사망률을 비교하는 연구였습니다. 1955년부터 1961년까지 사망진단서와 병원 진료기록을 검토한 결과, 로세토 주민들의 심장병 사망률은 확연하게 낮았습니다. 같은 이탈리아 이민자 마을인 방고Bangor는 로세토에서 1.6킬로미터가량 떨어진 가까운 곳에 위치해 있고, 같은 식수원에서 물을 공급받고, 같은 병원을 이용합니다. 조건이 유사한 방고와 비교할 때도 로세토 주민들의 심장병 사망률은 방고의 절반도 채 되지 않았습니다.(그림20)

실제로 그러한 차이가 있음이 확인되자, 당연히 '로세토에서 심장병 발생이 낮은 이유가 무엇인가?'라는 질문이 나오게 됩니다. 연구자들은 각종 콜레스테롤, 혈당, 혈액응고인자를 비

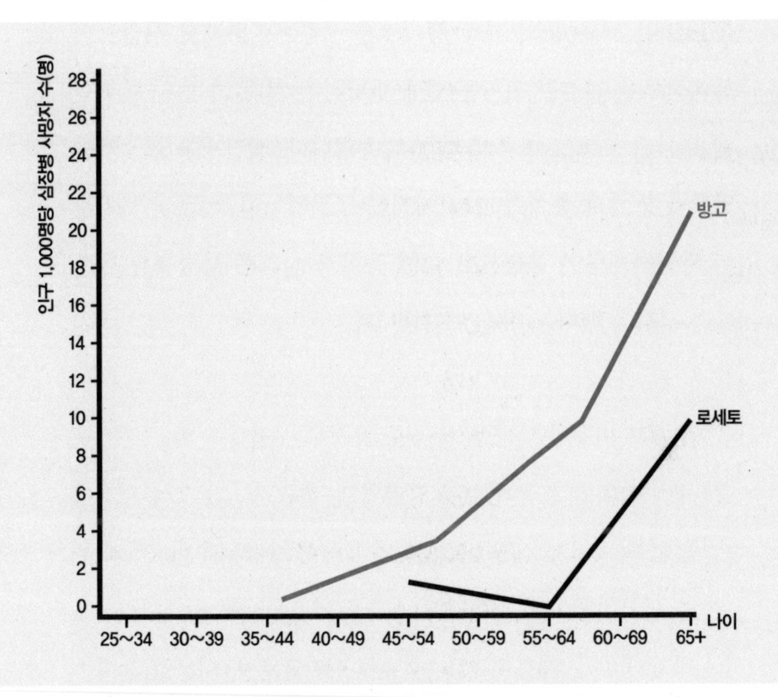

그림20. 로세토와 방고의 연령별 심장병 사망률 비교(1955~1961)[1]

롯한 여러 생체지표를 살피고, 비만도를 측정합니다. 또한 그들과 함께 생활하면서 그들의 삶을 관찰했습니다. 이미 알려져 있는 의학지식으로는 로세토 마을의 낮은 심장병 사망률을 설명할 수 없다는 사실만 다시 한 번 깨닫습니다.

이처럼 현상은 명확하지만 원인은 온전히 이해하지 못한 상태로, 연구자들은 로세토 마을의 심장병 사망률에 대한 논문을 1964년《미국의사협회지》에 출판합니다.[2] 「특이하게 낮은 심장병 사망률: 펜실베이니아의 이탈리아 이민자 마을 연구」라는 제목으로요. 이 논문의 가장 흥미로운 부분은 "로세토 사람들이 상대적으로 건강한 원인은 현재 명확하지 않다"라는 서술과 함께 묘사된 로세토 마을에 대한 내용입니다. 심장병을 연구하는 의학 논문에서 좀처럼 보기 어려운 구절입니다. 논문의 저자들이 막연하게나마 공동체의 어떤 문화가 심장병 사망률을 낮춘다는 생각을 했다는 점을 보여줍니다.

> 로세토 마을의 가장 눈에 띄는 특징은 사람들이 삶을 즐기는 방식이었다. 그들의 삶은 즐거웠고, 활기가 넘쳤으며 꾸밈이 없었다. 부유한 사람들도 이웃의 가난한 사람들과 비슷하게 옷을 입고 비슷하게 행동했다. 로세토 마을을 방문한 사람들에게 그 공동체는 계층이 없는 소박한 사회였으며, 따뜻하고 아주 친절한 사람들이 있는 곳이었다. 그들은 서로를 신뢰하였으며 서로를 도와주었다. 가난한 사람들은 있었지만, 진정한 가난은 없었다. 이웃들이 빈곤한 사람들의 필요를 채워주었으며 특히 이탈리아에서 이주해 오는 소수 이민자들에게 그러했다.[3]

내가 속한 공동체가 나를 보호해줄 거라는 확신

로세토는 미국에 건너온 이민자들이 본래 살던 이탈리아 남부 지역 로세토 발포토레Roseto Valfortore에서 따온 이름입니다. 20세기 초, '기회의 땅' 미국으로 많은 이들이 건너가던 시기, 기아와 가난에 시달리던 이탈리아 로세토 주민들은 미국 펜실베이니아에 정착하며 자신들의 새로운 마을에도 로세토라는 이름을 붙였습니다.

이 마을의 특별한 점 하나는 니스코 신부Father de Nisco라는 훌륭한 지도자가 있었다는 점입니다. 니스코 신부는 마을이 성장하기 위해 정치적인 참여와 교육이 필수적이라는 사실을 알고 있었습니다. 로세토 주민들에게 미국 시민권을 얻어 투표하고, 아이들을 학교에 보내라고 적극적으로 권했습니다. 마을을 단장하기 위해, 씨앗을 나누어주며 꽃을 가장 예쁘게 키운 사람에게 상을 주기도 했습니다.

니스코 신부의 활동은 여기에 그치지 않습니다. 지역 채석장의 근로자들이 1시간당 8센트라는 극단적인 저임금으로 일한다는 것을 알게 된 후, 그는 채석장 사장을 만나 임금인상을 위한 협상을 시도합니다. 협상이 결렬되자 니스코 신부는 노동조합을 만들고 스스로 노조 위원장이 되어 파업을 주도하지요. 그 결과 로세토 채석장 근로자들은 1시간당 16센트씩 받으며 일하게 됩니다.

니스코 신부를 비롯해 여러 사람의 노력으로 로세토 주민들은 마을 고유의 문화를 만들어갑니다. 마을 사람 중 누군가가 죽으면, 이전에 있었던 갈등을 뒤로하고 죽음을 함께 애도했습니다. 부모가 사망하면 그 집의 아이들을 함께 돌봐주는 무언의 약속도 있었고요. 가족을 잃은 사람들은 식량과 돈을 받을 수 있었고, 가족이 경제적으로 파산했을 때 그 가족을 돕는 것은 공동체의 역할이라고 생각했습니다. 공동체와 깊숙이 결합된 개인들이 꾸려가는 상호부조의 문화는 실제로 힘이 되었지요. 로세토에 사는 한 여인은 이렇게 말했습니다.

"당신이 이런 것들을 가지고 있다면, 그때는 당신도 당신의 십자가를 짊어질 수 있어요."

내가 속한 공동체가 나를 보호해줄 수 있다는 확신, 내가 위기에 처했을 때 주변 사람들이 함께해줄 것이라는 확신은 기꺼이 힘겨운 삶을 꾸려나가는 원동력이 되었던 것입니다.

공동체의 힘, 인간관계가 심장병에 미치는 영향
: 30년에 걸친 로세토 공동체 연구

로세토 마을의 심장병을 다룬 이 논문은 많은 논쟁으로 이어졌습니다. 당연하지요. 로세토 마을의 사회적 요인이, 공동체 활동에 적극적으로 참여하고 상호부조 하는 문화가 심장병을 예방한다는 주장이 담겨 있고, 이는 기존 의학지식에 비추어 쉽게 받아들일 수 있는 내용이 아니었으니까요. 로세토 마을에 대한 연구 결과를 반박하는 한 논문에는 다음과 같은 단호한 구절이 있습니다.

로세토 마을의 감성적인 분위기가 심장병을 막는다는 주장은

근거가 없다.[4]

이처럼 공동체의 사회심리적 요인이 심장병 발생에 영향을 줄 수 있다는 주장은 1960년대에는 인정받기 어려운 이야기였습니다. 그러나 오늘날에는 공동체 문화가 건강에 영향을 끼친다는 대표적인 사례로 로세토 마을의 연구가 이야기됩니다. 로세토 효과Roseto effect라는 말이 생겨나고 사용된 데에는 브룬John Bruhn 박사와 울프Stewart Wolf 박사의 꾸준한 연구가 결정적이었다고 생각합니다.[5,6,7]

1964년 논문을 출판했던 브룬과 울프 박사는 여러 연구자들과 함께 로세토 마을의 데이터를 꾸준히 분석하고 잇따라 논문을 출판했습니다. 1974년[8], 1979년[9], 1982년[10], 1989년[11]까지 총 30여 년에 걸쳐 로세토 마을 주민의 심장병에 대한 연구를 계속해서 세상에 내놓습니다.

그리고 마침내 울프 박사는 로세토 연구의 결정판이 되는 연구 두 편을 출판하게 됩니다. 1992년, 50년 동안(1935~1985) 로세토 마을의 심장병 사망률 데이터를 인근 지역인 방고와 비교 검토한 논문 「로세토 효과: 50년 동안의 사망률 비교」를 발표한 것이지요.[12] 이 논문은 다음과 같이 로세토 지역의 심장병 사망률과 관련된 양적인 데이터 관련 논쟁에 종지부를 찍습니다.

연구 결과는 두 개의 인접한 마을(로세토와 방고)을 비교할 때 심장병의 원인으로 알려진 위험인자 분포에는 차이가 없었으나, 최소 30년간 심장병 사망률에 유의미한 차이가 있었다는 것을 보여준다.[13]

두 번째로 1993년, 마침내 그동안 진행된 로세토 마을에 대한 사회학적 의학적 연구 결과를 정리한 책 『공동체의 힘: 인간관계가 심장질환에 미치는 영향The Power of Clan: The Influence of Human Relationships on Heart Disease』을 출판합니다.[14] 《뉴잉글랜드 의학저널》에 출판된 서평은 "저자인 울프 박사와 브룬 박사는 사회적 인자가 심장병을 유발할 수 있다는 생각을 대중화한 첫 번째 인물들"이라고 평가합니다.[15] 《미국의사협회지》[16]를 비롯한 다양한 학술지에도 이 책에 대한 서평이 실립니다.

로세토 공동체의 붕괴, 그리고 우리 공동체의 안녕

1990년대에 출판된 논문과 책은 로세토 사람들의 심장병 사망률이 낮다는 점을 보여주는 데서 끝나지 않습니다. 1960년대를 기점으로 전통적인 의미의 로세토 공동체가 붕괴되기 시작했거든요. 공동체의 붕괴와 함께 로세토의 심장병 사망률은 점점 올라가고, 마침내 로세토 마을의 비교대상이었던 방고와 비슷해집니다. 더 구체적으로 1964년까지는 로세토가 방고에 비해 심장병 사망률이 낮게 나타났지만, 1965년 이후로는 사망률 차이가 없습니다. 로세토 사람들은 1940년에 비해 심장병 사망률이 1970년에 대략 2배 가까이 증가했으니까요.[17]

1960년대의 그러한 변화를 브룬 박사와 울프 박사는 두 권의 책에서 상세히 기록하고 있습니다.[18][19] 1960년대 이전 로세토에는 자신의 쾌락만을 위해 돈을 쓰면서 공동체의 일에는 관심을 두지 않는 이들을 무시하고 사회적으로 배제하는 문화가 있었습니다. 술과 음식을 제외한 나머지로 자신의 부를 과시하는 사람은 살기 어려운 도시였던 것입니다.

그러나 1960년대를 지나면서 로세토는 급격히 변화합니다. 어떤 이는 로세토가 미국화Americanization했다고 설명하기도 합니다. 점차 자본주의적 이념이 마을에 깊게 침투하고, 공동체에 대한 기여보다는 개인의 삶을 우선으로 생각하게 되었고요. 젊은이들은 로세토의 전통적인 공동체 문화를 답답하게 생각하기 시작했습니다. 점점 더 많은 젊은이들이 대학 교육을 받기 위해 다른 지역으로 떠났고, 대학 졸업 후 전문직을 얻은 이들은 로세토로 돌아오지 않았어요. 그렇게, 사회적 결속Social Cohesion과 사회적 지지Social Support가 인간의 몸에 어떠한 영향을 미치는지 보여준 전통적인 의미에서의 로세토 공동체는 역사 속으로 사라졌습니다.

그러나 로세토 이야기는 어떤 공동체에서 우리가 건강할 수 있는지에 대해 질문을 던집니다. 개인이 맞닥뜨린 위기에 함께 대응하는 공동체, 타인의 슬픔에 깊게 공감하고 행동하는 공동체의 힘이 얼마나 거대하고 또 중요한지에 대해서요.

당신에게도 그리고 저 자신에게도 묻고 싶습니다. 당신과 나, 우리의 공동체는 안녕하신지요?

우리 이기심을 뛰어넘는 삶을 살아요

—
이 글은 필자가 미국에서 박사과정을 마치고 일하던 2011년, 보건의료학생 모임 '다리'의 소식지에 쓴 글입니다. '다리'는 의학, 약학, 간호학을 전공하는 대학생들이 건강과 사회문제가 무관하지 않다는 데 뜻을 모아 누구나 건강할 권리를 누릴 수 있는 방법을 모색하고자 만든 모임입니다.

그날따라 그 말을 하는 게 왜 그리 힘들었는지 모르겠어요. 의과대학 본과 3학년이던 2003년, 지구 반대편에서는 확인되지 않은 대량 살상 무기를 찾겠다고 미국이 이라크를 침공했고, 방송에서는 머지않아 폐허로 변할 이라크의 마을을 마치 남 일인 양 뉴스에 내보내고 있었어요. 의과대학 강의실에서는 당장 내일부터 시작되는 시험을 앞두고 다들 정신없이 바빴고요. 무고한 사람들이 죽어가고 있다고, 함께 반전 집회에 나가자고, 그 몇 마디 말하는 게 그날 정말 힘들게 느껴졌어요. 어떻게 말을 마쳤는지도 기억이 잘 나지 않아요. 답답한 마음에 건물 바깥으로 나가서 벤치에 누워 하늘을 바라보는데, 어쩌자고 햇살은 저렇게나 맑고 하늘은 끝없이 푸르던지, 지구 한편에서는 폭격으로 사람이 죽어가고 있는데요.

제가 20대에 했던 고민들에 대해 '다리' 친구들에게 이야기 해달라는 부탁을 받고서 가장 먼저 떠올랐던 장면은 그때 그 모습이에요. 80년대에 운동을 했던 분들에게서 간혹 들을 수 있는 멋진 영웅담을 전해줄 수 있다면 좋겠지만, 제게는 사실 그런 기억이 없어요. 제가 대학에 들어간 1998년은 이미 학생운동이 '빠르게 변화하는 시대를 따라가지 못하고', '학우들의 삶과 동떨어진 정치운동을 하는' 천덕꾸러기 취급을 받던 시절이었거든요. 대량 해고를 감수해야 했던 당시 지하철 노동자들이나 대우자동차 노동자들의 이야기를 학교 친구들에게 할 때면, 마치 저만 다른 세상에 속한 사람인 것마냥 느껴지고 누구에게도 제가 하고 싶은 말이 전달되지 않아 오히려 친구들을 불편하게 만드는 상황이 반복되었어요. 그 어색함을 감당하는 게 제게는 활동하는 데 있어 가장 큰 어려움이었습니다.

세상을 좀 더 인간다운 곳으로 변화시키는 데 일조하고 있다는 자부심 비슷한 것을 느끼기 이전에, 주변 사람들 누구도 하려 하지 않고 또 심지어 대부분의 동기들이 '누군가는 해야 한다'라고 생각하지도 않는 이 일을 왜 내가 나서서 해야 하는지 스스로 자꾸 되물어야 했던 시간이었거든요. 그러다 보니 세상을 냉정하고 엄밀하게 분석하기보다는, 내가 왜 그런 활동들을 하려 하고 그게 내 삶에 있어서 어떤 의미인지 고민하는 데 더 많은 노력을 쏟았던 것 같아요. 한동안은 함께 활동할 수 있는 동료들이 너무 적다는 게, 학년이 올라가면서는 한 명씩 한 명씩 활동들로부터 멀어지고 왠지 혼자 남았다는 느낌이 들 때는 '내가 하고 있는 게 과연 옳은 일인가'라는 생각도 들었습니다.

나는 어떻게 살아야 하나

개인적인 이야기인데요. 저는 20세기의 역사를 공부하면서 '혁명'이라는 단어에 매력을 느끼지 않게 되었어요. 사회를 전체적으로 바꾸어내는 '혁명'의 전망 없이 나는 어떻게 해야 진보적으로 살 수 있을까, 그리고 그렇게 해야 하는 이유는 무엇일까라는 고민이 제게는 20대 내내 큰 화두였어요. 좀 더 근원적으로 말하면, '꽃이 필 것이라는, 열매가 맺힐 것이라는 기대 없이 어떻게 나는 계속 씨앗을 뿌릴 수 있을까'라는 고민이었어요. 그 고민이 마지막에 닿았던 지점이 그런 거였어요. 사회가 급격하게 바뀔 수 있다는 꿈이 없다면, 남은 길은 자신의 삶에서 가능한 한 오랫동안 진보적인 실천을 하도록 하고 그럴 수 있게 준비를 하자는 생각이었어요. 그런 거 있잖아요. 80년대 민주화운동에 그토록 적극적이었던 많은 사람들 중에서 그 절반만, 아니 그 반의반만이라도 그때 열정의 10퍼센트를 가지고, 좀 더 구체적으로 자신의 소득과 시간의 10퍼센트를 소외된 약자를 위해 쓰고 있다면, 사회가 지금보다는 훨씬 낫지 않을까라는 생각이에요. 그래서 학생 시절에 했던 다짐이, 지금의 공부와 활동은 앞으로 수십 년간 '스스로를 망치는 일과 싸우기' 위해 준비하는 시간이라고, 중요한 것은 졸업 이후에 내가 살아가는 모습이라고 생각했어요.

저는 의과대학을 졸업하고 나서, 넉넉지 않은 집안의 장남인 제가 시민단체나 노동운동단체에서 일하는 전업 활동가가 될 수 있을 거라고 생각하지 않았고, 경제적인 이유를 떠나서 정신적으로도 전업활동가로서 그 활동을 지속해나갈 자신이 없었어요. 졸업 후의 진로에 대한 고민 끝에 저는 학자가 되기로 결정했습니다. 여러 가지 이유가 있었지만 무엇보다 공부를 좋아하고, 또 다른 사람들과의 대화나 책을 통해서 기존에 생각하지 못했던 무언가를 알게 되는 순간을 좋아했으니까요. 임상의사로 일하는 동기들처럼 경제적으로 넉넉하게 살 수는 없겠지만, 열심히 한다면 내가 중요하다고 생각하는 연구를 하면서 경제적으로도 지속 가능할 거라고 생각했어요. 또, 임상의사로 살면 20대 후반 30대 초반을 여러 활동과 단절되어 병원에서 지내야 하는데, 그 수련 과정 속에서 스스로를 잘 지켜낼 수 있다는 확신이 없었어요. '사람은 생각하는 대로 살지 않으면 사는 대로 생각'하게 되어 있고, 물론 그 과정을 거치고 또 훌륭한 의사 활동가로 살아가는 경우도 있겠지만, 스스로를 냉정하게 판단하건대 저는 그럴 수 있는 사람이 아니었어요. 그리고 임상의사로 살게 되면, 십중팔구 개업을 하거나 2차병원에서 일을 해야 하는데, 매일같이 비슷한 환자를 보면서 기계적으로 변하지 않고 그들에게 최선을 다하는 게 제게는 참 힘들 것 같았어요.

함께 아파하고 기뻐할 수 있는 감수성

미국 유학 시절, 놀러 온 사촌동생이 술에 취해 제게 진지한 표정으로 질문을 던지더라고요. "형, 사람이 착하게 살아야 하는 이유가 뭐야?"라고요. 그 녀석이 보기에는 제가 착하게 살려고 애쓰는 사람처럼 보였거나 혹은 그런 고민을 많이 할 사람처럼 보였던 모양이에요. 곰곰이 생각하다가 '어린 시절 특별히 정의롭지도 또 용감하지도 않던 내가 어쩌다가 지금처럼 사람에 대한 꿈을 꾸고 이렇게 살아가려고 애쓰고 있을까?'라는 질문을 스스로에게 묻게 되었습니다.

돌이켜 생각해보면, 아마도 제가 했던 활동들이 제게는 마치 '날카로운 첫 키스의 추억' 같은 것들이기 때문 아닌가 싶어요. 예를 들면, 의과대학 본과 1학년 겨울방학 때, 산업재해를 당한 분들이 모인 사무실에서 한 달 동안 자원상근을 한 적이 있는데요. 어느 날 저녁에, 제가 기타를 치면서 함께 여러 노래를 부르다가 기타를 다른 사람에게 넘기려고 주변 사람을 둘러봤을 때, 손가락 열 개가 온전히 있는 사람이 저 하나뿐이었어요. 그 때 느꼈던 묘한 낯섦 같은 거요. 또, 고무장갑을 돌돌 말아 만든 큐대로 양손 합쳐 단 두 개뿐인 손가락으로 당구 150을 치며 아무리 쳐도 50을 넘기지 못하는 저를 놀리던 순간 느끼던 그 경쾌함이나, 밤새 민주노총 신문발송 작업을 하고서 모두가 피곤에 곯아떨어져 있을 때 산업재해를 당한 후 유일한 직업이 되어버린 우유배달을 하러 가야 한다고 아무 말 없이 오토바이를 끌고 새벽에 나가던 그 뒷모습에서 느꼈던 삶의 끈질긴 생명력 같은 거요.

의과대학 학생 시절 점심시간에 재활병원에 있는 사지마비에 걸린 아이들의 점심 식사를 먹여주는 활동을 했었는데, 나이는 초등학교 6학년이지만 손가락 하나 자신이 원하는 대로 움직일 수 없는 아이들이 장난삼아 싸움을 할 때가 있어요. 그럴 때면, 아이들이 외치곤 하거든요. '내 주먹을 받아라'라고요. 그러면 제가 대신 그 아이의 주먹이 되어서 상대편에게 날아가야 했어요. 물론 상대방이 '반사'라고 한 번 외치면 끝이었지만요. 그 아이들의 살아가는 모습을 보면서, 그리고 그 아이들보다 하루만 더 살아가게 해달라고 기도하며 그 모든 것을 온몸으로 감당해내는 부모들을 보면서 느꼈던 무언가를 기억하고 있습니다.

저는 그런 경험들이 저를 살아 있게 하는 것 같아요. 저는 세상이 구체적으로 어떻게 바뀌었으면 좋겠다는 생각도 하지만, 제가 삶의 마지막 순간까지 그런 경험들을 계속하고 그것들에 대해 함께 아파하고 기뻐할 수 있는 감수성을 간직할 수 있기를 또 길러나갈 수 있기를, 그것이 가능한 삶을 살았으면 하는 욕심이 훨씬 커요. 어찌 보면 지극히 이기적인 것이지요.

얼마 전 쌍용자동차 해고노동자의 다섯 살 된 아이가 유치원 버스에 타지 못한다는 이야기를 들었어요. 아빠가 경찰진압으로 인해 버스에서 워낙 심하게 구타당하는 것을 봤던 게 트라우마가 되어버린 거지요. 다른 아이들이 다 같이 동물원에 소풍을 가도, 버스 계단에 발을 올리는 게 그리 어려워서 홀로 유치원에 남아 있어야 했던 그 아이의 가슴속에 들어 있을 무언가에 대해서 잠시 걸음을 멈추고 생각할 수 있는 그런 사람이, 85호 크레인에 올라가 있는 김진숙 씨가 전기가 끊겼던 밤에 얼마나 외롭고 무서웠을까를 생각할 수 있는 그런 사람이, 나이 60이 되어서도 꼭 되고 싶고 그게 가능한 삶으로 저를 끌고 가고 싶어요. 그리고 아름다운 사회는 나와 직접적으로 관계가 없는 타인의 고통에 대해 예민한 사람들이 살아가는 사회, 그래서 열심히 정직하게 살아온 사람들이 자신의 자존을 지킬 수 없을 때 그 좌절에 함께 분노하고 행동할 수 있는 사회라고 생각해요. 점점 그런 인간을 시대에 뒤떨어진 천연기념물처럼 만들고, 타인의 고통 위에 자신의 꿈을 펼치기를 권장하고 경쟁이 모든 사회구성의 기본 논리라고 주장하는 사회가 되어가는 게 저는 싫어요.

다시 20대로 돌아간다면

20대를 돌아보면서 여러 가지 후회되는 것들이 있어요. 그 중 하나는 좀 더 스스로에게 정직하지 못했다는 거예요. 내 주변 사람들이 하는 생각과 내 생각이 다를 때 좀 더 정직하게 질문하고 이야기했어야 했는데 그러지 못했어요. 예를 들어, 산업 재해로 자살한 노동자를 추모하는 집회에서 전경들과 몸싸움을 할 때에, 이제 막 20대 초반인 전경들이 자신의 의지와 무관하게 군대에 끌려와 우리와 부딪쳐야 하는 상황에 대해서 그들의 입장에서 생각을 해보지 못했어요. 이제야, 해고와 사회적 낙인 그리고 외상 후 스트레스 장애로 어려운 시간을 보내던 쌍용자동차 해고노동자만큼이나 강제로 군대에 끌려가 명령에 따라 그들을 진압해야 했던 젊은이들이 겪었을 상처에 대해서도 관심이 생겼어요. 기회만 주어진다면, 시위를 진압하는 전경으로 복무해야 했던 젊은이들이 겪었을 정신적이고 육체적인 상처에 대해서 직업병 역학을 공부하는 사람으로서 꼭 연구해보고 싶어요. 세상에 상대방을 때리고 상처를 주면서 아무런 죄책감 없이 희열을 느낄 수 있는 인간이 얼마나 되겠어요. 정작 그 싸움으로 이득을 본 사람은 노동자도 전경도 아니잖아요.

마지막으로 한 가지만 당부할게요. 상처받는 거를 두려워하지 마세요. 여러 활동을 하다 보면, 내가 '상대편'이라고 생각하는 사람들뿐 아니라 '우리 편'이라고 생각하는 사람들로부터도 분명히 상처를 받는 일이 생길 거예요. 그리고 '우리 편'에게서 받는 상처가 훨씬 더 아플 수도 있어요. 많이 힘들겠지만, 그 상처로 인해서 도망가지 말고, 그것에 대해 꼭 주변 사람들과 용기를 내서 함께 터놓고 이야기하고 자신의 경험으로 간직하세요. 상처를 준 사람은 자신이 한 행동에 대해서 성찰하지 않아요. 하지만 상처를 받은 사람은 자신의 경험을 자꾸 되새김질을 하고 자신이 왜 상처받았는지, 그 이유는 무엇인지에 대해 질문해야 하잖아요. 아프니까. 그래서 희망은 항상 상처를 받은 사람들에게 있어요. 진짜예요.

얼굴을 한 번도 본 적 없지만, '다리'의 후배님들 항상 마음 속으로 응원하고 있어요. 어떤 사람들은 프로이트를 인용하면서 인간이 하는 모든 행동은 결국 자신의 욕망을 만족시키기 위해 이기심을 채우는 일에 불과한 것이라고 말하기도 해요. 하지만 그것이 어떻게 가능할지 모르겠지만, 우리 결국에는 이기심을 뛰어넘는 삶을 살아보도록 해요. 저도 열심히 노력할게요.

1. 말하지 못한 상처, 기억하는 몸

말하지 못한 내 상처는 어디에 있을까

1. 손인서, 김승섭. 2015.「한국의 차별경험과 건강 연구에 대한 체계적 문헌고찰」. 《보건사회연구》 35(1): 26–57.

2. Kim S–S, Williams DR. 2012. "Perceived Discrimination and Self–Rated Health in South Korea: A Nationally Representative Survey". *PLoS ONE* 7(1): e30501.

3. Kim S–S, Chung Y, Subramanian SV, Williams DR. 2012. "Measuring Discrimination in South Korea: Underestimating the Prevalence of Discriminatory Experiences among Female and Less Educated Workers?" *PLoS ONE* 7(3): e32872.

4. 구직 과정의 차별 경험을 묻는 질문에 '해당사항 없음'이라고 답한 노동자의 건강에 대한 분석 결과는 논문으로 출간하지 않았음.

5. Kim JH, Kim JY, Kim SS. 2016. "School Violence, Depressive Symptoms, and Help–seeking Behavior: A Gender–stratified Analysis of Biethnic Adolescents in South Korea". *J Prev Med Public Health* 49: 61–68.

6. Krieger N. 1999. "Embodying inequality: a review of concepts, measures, and methods for studying health consequences of discrimination". *Int J Health Serv* 29(2): 295–352.

7. Ruggiero KM, Taylor DM. 1997. "Why Minority Group Members Perceive or Do Not Perceive the Discrimination That Confronts Them: The Role of Self–Esteem and Perceived Control". *Journal of Personality and Social Psychology* 72(2): 373–389.

불평등한 여름, 국가의 역할을 묻다

1. Klinenberg E. 1999. "Denaturalizing disaster: A social autopsy of the 1995 Chicago heat wave". *Theory and Society* 28: 239–295.

2. Semenza JC, Rubin CH, Falter KH, Selanikio JD, Flanders WD, et al. 1996. "Heat–related deaths during the July 1995 heat wave in Chicago". *N Engl J Med* 335: 84–90.

3. Klinenberg E. 2002. *Heat wave: A social autopsy of disaster in Chicago*. University of Chicago Press.

4. Klinenberg E. 2002. *Heat wave: A social autopsy of disaster in Chicago*. University of Chicago Press.

5. Klinenberg E. 2002. *Heat wave: A social autopsy of disaster in Chicago*. University of Chicago Press.

6. Klinenberg E. 2002. *Heat wave: A social autopsy of disaster in Chicago*. University of Chicago Press.

낙태를 금지하면 벌어질 일들에 관하여

1. 정진주. 2010.「유럽 각국의 낙태 접근과 여성건강」. 《페미니즘 연구》 10(1): 123–158.

2. Stephenson P, Wagner M, Badea M, Serbanescu F. 1992. "Commentary: the public health consequences of restricted induced abortion — lessons

from Romania". *Am J Public Health* 82(10): 1328–1331.
3. Bhutta ZA, Black RE. 2013. "Global Maternal, Newborn, and Child Health — So Near and Yet So Far". *The New England Journal of Medicine(N Engl J Med)* 369(23): 2226–2235.
4. Grimes DA, Benson J, Singh S, Romero M, Ganatra B, Okonofua FE, et al. 2006. "Unsafe abortion: the preventable pandemic". *The Lancet* 368(9550): 1908–1919.
5. 정진주. 2010. 「유럽 각국의 낙태 접근과 여성건강」. 《페미니즘 연구》 10(1): 123–158.
6. 정진주. 2010. 「유럽 각국의 낙태 접근과 여성건강」. 《페미니즘 연구》 10(1): 123–158.
7. 정진주. 2010. 「유럽 각국의 낙태 접근과 여성건강」. 《페미니즘 연구》 10(1): 123–158.

성인이 되어도 몸에 남겨진 태아의 경험

1. Moore SE, Cole TJ, Collinson AC, Poskitt EM, McGregor IA, Prentice AM. 1999. "Prenatal or early postnatal events predict infectious deaths in young adulthood in rural Africa". *Int J Epidemiol* 28(6): 1088–1095.
2. Moore SE, Cole TJ, Poskitt EM, Sonko BJ, Whitehead RG, McGregor IA, et al. 1997. "Season of birth predicts mortality in rural Gambia". *Nature* 388(6641): 434.
3. Moore SE, Cole TJ, Poskitt EM, Sonko BJ, Whitehead RG, McGregor IA, et al. 1997. "Season of birth predicts mortality in rural Gambia". *Nature* 388(6641): 434.
4. Ravelli GP, Stein ZA, Susser MW. 1976. "Obesity in young men after famine exposure in utero and early infancy". *N Engl J Med* 295(7): 349–353.
5. Roseboom TJ, Painter RC, van Abeelen AF, Veenendaal MV, de Rooij SR. 2011. "Hungry in the womb: what are the consequences? Lessons from the Dutch famine." *Maturitas* 70(2): 141–145.
6. Stein AD, Zybert PA, van de Bor M, Lumey LH. 2004. "Intrauterine famine exposure and body proportions at birth: the Dutch Hunger Winter". *Int J Epidemiol* 33(4): 831–836.
7. Roseboom TJ, van der Meulen JH, Osmond C, Barker DJ, Ravelli AC, Schroeder-Tanka JM, et al. 2000. "Coronary heart disease after prenatal exposure to the Dutch famine, 1944–45". *Heart* 84(6): 595–598.
8. Susser ES, Lin SP. 1992. "Schizophrenia after prenatal exposure to the Dutch Hunger Winter of 1944–1945". *Archives of General Psychiatry* 49(12): 983–8.
9. Ravelli AC, van der Meulen JH, Michels RP, Osmond C, Barker DJ, Hales CN, et al. 1998. "Glucose tolerance in adults after prenatal exposure to famine". *The Lancet* 351(9097): 173–177.
10. Stanner SA, Yudkin JS. 2001. "Fetal programming and the Leningrad Siege study". *Twin Res* 4(5): 287–292.
11. St Clair D, Xu M, Wang P, Yu Y, Fang Y, Zhang F, et al. 2005. "Rates of adult schizophrenia following prenatal exposure to the Chinese famine of 1959–1961". *JAMA* 294(5): 557–562.
12. Barker DJ. 1990. "The fetal and infant origins of adult disease". *BMJ* 301(6761): 1111.
13. Barker DJ, Bull AR, Osmond C, Simmonds SJ. 1990. "Fetal and placental

size and risk of hypertension in adult life". *BMJ* 301(6746): 259–262.
14. Hales CN, Barker DJP. 2013. "Type2(non–insulin–dependent) diabetes mellitus: the thrifty phenotype hypothesis(Reprinted from 1992. Diabetalogia 35(7): 595–601.)". *International Journal of Epidemiology* 42(5): 1215–1222.

가난은 우리 몸에 고스란히 새겨진다

1. Sapolsky RM. 1991. "Anecdotal Evidence". *The Sciences* 31(5): 8–10.
2. Sapolsky RM. 1991. "Anecdotal Evidence". *The Sciences* 31(5): 8–10.

당신은 거미를 본 적이 있나요

1. Oeppen J, Vaupel JW, Demography. 2002. "Broken limits to life expectancy". *Science* 296(5570): 1029–1031.
2. Krieger N. 1994. "Epidemiology and the web of causation: has anyone seen the spider?" *Soc Sci Med* 39(7): 887–903.
3. Marmot M. 2005. "Social determinants of health inequalities". *The Lancet* 365(9464): 1099–1104.
4. Berkman LF, Kawachi I. (Eds.) 2000. *Social Epidemiology*. Oxford University Press.
5. Sorensen G, et al. 1998. "Implications of the results of community intervention trials". *Annu Rev Public Health* 19: 379–416.
6. Sorensen G, et al. 2003. "A comprehensive worksite cancer prevention intervention: behavior change results from a randomized controlled trial (United States)". *J Public Health Policy* 24(1): 5–25.
7. Samji H, et al. 2013. "Closing the Gap: Increases in Life Expectancy among Treated HIV–Positive Individuals in the United States and Canada". *PLoS ONE* 8(12): e81355.
8. Bor J, et al. 2013. "Increases in adult life expectancy in rural South Africa: valuing the scale–up of HIV treatment". *Science* 339(6122): 961–965.
9. Stuckler D, King LP, Basu S. 2008. "International Monetary Fund programs and tuberculosis outcomes in post–communist countries". *PLoS Med* 5(7): e143.
10. Stuckler D, et al. 2010. "An evaluation of the International Monetary Fund's claims about public health". *Int J Health Serv* 40(2): 327–332.

지극히 개인적인, 과학적 합리성의 세 가지 요소

1. Levine DI, Toffel MW, Johnson MS. 2012. "Randomized government safety inspections reduce worker injuries with no detectable job loss". *Science* 336(6083): 907–911.
2. Petticrew MP, Lee K. 2011. "The "father of stress" meets "big tobacco": Hans Selye and the tobacco industry". *Am J Public Health* 101(3): 411–418.
3. 박상표, 최규진, 조홍준. 2014. 「담배회사 내부문건 속 한국인 과학자 분석」. 《대한금연학회지》 5(1): 1–9.
4. Kearns CE, Schmidt LA, Glantz SA. 2016. "Sugar industry and coronary heart disease research: A historical analysis of internal industry documents". *JAMA*

Internal Medicine.
5. McGandy RB, Hegsted DM, Stare FJ. 1967. "Dietary fats, carbohydrates and atherosclerotic vascular disease". *N Engl J Med* 277(4): 186–192 contd.
6. McGandy, RB, Hegsted DM, Stare FJ. 1967. "Dietary fats, carbohydrates and atherosclerotic vascular disease". *N Engl J Med* 277(5): 245–247 concl.
7. Kriebel D. 2009. "How Much Evidence is Enough–Conventions of Causal Inference". *Law & Contemp Probs* 72: 121.
8. Nicholson WJ, Landrigan PJ. 1989. "Quantitative assessment of lives lost due to delay in the regulation of occupational exposure to benzene". *Environ Health Perspect* 82: 185–188.
9. Martuzzi M. 2007. "The precautionary principle: in action for public health". *Occup Environ Med* 64(9): 569–570.

2. 질병 권하는 일터, 함께 수선하려면

해고노동자에게 국가란 무엇인가

1. Al-Turkait, F.A. and J.U. Ohaeri. 2008. "Prevalence and correlates of posttraumatic stress disorder among Kuwaiti military men according to level of involvement in the first Gulf War". *Depress Anxiety* 25(11): 932–941.
2. 정진주, 김승섭. 2012. 「최근의 노동시장의 변화와 정신건강_정리해고와 PTSD」. 대한직업환경의학회.
3. 박주영, 윤재홍, 김승섭. 2016. 「해고자와 복직자의 건강 비교: 쌍용자동차 정리해고 사례를 중심으로」. 《보건과 사회과학》 41: 61–97.
4. 이승윤, 김승섭. 2015. 「쌍용자동차 정리해고와 미끄럼틀 한국사회」. 《한국사회정책》. 22(4): 73–96.
5. 이승윤, 김승섭. 2015. 「쌍용자동차 정리해고와 미끄럼틀 한국사회」. 《한국사회정책》. 22(4): 73–96.
6. Stuckler D, Basu S, Suhrcke M, Coutts A, McKee M. 2009. "The public health effect of economic crises and alternative policy responses in Europe: an empirical analysis". *The Lancet* 374(9686): 315–323.
7. 데이비드 스터클러, 산제이 바수. 2013. 『긴축은 죽음의 처방전인가–불황, 예산전쟁, 몸의 정치학』. 안세민(옮김). 까치.
8. 민주노총 법률원, 오준호. 2013. 『노동자의 변호사들–대한민국을 뒤흔든 노동사건 10장면』. 2013. 미지북스.
9. 도재형. 2015/4/13. 〈[판례평석] 쌍용자동차 정리해고 판결에 대한 검토〉. 《대한변협신문》.
10. 도재형. 위와 같은 자료.
11. 도재형. 2008. 「구조조정의 상시화와 고용 법리의 변화」. 《노동법학》 26: 1–32.
12. 박주영, 윤재홍, 김승섭. 2016. 「해고자와 복직자의 건강 비교: 쌍용자동차 정리해고 사례를 중심으로」. 《보건과 사회과학》 41: 61–97.
13. 박주영, 윤재홍, 김승섭. 2016. 「해고자와 복직자의 건강 비교: 쌍용자동차 정리해고 사례를 중심으로」. 《보건과 사회과학》 41: 61–97.
14. 이창근. 2015. 『이창근의 해고일기』. 오월의봄.

누군가는 그들 편에 서야 한다

1. Hoppin P. 2005. "IBM EMPLOYEES v. IBM: PITFALLS AND OPPORTUNITIES OF LITIGATION-GENERATED RESEARCH". *New Solut* 15(3): 277–285.

2. Clapp RW. 2006. "Mortality among US employees of a large computer manufacturing company: 1969–2001". *Environ Health* 5: 30.
3. Hoppin P. 2005. "IBM EMPLOYEES v. IBM: PITFALLS AND OPPORTUNITIES OF LITIGATION-GENERATED RESEARCH". *New Solut* 15(3): 277–285.
4. Clapp RW, Cobb S, Chan, Walker B, Jr. 1987. "Leukaemia near Massachusetts nuclear power plant". *The Lancet* 2(8571): 1324–1325.
5. Rodrigues E, Scammell MK. 2010. "Committed to Social Justice and Research with the People: An Interview with Professor Richard Clapp". *NEW SOLUTIONS: A Journal of Environmental and Occupational Health Policy* 20(3): 369–378.
7. Choi Y, Lim S, Paek D. 2013. "Trades of dangers: a study of asbestos industry transfer cases in Asia". *Am J Ind Med* 56(3): 335–346.
8. Bahk J, et al. 2013. "Why some, but not all, countries have banned asbestos". *Int J Occup Environ Health* 19(2): 127–135.
9. Kim MH, Kim H, Paek D. 2014. "The health impacts of semiconductor production: an epidemiologic review". *Int J Occup Environ Health* 20(2): 95–114.
10. Kim I, et al. 2012. "Leukemia and non-Hodgkin lymphoma in semiconductor industry workers in Korea". *Int J Occup Environ Health* 18(2): 147–153.
11. 임자운. 2015. 「첨단 산업의 유해성과 그 해소 방안」. 《노동법연구》 39: 51–88.
12. 공유정옥. 2013. 「국내 삼성하청업체 노동자 건강권 문제 사례」. 《'삼성전자 사례로 본 전자산업 하청 노동권 실태' 토론회 자료집》. 한국노동안전보건연구소/반올림.

위험한 일터는 가난한 마을을 향한다

1. 「원진레이온 직업병투쟁 10년 사」 (미출판 자료).
2. Park J, Hisanaga N, Kim Y. 2009. "Transfer of occupational health problems from a developed to a developing country: lessons from the Japan-South Korea experience". *Am J Ind Med* 52(8): 625–632.
3. 요시나카 다케시. 2017. 『생명의 증언』. 박찬호(옮김). 건강미디어협동조합.
4. Paik NW. 2008. "Industrial hygiene in a newly industrialized country – South Korea". *J Occup Environ Hyg* 5(1): d1–6.
5. 남종영. 2013/6/28. 〈원진레이온의 자살 행렬은 끝나지 않았다〉. 《한겨레》.
6. 요시나카 다케시. 2017. 『생명의 증언』. 박찬호(옮김). 건강미디어협동조합.

아파도 일할 수밖에 없는 사람들

1. Ferrie JE, Shipley MJ, Newman K, Stansfeld SA, Marmot M. 2005. "Self-reported job insecurity and health in the Whitehall II study: potential explanations of the relationship". *Soc Sci Med* 60(7): 1593–1602.
2. Loerbroks A, Bosch JA, Douwes J, Angerer P, Li J. 2014. "Job insecurity is associated with adult asthma in Germany during Europe's recent economic crisis: a prospective cohort study". *J Epidemiol Community Health* 68(12): 1196–1199.
3. Ferrie JE, Kivimaki M, Shipley MJ, Davey Smith G, Virtanen M. 2013. "Job insecurity and incident coronary heart

disease: the Whitehall II prospective cohort study". *Atherosclerosis* 227(1): 178–181.
4. Kim JY, Lee J, Muntaner C, Kim SS. 2016. "Who is working while sick? Nonstandard employment and its association with absenteeism and presenteeism in South Korea". *Int Arch Occup Environ Health* 89(7): 1095–1101.
5. 금속노조현대자동차지부, 한국노동안전보건연구소. 2009.「현대자동차지부 판매, 남양 조합원 직무 스트레스 실태조사와 대안마련을 위한 연구」.
6. 김경근. 2006.「구조조정 이후 현대자동차 작업장체제의 변화에 대한 고찰: 고용게임을 중심으로」. 서울대학교 대학원.

아파도 병원에 가지 못하는 의사들

1. 김새롬, 김승섭, 김자영. 2015.「한국 전공의들의 근무환경, 건강, 인식된 환자안전: 2014 전공의 근무환경조사」. 《보건사회연구》 35(2): 584–607.
2. 김지환, 윤재홍, 김승섭. 2015.「전공의들의 장시간 근무와 우울증상의 연관성에 관한 연구」. 《한국산업보건학회지》 25(2): 236–243.
3. 김지환, 김자영, 김승섭. 2015.「국내 병원 레지던트들의 직장 내 폭력 경험과 우울증상에 관한 연구」. 《보건과 사회과학》 39: 75–95.
4. 전공의들의 의료접근성에 대한 연구는 현재 출판 준비 중입니다.
5. Kohn LT, Corrigan JM, Donaldson MS. 2000. *To err is human: build-ing a safer health system*. Washington, DC: National Academies Press.
6. James JT. 2013. "A new, evidence-based estimate of patient harms associated with hospital care". *J Patient Saf* 9: 122–128.
7. Friedman RC, Bigger JT, Kornfeld DS. 1971. "The intern and sleep loss". *N Engl J Med* 285: 201–203.
8. Lockley SW, Cronin JW, Evans EE, Cade BE, Lee CJ, Landrigan CP, Rothschild JM, Katz JT, Lilly CM, Stone PH, Aeschbach D, Czeisler CA; Harvard Work Hours, Health and Safety Group. 2004. "Effect of reducing interns' weekly work hours on sleep and attentional failures". *N Engl J Med* 351: 1829–1837.
9. Landrigan CP, Rothschild JM, Cronin JW, Kaushal R, Burdick E, Katz JT, Lilly CM, Stone PH, Lockley SW, Bates DW, Czeisler CA. 2004. "Effect of reducing interns' work hours on serious medical errors in intensive care units". *N Engl J Med* 351: 1838–1848.
10. 김새롬, 김승섭, 김자영. 2015.「한국 전공의들의 근무환경, 건강, 인식된 환자안전: 2014 전공의 근무환경조사」. 《보건사회연구》 35(2): 584–607.
11. 김새롬, 김승섭, 김자영. 2015.「한국 전공의들의 근무환경, 건강, 인식된 환자안전: 2014 전공의 근무환경조사」. 《보건사회연구》 35(2): 584–607.
12. 김승섭. 2016.「전공의 근무환경과 환자안전: 너무 아픈 수련은 수련이 아니었음을」. *J Korean Med Assoc* 59(2): 82–84.
13. 송성철. 2017/06/15. 〈과로 시달린 전공의 자살…병원 6억 원 배상〉. 《Doctors News》. http://www.doctorsnews.co.kr/news/articleView.html?idxno=117335

안전을 지키는 사람들, 그들이 아프다

1. 김승섭, 주영수, 강태선, 김미영, 김수

진, 김자영, 김지환, 김태범, 이주희, 정성진. 2015.「소방공무원의 인권상황 실태조사」. 국가인권위원회.

건강한 일터를 위한 올바른 숫자 읽기

1. 한양대학교정부혁신정책연구소. 2014.「공사상자 지원을 위한 재원확보 및 지원 방안 연구」.
2. 김자영, 김승섭. 2016.「한국의 소방보건안전시스템, 어디서부터 바꿀 것인가」. 《SFA》.

3. 끝과 시작, 슬픔이 길이 되려면

재난은 기록되어야 한다

1. 김승섭, 유은주, 이경욱, 이용숙, 전치형, 박주영, 이호림, 이혜민, 최보경. 2016.「단원고 학생 생존자 및 가족 대상 실태조사 연구」. 4 · 16세월호참사특별조사위원회.

사회적 고통을 사회적으로 치유하려면

1. 김동춘, 김명희. 2014.『트라우마로 읽는 대한민국』. 역사비평사.
2. Andreasen NC. 2010. "Posttraumatic stress disorder: a history and a critique". *Annals of the New York Academy of Sciences* 1208: 67–71.
3. 프리모 레비. 2007.『이것이 인간인가』. 이현정(옮김). 돌베개.
4. 빅토르 E. 프랑클. 1995.『죽음의 수용소에서』. 김충선(옮김). 청아출판사.
5. Andreasen NC. 2010. "Posttraumatic stress disorder: a history and a critique". *Annals of the New York Academy of Sciences* 1208: 67–71.
6. American Psychiatric Association A, Association AP. 1980. *Diagnostic and statistical manual of mental disorders*.
7. McHugh PR, Treisman G. 2007. "PTSD: a problematic diagnostic category". *J Anxiety Disord* 21: 211–222.
8. 김명희. 2015.「고통의 의료화 : 세월호 트라우마 담론에 대한 실재론적 검토」.《보건과 사회과학》38: 225–245.
9. 이현정. 2015.「세월호 참사와 사회적 고통: 인류학적 현장보고」.《세월호 참사 1주기 추모 심포지움: 세월호가 묻고, 사회과학이 답하다》. 서울대학교 아시아 연구소.
10. Gradus JL, Qin P, Lincoln AK, Miller M, Lawler E, et al. 2010. "Posttraumatic Stress Disorder and Completed Suicide". *American Journal of Epidemiology* 171: 721–727.
11. 김왕배. 2014.「'트라우마'의 치유과정에 대한 사회학적 탐색과 전망」.《보건과 사회과학》37: 5–24.

제도가 존재를 부정할 때, 몸은 아프다

1. Gonzales G. 2014. "Same-sex marriage–a prescription for better health". *N Engl J Med* 370: 1373–1376.
2. Kamerow D. 2012. "Does gay marriage improve health?" *BMJ* 345: e8586.
3. Wight RG, LeBlanc AJ, Lee Badgett M. 2013. "Same-sex legal marriage and psychological well-being: findings from the California Health Interview Survey". *American journal of public health* 103: 339–346.
4. Hatzenbuehler ML, McLaughlin KA, Keyes KM, Hasin DS. 2010. "The impact of institutional discrimination on psychiatric disorders in lesbian, gay, and bisexual

populations: A prospective study". *American journal of public health* 100: 452–459.

5. Charlton BM, Corliss HL, Spiegelman D, Williams K, Austin SB. 2016. "Changes in Reported Sexual Orientation Following US States Recognition of Same-Sex Couples". *American Journal of Public Health* 106(12).

6. Blosnich JR, Silenzio VM. 2013. "Physical health indicators among lesbian, gay, and bisexual U.S. veterans". *Ann Epidemiol* 23: 448–451.

7. King M, Semlyen J, Tai SS, Killaspy H, Osborn D, et al. 2008. "A systematic review of mental disorder, suicide, and deliberate self harm in lesbian, gay and bisexual people". *BMC psychiatry* 8: 70.

8. Krieger N, Sidney S. 1997. "Prevalence and health implications of anti-gay discrimination: a study of black and white women and men in the CARDIA cohort. Coronary Artery Risk Development in Young Adults". *Int J Health Serv* 27: 157–176.

9. Logie CH, Newman PA, Chakrapani V, Shunmugam M. 2012. "Adapting the minority stress model: associations between gender non-conformity stigma, HIV-related stigma and depression among men who have sex with men in South India". *Soc Sci Med* 74: 1261–1268.

10. Hammelman TL. 1993. "Gay and lesbian youth: Contributing factors to serious attempts or considerations of suicide". *Journal of Gay & Lesbian Psychotherapy* 2: 77–89.

11. 이혜민, 박주영, 김승섭. 2014.「한국 성소수자 건강 연구: 체계적 문헌고찰」.《보건과 사회과학》 36: 43–76.

동성애를 향한 비과학적 혐오에 반대하며

1. APA. 1980. Diagnostic and statistical manual of mental disorders, 3rd edition.

2. APA. 1974. Position Statement on Homosexuality and civil rights. *American Journal of Psychiatry* 131(4): 497.

3. APA. Sexual orientation and homosexuality: Answers to your questions for a better understanding. (http://www.apa.org/topics/lgbt/orientation.aspx, Accessed at 30 Aug 2017)

4. APA. 1998. "Appropriate therapeutic responses to sexual orientation in the proceedings of the American Psychological Association, Incorporated, for the legislative year 1997". *American Psychologist* 53(8): 882–939.

5. Health Care Needs of Homosexual Population, Policy Number H-160.991. Policies on Lesbian, Gay, Bisexual, Transgender & Queer (LGBTQ) Issues, American Medical Association

6. Simon V, Ho DD, Abdool Karim Q. 2006. "HIV/AIDS epidemiology, pathogenesis, prevention, and treatment". *The Lancet* 368(9534): 489–504.

7. Deeks SG, Lewin SR, Havlir DV. 2013. "The end of AIDS: HIV infection as a chronic disease". *The Lancet* 382(9903): 1525–1533.

8. Antiretroviral Therapy Cohort C. 2008. "Life expectancy of individuals on combination antiretroviral therapy in high-income countries: a collaborative analysis of 14 cohort studies". *The Lancet* 372(9635): 293–299.

9. Samji H, Cescon A, Hogg RS, Modur SP, Althoff KN, Buchacz K, et al. 2013. "Closing the Gap: Increases in Life

Expectancy among Treated HIV-Positive Individuals in the United States and Canada". *PLoS ONE* 8(12).
10. Rodger AJ, Cambiano V, Bruun T, et al. 2016. "Sexual activity without condoms and risk of hiv transmission in serodifferent couples when the hiv-positive partner is using suppressive antiretroviral therapy". *JAMA* 316(2): 171-181.
11. Riley GA, Baah-Odoom D. 2010. "Do stigma, blame and stereotyping contribute to unsafe sexual behaviour? A test of claims about the spread of HIV/AIDS arising from social representation theory and the AIDS risk reduction model". *Soc Sci Med* 71(3): 600-607.
12. Arreola S, Santos G-M, Beck J, Sundararaj M, Wilson PA, Hebert P, et al. 2014. "Sexual Stigma, Criminalization, Investment, and Access to HIV Services Among Men Who Have Sex with Men Worldwide". *AIDS and Behavior* 19(2): 227-234.
13. UNDP H, Group A. 2012. Global commission on HIV and the law: risk, rights and health. New York: UNDP.

쏟아지는 비를 멈추게 할 수 없다면, 함께 그 비를 맞아야 한다

1. 장서연, 김현경, 나영정, 정현희, 류민희, 조혜인, 한가람, 박한희. 2014.「성적지향, 성별정체성에 따른 차별 실태조사」. 국가인권위원회.

수술대 앞에서 망설이는 트랜스젠더를 변호하며

1. 이호림, 이혜민, 윤정원, 박주영, 김승섭. 2015.「한국 트랜스젠더 의료접근성에 대한 시론」.《보건사회연구》 35(4): 69-94.
2. 손인서, 이혜민, 박주영, 김승섭. 2017.「트랜스젠더의 의료적 트랜지션과 의료서비스 이용」.《한국사회학》 51(2): 155-189.
3. Bayer R, Spitzer RL. 1982. "Edited correspondence on the status of homosexuality in DSM-III". *J Hist Behav Sci* 18(1): 32-52.
4. Nicolosi J. 2001. "The removal of homosexuality from the psychiatric manual". *Catholic Social Science Review* 6: 71-77.
5. Drescher J. 2012. "The removal of homosexuality from the DSM: Its impact on today's marriage equality debate". *Journal of Gay & Lesbian Mental Health* 16(2): 124-135.
6. Cohen-Kettenis PT, Pfäfflin F. 2010. "The DSM diagnostic criteria for gender identity disorder in adolescents and adults". *Archives of sexual behavior* 39(2): 499-513.
7. APA. 2013. *Highlights of Changes from DSM-IV-TR to DSM-5*.
8. Moran M. 2013. "New gender dysphoria criteria replace GID". *Psychiatric News*. 48(7): 9-14.
9. Coleman E, Bockting W, Botzer M, Cohen-Kettenis P, DeCuypere G, Feldman J, et al. 2012. "Standards of care for the health of transsexual, transgender, and gender-nonconforming people, version 7". *International Journal of Transgenderism* 13(4): 165-232.
10. Rotondi NK, Bauer GR, Scanlon K, Kaay M, Travers R, Travers A. 2013. "Nonprescribed hormone use and self-performed surgeries: "do-it-yourself"

transitions in transgender communities in Ontario, Canada". *Am J Public Health* 103(10): 1830–1836.

11. Bradford J, Reisner SL, Honnold JA, Xavier J. 2013. "Experiences of transgender-related discrimination and implications for health: results from the Virginia Transgender Health Initiative Study". *Am J Public Health* 103(10): 1820–1829.

12. 한국게이인권운동단체 친구사이. 2014. 「한국 LGBTI 커뮤니티 사회적 욕구조사 최종 보고서」.

13. Sanchez NF, Rabatin J, Sanchez JP, Hubbard S, Kalet A. 2006. "Medical students' ability to care for lesbian, gay, bisexual, and transgendered patients". *Fam Med* 38(1): 21–27.

14. Ng H. 2011. "Lesbian, gay, bisexual, and transgender health and medical education". *JAMA* 306(21): 2326–2327.

15. 이호림, 이혜민, 윤정원, 박주영, 김승섭. 2015. 「한국 트랜스젠더 의료접근성에 대한 시론」. 《보건사회연구》 35(4): 69–94.

16. 손인서, 이혜민, 박주영, 김승섭. 2017. 「트랜스젠더의 의료적 트랜지션과 의료서비스 이용」. 《한국사회학》 51(2): 155–189.

한국을 떠나면 당신도 소수자입니다

1. Eisenberger, N.I., Lieberman M.D., Williams K.D. 2003. "Does rejection hurt? An FMRI study of social exclusion". *Science* 302(5643): 290–292.

2. Kim Y, Son I, Wie D, Muntaner C, Kim H, Kim S-S. 2016. "Don't ask for fair treatment? A gender analysis of ethnic discrimination, response to discrimination, and self-rated health among marriage migrants in South Korea". *International Journal for Equity in Health* 15(1): 112.

3. 김유균, 손인서, 김승섭. 2015. 「결혼이민자의 차별경험과 주관적 건강수준 간의 연관성: 출신지역과 성별 차이를 중심으로」. 《보건사회연구》 35(3): 421–452.

4. Kim JH, Kim JY, Kim SS. 2016. "School Violence, Depressive Symptoms, and Help-seeking Behavior: A Gender-stratified Analysis of Biethnic Adolescents in South Korea". *J Prev Med Public Health* 49: 61–68.

교도소 의사로 일한다는 것

1. 김정범, 김인회, 이상희, 우석균, 주영수. 2002. 「구금시설의 의료실태조사 및 의료권 보장을 위한 연구」. 국가인권위원회.

2. 윤서현. July 2017. "Comparison of disease prevalence based on prescribed medication between total prison inmates and general population in South Korea." 고려대 일반대학원 보건과학과 석사학위 논문.

3. 주영수, 김명희, 임준, 김승섭, 정민영, 곽경민, 김봉현, 김봉규, 이현석, 박여리, 윤서현, 박혜영, 이동현. 2016. 「구금시설 건강권 실태조사」. 국가인권위원회.

4. 우리는 연결될수록 건강한 존재들

연결될수록 오래 사는가

1. Syme SL. 2005. "Historical Perspective: The social determinants of disease – some roots of the movement". *Epidemiol Perspect Innov* 2(1): 2.

2. Syme SL, Hyman MM, Enterline PE. 1964. "Some social and cultural factors associated with the occurrence of coronary heart disease". *Journal of chronic diseases* 17(3): 277–289.

3. Mahmood SS, et al. 2014. "The Framingham Heart Study and the epidemiology of cardiovascular disease: a historical perspective". *The Lancet* 383(9921): 999–1008.

4. Marmot MG, Syme SL. 1976. "Acculturation and coronary heart disease in Japanese-Americans". *American Journal of Epidemiology* 104(3): 225–247.

5. Syme SL. 2005. "Historical Perspective: The social determinants of disease – some roots of the movement". *Epidemiol Perspect Innov* 2(1): 2.

6. Berkman LF, Syme SL. 1979. "Social networks, host resistance, and mortality: a nine-year follow-up study of Alameda County residents". *American Journal of Epidemiology* 109(2): 186–204.

7. Berkman LF, Syme SL. 1979. "Social networks, host resistance, and mortality: a nine-year follow-up study of Alameda County residents". *American Journal of Epidemiology* 109(2): 186–204.

8. House JS, Landis KR, Umberson D. 1988. "Social relationships and health". *Science* 241(4865): 540–545.

9. Vogt TM, et al. 1992. "Social networks as predictors of ischemic heart disease, cancer, stroke and hypertension: incidence, survival and mortality". *Journal of clinical epidemiology* 45(6): 659–666.

10. House JS, Robbins C, Metzner HL. 1982. "The association of social relationships and activities with mortality: prospective evidence from the Tecumseh Community Health Study". *American Journal of Epidemiology* 116(1): 123–140.

11. Cohen S, et al. 1980. "Physiological, motivational, and cognitive effects of aircraft noise on children: moving from the laboratory to the field". *Am Psychol* 35(3): 231–243.

12. Cohen S, et al. 1997. "Social ties and susceptibility to the common cold". *JAMA* 277(24): 1940–1944.

13. Gilbert Susan. 1997/6/25. "Social Ties Reduce Risk of a Cold". *THE NEW YORK TIMES*.

14. Christakis NA, Fowler JH. 2007. "The spread of obesity in a large social network over 32 years". *New England journal of medicine* 357(4): 370–379.

15. Bruenn HG. 1970. "Clinical notes on the illness and death of President Franklin D. Roosevelt". *Ann Intern Med* 72(4): 579–591.

16. Mahmood SS, et al. 2014. "The Framingham Heart Study and the epidemiology of cardiovascular disease: a historical perspective". *The Lancet* 383(9921): 999–1008.

17. Christakis NA, Fowler JH. 2007. "The spread of obesity in a large social network over 32 years". *New England journal of medicine* 357(4): 370–379.

18. Fowler JH, Christakis NA. 2008. "Dynamic spread of happiness in a large social network: longitudinal analysis over 20 years in the Framingham Heart Study". *BMJ* 337: a2338.

19. Cohen-Cole E, Fletcher JM. 2008. "Is obesity contagious? Social networks vs. environmental factors in the obesity epidemic". *J Health Econ* 27(5): 1382–1387.

20. Morris M. 2004. "Network epidemiology: A handbook for survey design and data collection". Oxford University Press on Demand.
21. Morris M, Kretzschmar M. 1997. "Concurrent partnerships and the spread of HIV". *Aids* 11(5): 641–648.
22. Berkman LF, et al. 2000. "From social integration to health: Durkheim in the new millennium". *Soc Sci Med* 51(6): 843–857.
23. Valente TW, et al. 2015. "Social network analysis for program implementation". *PLoS ONE* 10(6): e0131712.
24. Centola D. 2010. "The spread of behavior in an online social network experiment". *Science* 329(5996): 1194–1197.
25. Schneider SK, et al. 2011. "Cyberbullying, School Bullying, and Psychological Distress: A Regional Census of High School Students". *American journal of public health* 102(1): 171–177.

스스로를 지킬 수 있다면, 우리는 안전해질까

1. Grassel KM, Wintemute GJ, Wright MA, Romero M. 2003. "Association between handgun purchase and mortality from firearm injury". *Injury Prevention* 9(1): 48–52.
2. Cummings P, Koepsell TD, Grossman DC, Savarino J, Thompson RS. 1997. "The association between the purchase of a handgun and homicide or suicide". *American journal of public health* 87(6): 974–978.
3. Wiebe DJ. 2003. "Homicide and suicide risks associated with firearms in the home: a national case-control study". *Annals of Emergency Medicine* 41(6): 771–782.
4. Kellermann AL, Rivara FP, Rushforth NB, Banton JG, Reay DT, Francisco JT, et al. 1993. "Gun ownership as a risk factor for homicide in the home". *The New England Journal of Medicine* 329(15): 1084–1091.
5. Branas CC, Richmond TS, Culhane DP, Ten Have TR, Wiebe DJ. 2009. "Investigating the link between gun possession and gun assault". *Am J Public Health* 99(11): 2034–2040.
6. Helena Cronin. 1991. *The Ant and the Peacock: Altruism and Sexual Selection from Darwin to Today*. Cambridge University Press.
7. Amanda Wills, Sergio Hernandez, Marlena Baldacci. 2017/1/2. "762 murders. 12 months. 1 American city". *CNN*.
8. Office for National Statistics, UK. https://www.ons.gov.uk/peoplepopulationandcommunity/crimeandjustice/compendium/focusonviolentcrimeandsexualoffences/yearendingmarch2016/homicide.

위험사회에서 함께 생존하려면

1. 최예용, 임흥규, 임신예, 백도명. 2012. 「가습기살균제 피해사건과 교훈」. 《한국환경보건학회지》 38(2): 166–174.
2. Ha M, Lee SY, Hwang SS, Park H, Sheen S, Cheong HK, et al. 2016. "Evaluation report on the causal association between humidifier disinfectants and lung injury". *Epidemiology and health* 38.

3. Kriebel D. 2009. "How Much Evidence is Enough—Conventions of Causal Inference". *Law & Contemp Probs* 72: 121.

당신의 공동체는 안녕하신지요

1. Bruhn JG, Wolf S. 1979. *The Roseto story: An anatomy of health*. University of Oklahoma Press.
2. Stout C, Morrow J, Brandt EN, Jr, Wolf S. 1964. "Unusually low incidence of death from myocardial infarction: Study of an italian american community in pennsylvania". *JAMA* 188: 845–849.
3. Stout C, Morrow J, Brandt EN, Jr, Wolf S. 1964. "Unusually low incidence of death from myocardial infarction: Study of an italian american community in pennsylvania". *JAMA* 188: 845–849.
4. Keys A. 1966. "Arteriosclerotic heart disease in Roseto, Pennsylvania". *JAMA* 195: 93–95.
5. Kiritz S, Moos RH. 1974. "Physiological effects of social environments". *Psychosom Med* 36: 96–114.
6. Jenkins CD. 1978. "Behavioral risk factors in coronary artery disease". *Annu Rev Med* 29: 543–562.
7. Spittle B, B JA. 1977. "Psychosocial factors and myocardial infarction". *Aust N Z J Psychiatry* 11: 37–43.
8. Wolf S, Grace KL, Bruhn J, Stout C. 1974. "Roseto revisited: further data on the incidence of myocardial infarction in Roseto and neighboring Pennsylvania communities". *Trans Am Clin Climatol Assoc* 85: 100–108.
9. Bruhn JG, Wolf S. 1979. *The Roseto story: An anatomy of health*. University of Oklahoma Press.
10. Bruhn JG, Philips BU, Jr., Wolf S. 1982. "Lessons from Roseto 20 years later: a community study of heart disease". *South Med J* 75: 575–580.
11. Wolf S, Herrenkohl RC, Lasker J, Egolf B, Philips BU, et al. 1989. "Roseto, Pennsylvania 25 years later—highlights of a medical and sociological survey". *Trans Am Clin Climatol Assoc* 100: 57–67.
12. Egolf B, Lasker J, Wolf S, Potvin L. 1992. "The Roseto effect: a 50-year comparison of mortality rates". *Am J Public Health* 82: 1089–1092.
13. Egolf B, Lasker J, Wolf S, Potvin L. 1992. "The Roseto effect: a 50-year comparison of mortality rates". *Am J Public Health* 82: 1089–1092.
14. Wolf S, Bruhn JG. 1993. *The power of clan: The influence of human relationships on heart disease*. Transaction Publishers.
15. Ruberman W. 1993. "Book Review". *New England Journal of Medicine* 329: 669–669.
16. Eliot RS. 1994. "The power of clan: The influence of human relationships on heart disease". *JAMA* 272: 566–566.
17. Egolf B, Lasker J, Wolf S, Potvin L. 1992. "The Roseto effect: a 50-year comparison of mortality rates". *Am J Public Health* 82: 1089–1092.
18. Bruhn JG, Wolf S. 1979. *The Roseto story: An anatomy of health*. University of Oklahoma Press.
19. Wolf S, Bruhn JG. 1993. *The power of clan: The influence of human relationships on heart disease*. Transaction Publishers.

○

이 책에 실린 글의 다수는 《한겨레》 사이언스온의 '김승섭의 우리를 아프게 하는 것들', 《한겨레21》의 '우리가 몰랐던 아픔'에 연재한 글을 재가공했습니다.
「지극히 개인적인, 과학적 합리성의 세 가지 요소」는 변화를 꿈꾸는 과학기술인 네트워크(ESC)의 연재물인 'ESC의 목소리'에 기고했던 글입니다. 「아파도 병원에 가지 못하는 의사들」은 《대한의사협회지》에, 「건강한 일터를 위한 올바른 숫자 읽기」는 아시아태평양이론물리센터에서 발행하는 《크로스로드》에 게재한 글을 기초로 정리했습니다. 「동성애를 향한 비과학적 혐오에 반대하며」는 《기독교사상》에 기고했던 글을 보완했습니다. 책으로 엮으며 모든 글을 새로 정리했습니다.

아픔이 길이 되려면

정의로운 건강을 찾아 질병의 사회적 책임을 묻다

초판 1쇄 펴낸날 2017년 9월 13일
초판 40쇄 펴낸날 2024년 10월 31일
지은이 김승섭
펴낸이 한성봉
책임편집 조유나
편집 최창문·이종석·오시경·권지연·이동현·김선형
콘텐츠제작 안상준
디자인 최세정
마케팅 박신용·오주형·박민지·이예지
경영지원 국지연·송인경
펴낸곳 도서출판 동아시아
등록 1998년 3월 5일 제1998-000243호
주소 서울시 중구 필동로8길 73 [예장동 1-42] 동아시아빌딩
페이스북 www.facebook.com/dongasiabooks
인스타그램 www.instagram.com/dongasiabook
전자우편 dongasiabook@naver.com
블로그 blog.naver.com/dongasiabook
전화 02) 757-9724, 5
팩스 02) 757-9726

ISBN 978-89-6262-195-2 03330

이 도서의 국립중앙도서관 출판예정도서목록(CIP)은
서지정보유통지원시스템 홈페이지(http://seoji.nl.go.kr)와
국가자료공동목록시스템(http://www.nl.go.kr/kolisnet)에서
이용하실 수 있습니다.(CIP제어번호: CIP2017022458)